品牌原产地虚假对消费者购买意愿的影响研究

Research of the Influence of Fake Publicity of
Brand Origin on the Consumer Purchase Intentions

南剑飞 著

经济管理出版社
ECONOMY & MANAGEMENT PUBLISHING HOUSE

图书在版编目（CIP）数据

品牌原产地虚假对消费者购买意愿的影响研究/南剑飞著 . —北京：经济管理出版社，2015.12

ISBN 978 - 7 - 5096 - 4018 - 0

Ⅰ.①品…　Ⅱ.①南…　Ⅲ.①消费者行为论—影响因素—研究　Ⅳ.①F713.55

中国版本图书馆 CIP 数据核字（2015）第 251819 号

组稿编辑：宋　娜
责任编辑：杨国强
责任印制：黄章平
责任校对：张　青

出版发行：经济管理出版社
　　　　　（北京市海淀区北蜂窝 8 号中雅大厦 A 座 11 层　100038）
网　　址：www. E - mp. com. cn
电　　话：（010）51915602
印　　刷：三河市延风印装有限公司
经　　销：新华书店
开　　本：720mm×1000mm/16
印　　张：21.5
字　　数：352 千字
版　　次：2015 年 12 月第 1 版　2015 年 12 月第 1 次印刷
书　　号：ISBN 978 - 7 - 5096 - 4018 - 0
定　　价：118.00 元

第四批《中国社会科学博士后文库》
编委会及编辑部成员名单

本书获国家自然科学基金重点项目"中国城市消费者行为研究"（项目编号：70832004）、国家自然科学基金面上项目"市场进入安全综合评价的理论、方法与应用研究"（项目编号：70572013）项目资助。

序　言

2015 年是我国实施博士后制度 30 周年，也是我国哲学社会科学领域实施博士后制度的第 23 个年头。

30 年来，在党中央国务院的正确领导下，我国博士后事业在探索中不断开拓前进，取得了非常显著的工作成绩。博士后制度的实施，培养出了一大批精力充沛、思维活跃、问题意识敏锐、学术功底扎实的高层次人才。目前，博士后群体已成为国家创新型人才中的一支骨干力量，为经济社会发展和科学技术进步作出了独特贡献。在哲学社会科学领域实施博士后制度，已成为培养各学科领域高端后备人才的重要途径，对于加强哲学社会科学人才队伍建设、繁荣发展哲学社会科学事业发挥了重要作用。20 多年来，一批又一批博士后成为我国哲学社会科学研究和教学单位的骨干人才和领军人物。

中国社会科学院作为党中央直接领导的国家哲学社会科学研究机构，在社会科学博士后工作方面承担着特殊责任，理应走在全国前列。为充分展示我国哲学社会科学领域博士后工作成果，推动中国博士后事业进一步繁荣发展，中国社会科学院和全国博士后管理委员会在 2012 年推出了《中国社会科学博士后文库》（以下简称《文库》），迄今已出版四批共 151 部博士后优秀著作。为支持《文库》的出版，中国社会科学院已累计投入资金 820 余万元，人力资源和社会保障部与中国博士后科学基金会累计投入 160 万元。实践证明，《文库》已成为集中、系统、全面反映我国哲学社会科学博士后优秀成果的高端学术平台，为调动哲学社会科学博士后的积极性和创造力、扩大哲学社会科学博士后的学术影响力和社会影响力发挥了重要作用。中国社会科学院和全国博士后管理委员会将共同努力，继续编辑出版好《文库》，进一步提高《文库》的学术水准和社会效益，使之成为学术出版界的知名品牌。

哲学社会科学是人类知识体系中不可或缺的重要组成部分，是人们认识世界、改造世界的重要工具，是推动历史发展和社会进步的重要力量。建设中国特色社会主义的伟大事业，离不开以马克思主义为指导的哲学社会科学的繁荣发展。而哲学社会科学的繁荣发展关键在人，在人才，在一批又一批具有深厚知识基础和较强创新能力的高层次人才。广大哲学社会科学博士后要充分认识到自身所肩负的责任和使命，通过自己扎扎实实的创造性工作，努力成为国家创新型人才中名副其实的一支骨干力量。为此，必须做到：

第一，始终坚持正确的政治方向和学术导向。马克思主义是科学的世界观和方法论，是当代中国的主流意识形态，是我们立党立国的根本指导思想，也是我国哲学社会科学的灵魂所在。哲学社会科学博士后要自觉担负起巩固和发展马克思主义指导地位的神圣使命，把马克思主义的立场、观点、方法贯穿到具体的研究工作中，用发展着的马克思主义指导哲学社会科学。要认真学习马克思主义基本原理、中国特色社会主义理论体系和习近平总书记系列重要讲话精神，在思想上、政治上、行动上与党中央保持高度一致。在涉及党的基本理论、基本路线和重大原则、重要方针政策问题上，要立场坚定、观点鲜明、态度坚决，积极传播正面声音，正确引领社会思潮。

第二，始终坚持站在党和人民立场上做学问。为什么人的问题，是马克思主义唯物史观的核心问题，是哲学社会科学研究的根本性、方向性、原则性问题。解决哲学社会科学为什么人的问题，说到底就是要解决哲学社会科学工作者为什么人从事学术研究的问题。哲学社会科学博士后要牢固树立人民至上的价值观、人民是真正英雄的历史观，始终把人民的根本利益放在首位，把拿出让党和人民满意的科研成果放在首位，坚持为人民做学问，做实学问、做好学问、做真学问，为人民拿笔杆子，为人民鼓与呼，为人民谋利益，切实发挥好党和人民事业的思想库作用。这是我国哲学社会科学工作者，包括广大哲学社会科学博士后的神圣职责，也是实现哲学社会科学价值的必然途径。

第三，始终坚持以党和国家关注的重大理论和现实问题为科研主攻方向。哲学社会科学只有在对时代问题、重大理论和现实问题的深入分析和探索中才能不断向前发展。哲学社会科学博士后要根据时代和实践发展要求，运用马克思主义这个望远镜和显微镜，增强辩证思维、创新思维能力，善于发现问题、分析问题，积极推动解决问题。要深入研究党和国家面临的一系列亟待回答和解决的重大理论和现实问题，经济社会发展中的全局性、前瞻性、战略性问题，干部群众普遍关注的热点、焦点、难点问题，以高质量的科学研究成果，更好地为党和国家的决策服务，为全面建成小康社会服务，为实现"两个一百年"奋斗目标和中华民族伟大复兴中国梦服务。

第四，始终坚持弘扬理论联系实际的优良学风。实践是理论研究的不竭源泉，是检验真理和价值的唯一标准。离开了实践，理论研究就成为无源之水、无本之木。哲学社会科学研究只有同经济社会发展的要求、丰富多彩的生活和人民群众的实践紧密结合起来，才能具有强大的生命力，才能实现自身的社会价值。哲学社会科学博士后要大力弘扬理论联系实际的优良学风，立足当代、立足国情，深入基层、深入群众，坚持从人民群众的生产和生活中，从人民群众建设中国特色社会主义的伟大实践中，汲取智慧和营养，把是否符合、是否有利于人民群众根本利益作为衡量和检验哲学社会科学研究工作的第一标准。要经常用人民群众这面镜子照照自己，匡正自己的人生追求和价值选择，校验自己的责任态度，衡量自己的职业精神。

第五，始终坚持推动理论体系和话语体系创新。党的十八届五中全会明确提出不断推进理论创新、制度创新、科技创新、文化创新等各方面创新的艰巨任务。必须充分认识到，推进理论创新、文化创新，哲学社会科学责无旁贷；推进制度创新、科技创新等各方面的创新，同样需要哲学社会科学提供有效的智力支撑。哲学社会科学博士后要努力推动学科体系、学术观点、科研方法创新，为构建中国特色、中国风格、中国气派的哲学社会科学创新体系作出贡献。要积极投身到党和国家创新洪流中去，深入开展探索性创新研究，不断向未知领域进军，勇攀学术高峰。要大力推进学术话语体系创新，力求厚积薄发、深入浅出、语言朴实、文风清新，力戒言之无物、故作高深、食洋不化、食古不化，不断增强我国学术话语体系的说服力、感染力、影响力。

"长风破浪会有时，直挂云帆济沧海。"当前，世界正处于前所未有的激烈变动之中，我国即将进入全面建成小康社会的决胜阶段。这既为哲学社会科学的繁荣发展提供了广阔空间，也为哲学社会科学界提供了大有作为的重要舞台。衷心希望广大哲学社会科学博士后能够自觉把自己的研究工作与党和人民的事业紧密联系在一起，把个人的前途命运与党和国家的前途命运紧密联系在一起，与时代共奋进、与国家共荣辱、与人民共呼吸，努力成为忠诚服务于党和人民事业、值得党和人民信赖的学问家。

是为序。

张江

中国社会科学院副院长
中国社会科学院博士后管理委员会主任
2015 年 12 月 1 日

摘　要

　　品牌如人，做品牌就是做人。但是，人非圣贤，孰能无过。中国改革开放的总设计师邓小平同志曾说过：人不可能不犯错，改了就是好同志。实际上，每个人都会犯错误，但每一个错误都提供了一个改正的机会。对于错误，如果你能改正的话，错误就不再是错误。

　　由于种种原因，品牌犯错频繁发生，犯错品牌纷纷涌现。大到消费者所熟知的国际知名品牌，如可口可乐、宝洁、奔驰、福特、索尼、埃克森、雀巢、麦当劳等，小到消费者不熟悉的国内地方品牌，多如牛毛，举不胜举。人犯错了，可以改；品牌犯错，也可以改，改了就是好品牌，浪子回头金不换。

　　本研究基于这样的社会现象和客观事实：品牌原产地虚假负面曝光事件近年来频繁发生，在此背景下，犯错品牌的顾客购买意愿严重受损；犯错企业虽然忙于自救，但失去信任的目标市场恢复却比较困难和缓慢；更有意思的是这些假洋品牌的产品质量大都没有问题，仅因负面曝光事件就销声匿迹。从曾经的洋品牌到现在的假洋品牌，从曾经的知名品牌到现在的污点品牌，无论事出何因，这都是一个值得研究但又尚未被研究的课题。

　　基于此，本书想探究并解决的问题是：首先，在理论上，解释三大问题：一是何为品牌原产地虚假；为何会产生品牌原产地虚假；品牌原产地虚假有何影响。二是在品牌原产地虚假的背景下，基于消费者感知角度，哪些原因导致顾客购买意愿受损或者何种因素伤害了购买意愿；各个受损原因对购买意愿的影响程度或权重是多少。三是在品牌原产地虚假背景下，除了犯错企业已使用的策略外，还有哪些修复策略；基于消费者的态度而言，哪些修复策略是最有效的。其次，在实践上解决两大问题：一是研判现有修复策略措施和修复效果有限的问题，解决在品牌原产地虚假背景下，针对不同的原因应该采取哪些修复策略。二是在品牌原产地虚假背景下，哪些修复策略最有效。

带着上述困惑与疑问，本书首先梳理了现有的与本研究相关的文献，发现现有原产地研究暗含了品牌原产地真实这个研究背景，但现实中存在着品牌原产地虚假的客观事实，而中外学者尚未对品牌原产地虚假这一问题给予研究。与此同时，中外学者对负面曝光事件给予了研究，但是国内研究总体偏少，特别是有关负面曝光事件的其他类型的研究，还尚未涉及。另外，联系国内市场现状进行的相关创新性研究非常稀缺。因此，本研究意在此方面有所作为。

同时，采取深度访谈，基于消费者感知角度，本研究发现了在品牌原产地虚假背景下顾客购买意愿受损原因，诸如信任损坏、形象冲突、声誉破坏、事件严重感知、事件责任归因、负面情感、惩罚信念、感知风险（含质量疑虑、价格担心等）、媒体报道、社会规范等。经实证研究后，发现了品牌原产地虚假背景下导致顾客购买意愿受损的 5 个因子，依次为信任损坏、质量疑虑、负面情感、形象冲突、价格担心。

本研究分析了品牌原产地虚假背景下购买意愿受损原因与购买意愿之间的关系以及修复策略对这种关系的影响，确定了因变量、自变量和调节变量，引入了情感、质量、信誉、价格四大策略，设计了刺激物，提出了研究假设。

本书通过实证得出如下主要结论：

第一，信任损坏是品牌原产地虚假背景下顾客购买意愿受损的最重要原因，也是制约犯错品牌事后恢复市场的重要因素。本研究也印证了 Wang 和 Huff（2007）的观点。这从反面证实了如下观点：信任是社会交换关系的基础（Morgan 和 Hunt，1994），现代企业品牌关系的焦点和核心是信任（Lewicki R.，1996）。

第二，质量疑虑是继信任损坏后导致顾客购买意愿受损的第二个原因，也是制约犯错品牌事后恢复市场的重要因素。这不仅印证了俗语——假作真时真亦假，而且也揭示了品牌原产地虚假的严重负面溢出效应。

第三，价格担心并没有对顾客购买意愿产生显著负向影响。究其原因，这可能是由于在品牌原产地虚假的背景下，消费者对犯错品牌企业事后存在的改正行动（Correct Actions），包括善意的修复品牌形象、赢回消费者的价格促销活动期望（Dawar 和 Pillutla，2000）有所增强，所以对购买意愿未构成显著影响。

第四，在品牌原产地虚假的背景下，犯错品牌企业实施不同的积极修复策略，消费者购买意愿均有所提高或改善，但是各修复策略间存在差异。其中，质量策略最优，其次是信誉策略，再次是价格策略，最后是情感策略。

第五，只有价格策略对各受损原因与购买意愿间的调节作用是显著的，而其他三大修复策略对各个受损原因与购买意愿之间的调节作用不完全显著，这不仅表明各修复策略对受损原因引起的购买意愿降低并非完全奏效，也从一个侧面反映了品牌原产地虚假所产生的严重负面效应或危害在短期内不可能得到有效消除，即犯错品牌购买意愿受损的修复工作是长期的。

本研究的创新价值主要体现在三个方面：

第一，提出了品牌原产地虚假理论分析框架。从联系国内市场现状进行相关的创新性研究角度出发，本研究首次提出了品牌原产地虚假理论框架。包括概念、性质、实质、特征、归属、分类、多重效应、形成机理及对购买意愿的影响等。

第二，发现并实证了品牌原产地虚假背景下购买意愿受损的原因。在实证研究后发现，导致顾客购买意愿受损的 5 个因子，依次为信任损坏、质量疑虑、负面情感、形象冲突、价格担心，最有趣的发现是质量疑虑。

第三，实证了修复策略对受损原因和购买意愿之间关系的影响。本研究实证发现，品牌原产地虚假背景下，犯错品牌企业实施不同的积极的修复策略，消费者的购买意愿均有所提高或者改善，但各修复策略之间存在差异。其中，质量策略最优，其次是信誉策略，再次是价格策略，最后是情感策略。同时，研究表明，只有价格策略对各受损原因与购买意愿间的调节作用是显著的，其他三大修复策略对各个受损原因与购买意愿之间的调节作用不完全显著，这表明各个修复策略对受损原因引起的购买意愿降低并非完全奏效。

　　本研究还就实证研究结论结合相关理论及实践应用做了进一步探讨，指出：在品牌原产地虚假的背景下，犯错品牌应以消费者为导向，切实采取质量、信誉、情感、价格等多重修复策略，灵活应对品牌原产地虚假背景下品牌所面临的购买意愿受损问题，千方百计地为顾客创造货真价实的产品和服务，实现信任重建、品牌重生，从而为民族品牌振兴及壮大、国家形象建设及提升、国际竞争力增强及提高提供新启示。

　　关键词：品牌原产地虚假　负面曝光事件　购买意愿受损　修复策略　犯错品牌

Abstract

The brand likes a man and to be a brand is to be a man. However, no man is saint and infallible. Deng Xiaoping, the chief designer of China's reform and opening up, once said that a man without mistakes are not exist, however, it is right for him to correct a wrong. In fact, everyone inevitably makes some mistakes, but every mistake is an opportunity to improve. It is no longer an error if you can correct it.

Due to the various causes, there are always some brands making mistakes frequently and errant brands emerging in large number. A lot of errant brands are even the famous international ones such as Coca – Cola, Procter & Gamble, Benz, Ford, Sony, Exxon – Mobil, Nestle and MacDonald and so on. Some of which are domestic brands unfamiliar to costumers. It is possible for a person to correct a wrong, as well as for a brand. Moreover, A prodigal who returns is more precious than gold.

This research is based on such a social phenomenon and objective facts that fake publicity of brand origin occurred frequently in recent years and in this context, purchase intentions of such brands have been seriously damaged. Although such errant companies make effort to save themselves, the restoration of the low – confidence targeted market became hard and slow. More interesting, the quality of such brands are good, which are all disappeared because of the negative publicity. From once foreign brands to present fake ones, from ever well – known brands to current stained ones, no matter what is the reason, it is a question worthy of research but lack of research.

Based on such situation, the following questions need to be settled in this research. On the one hand, in theory, the research will answer three major problems. First, what is fake publicity of brand origin, how it happen and what is the impacts of such events. Second, under such this context, based on the consumer perception point of view, what are the reasons resulted in the damaged purchase intentions or the factors which hurt the consumer purchase intentions and their mutual influence weight on the consumer purchase intentions. Third, in such fake publicity of brand origin, are there any other restoration strategies besides the ones have been used currently and what is the most effective restoration strategies in terms of the costumers' attitude. On the other hand, in practice, the research will explain two major problems. First, the research will analyze the existing repair strategies and its limited effect and discuss what restoration strategies should be taken aimed at different causes. Second, in such fake publicity of brand origin, the research will find out what is the most effective restoration strategie.

With the above puzzle and doubt, this research first combs some existing literatures related to this research, finding that the current research of origin implies the true background of the brand origin. Although the objective fact of fake publicity of brand origin exists in reality, the domestic and foreign scholars have not yet made any research on the domains of fake publicity of brand origin. Meanwhile, researchers from home and broad have made some study about the negative publicity, though it is rare in domestic, especially the research about other types related to the negative publicity events. In addition, relative innovation researches linked to the domestic market are quite scarce. Therefore, this research aims to do something in this aspect.

Second, based on the consumer perception point of view, taking depth interview, this research find out the reasons of the consumers' damaged purchase intentions in the context of fake publicity of brand origin, for instance, the damage of brand – trust, image conflict, reputation destruction, the perception of severity of the event, the attribution of event responsibility, negative feeling, faith of penalty, perceived risks including quality concerns and price concerns, media coverage, social norm and so on. Through an empirical study, the research finds out five factors leading to the damage of costumers' purchase intention under the background of fake publicity of brand origin, which are damage of trust, quality suspicion, negative feeling, image conflict and price suspicion.

Subsequently, this research analyzes the relationship between the damaged reasons and purchase intentions in the context of fake publicity of brand origin, as well as the influence brought by the repair strategies, identifies dependent variables, independent variables and adjustment variables through analyzing the relationship among these three factors. This research introduces four strategies which are emotion, quality, credit standing, and price, designs the stimulus and proposes its hypothesis.

Then, this research mainly draws the following conclusions:

First, the most important reason leading to the damaged purchase intentions in the context of fake publicity of brand origin is the damage of trust, which also is an important factor of restricting the market restoration of the errant brands. This research also verifies the viewpoint of Wang and Huff (2007). Of course, this research proves the following viewpoint from the adverse that trust is the foundation of social exchange relationship (Morgan and Hunt, 1994) and the core and focus of the modern corporation brand relationship is trust (Lewicki R., 1996).

Second, this research discovers that quality concerns is the second reason that lead to the damaged purchase intentions, followed by the trust damage, which is also the major reason of restricting the market restoration of such errant brands. This not only confirms the old saying that the real becomes false when the false is true, but also reveals the serious negative effects of fake publicity of brand origin.

Third, using an empirical study, this research discovers that price concerns does not create any salient negative effects on the costumers' purchase intentions, which is probably because the consumers expect the errant brands have taken more Correct Actions including restoration of brands image out of goodness, price promotion aimed at attracting costumers' attention (Dawar and Pillutla, 2000) after the event of fake publicity of brand origin.

Fourth, by way of method of empirical study, in the context of fake publicity of brand origin, this research discovers that the consumer purchase intentions will be improved when the errant brands take the different restoration strategies. However, there are the difference among the different restoration strategies. Among which, quality strategy takes the lead, followed by the credit standing strategy, next, price strategy, and the last strategy, emotion strategy.

Fifth, by way of method of empirical study, the research indicates that only the price strategy is significant in adjusting the relationship between the damaged reasons and purchase intentions. However, the research indicates that the other three strategies are not all significant in adjusting the relationship between the damaged reasons and purchase intentions. On the one hand, This indicates that different restoration strategies aimed at the decrease of purchase willing caused by damage reason do not fully work. On the other hand, it suggests that serious negative effects or harms resulted from the fake publicity of brand origin will not be effectively eliminated in short term, which means that restoring the consumers' purchase intentions is a long term task.

The innovation of this research is mainly reflected in the following three aspects:

First, this research proposes the theoretical framework of fake publicity of brand origin. In detail, from the perspective of relative innovation researches linked to the domestic market, the research first puts forward the theoretical framework of fake publicity of brand origin, including concept, attribute, essence, character, classification, multiple effect, form mechanism and its impact on purchase intentions.

Second, using an empirical study, the research finds out five factors leading to the damage of costumers' purchase intention under the background of fake publicity of brand origin, which in turn are damage of trust, quality concerns, negative feeling, image conflict and price concerns. The most interesting finding is quality concerns.

Third, the research investigates the influence of different recovery strategies on the relationship between the damaged reasons and purchase intentions. By way of method of empirical study, in the context of fake publicity of brand origin, this research discovers that the consumer purchase intentions will be improved when the errant brands take the different restoration strategies. However, there are the difference among the different restoration strategies. Among which, quality strategy takes the lead, followed by the credit standing strategy, next, price strategy, and the last strategy, emotion strategy. Meanwhile, the research indicates that only the price strategy is significant in adjusting the relationship between the damaged reasons and purchase intentions. However, the research indicates that the other three strategies are not all significant in adjusting the relationship between the damaged reasons and purchase intentions. On the one hand, This indicates that different restoration strategies aimed at the decrease of purchase willing caused by damage reason do not fully work.

Finally, on the basis of empirical study, the research further discusses the combination of relevant theory and practice application and points out that the errant brands should take various recovery strategies such as quality, credibility, emotions, price and so on. In the context of fake publicity of brand origin, errant brand should be consumer – oriented and effectively to respond flexibly to the damaged purchase intentions which resulted from the fake publicity of brand origin, try it best to provide genuine products and services for customers to give a new hint to achieve brand – trust reconstruction and brand renascence so as to develop the national brands, enhance the national image – building and improve international competitiveness of China itself.

Key Words：Fake Publicity of Brand Origin；Negative Publicity；Damaged Consumer Purchase Intentions；Recovery Strategies；Errant Brand

目　录

Contents

第一章 绪 论

人非圣贤，孰能无过？过而能改，善莫大焉。

——《左传·宣公二年》

错误是不可避免的，但是不要重复错误。

——周恩来

知错就改，永远是不嫌迟的。对己能真，对人就能去伪，就像黑夜接着白天，影子随着身形。

——莎士比亚

品牌如人，做品牌就是做人。不论是品牌态度、品牌情感、品牌满意、品牌忠诚，还是品牌个性、品牌形象、品牌声誉、品牌资产，特别是品牌形象的消费者维度等诸多现有研究成果及企业成败实践均已经证明：做品牌就是做人。但是，人非圣贤，孰能无过。中国改革开放的总设计师邓小平同志曾说过：人不可能不犯错，改了就是好同志。实际上，每个人都会犯错误，但每一个错误都有改正的机会。对于错误，如果你能改正的话，错误就不再是错误。

由于种种原因，品牌犯错频繁发生，犯错品牌纷纷涌现。大到消费者所熟知的国际知名品牌，如可口可乐、宝洁、奔驰、福特、索尼、埃克森、雀巢、麦当劳等，小到消费者不熟悉的国内地方品牌，多如牛毛，举不胜举。人犯错了，可以改；品牌犯错，也可以改，改了就是好品牌，浪子回头金不换。

本研究基于这样一个社会现象和客观事实：品牌原产地虚假负面曝光事件近年来频繁发生，在此背景下，犯错品牌的顾客购买意愿严重受损；犯错企业虽然忙于自救，但失去信任的目标市场恢复却比较困难和缓慢，更有甚者，虽然其产品质量没有问题，却因此而销声匿迹。从曾经的洋品牌到现在的假洋品牌，从曾经的知名品牌到现在的污点品牌，无论事出何因，都是一个值得研究但又尚未被研究的问题。基于此，本书在回顾现有相关的理论文献的基础上，试图从丰富而鲜活的社会现象出发，开创性地构建品牌原产地虚假理论，包括品牌原产地虚假的内涵、实质、特征、归属、形成机理、影响效应等；并重点基于消费者感知角度探讨其背景下的购买意愿受损及其修复问题，为品牌信誉重塑、犯错品牌重生、民族品牌振兴、国家形象建设、国家竞争力或国际竞争力提升提供新思路。

本章提出了本研究要解决的问题，阐述了本研究的内容、目标、角度、思路、结构、方法、研究意义及研究创新等。

第一节　研究背景与研究问题

品牌原产地虚假背景下的顾客购买意愿受损及修复策略研究暨本项研究，既有其特定的社会背景、现实困惑，也有其依托的理论背景及学术局限。

一、现实背景及困惑

1. 品牌原产地虚假负面曝光事件近年来频繁发生

案例1：香武仕音响事件

2000年，北京、深圳等城市的大型商场、电器超市中，名为"香武仕"的音响销售专柜被布置在非常显著的位置。以"丹麦血统"、70年历史、皇冠标志、国际知名音响品牌等响亮的名号吸引了大量的消费者。

根据香武仕的广告画册，哥本哈根的香武仕音响公司是这个品牌的所有者，上面印着公司在丹麦的法定地址，还有香武仕香港集团公司和深圳众阳公司的大名。在销售点也有中英文对照的丹麦香武仕特许经营授权书，普通消费者很难对这一切产生怀疑。

然而，中央电视台2002年"3·15"晚会对这个所谓"丹麦血统"的香武仕进行了曝光。根据调查，通过对香武仕宣传画册提供的丹麦总部地址进行查询后，使馆方面告知，哥本哈根这幢门牌41号的大楼里有64家公司，不过根本没有生产音响的公司，而"著名的丹麦香武仕国际音响公司"在企业登记库里更是无法找到。这样一个品牌怎么能在1980年获得了丹麦哥本哈根品牌嘉奖呢？

据调查，这个宣称拥有70年历史和皇冠标志、来自丹麦的国际知名音响品牌，实际上是在广东省东莞市高步镇卢村的一家生产音响工厂里生产的。根据当时的丹麦香武仕中国总部的总经理刘燕生介绍，这个纯国产的东西之所以能够披上洋外衣，不过是"将它运上船以后，在公海上走一圈，再回来，我给你提供我的运输单、到货单、提货单，它就是进口的了"。原来所谓的丹麦制造竟然可以这么得来。（《中国质量万里行》，2008）

案例2：欧典地板事件

2006年3月15日，中央电视台向全国消费者揭开了一个内幕：号称有百年历史，行销全球80多个国家，源自德国的著名地板品牌"欧典"，其德国总部根本不存在，存在严重欺诈消费者的行为。

欧典企业提供的印制精美的宣传册上写着：德国欧典创建于1903年，在欧洲拥有1个研发中心和5个生产基地，产品行销全球80多个国家。此外，在德国巴伐利亚州罗森海姆市拥有占地超过50万平方米的办公和生产厂区。然而，央视驻德国记者专程前往该市进行调查，当地工商管理部门告知，在他们的登记资料中并没有一家叫欧典的企业。央视记者调查发现，欧典宣称的所谓德国总部，其实是当地一家木产品企业汉姆贝格公司，但这家公司声明，与欧典没有任何产权隶属关系。国内没有欧典的公司注册，不仅德国欧典不存在，央视记者在工商部门查询发现，国内也根本没有一家名叫欧典（中国）的公司注册。"百年欧典"到底是一家怎样的企业呢？实际上，欧典这个商标2000年才正式注册，注册人是1998年成立的北京欧德装饰材料有限责任公司。

从2004年7月开始，欧典地板突然在全国范围内强力推出每平方米2008元的天价地板。正常情况下只要500元每平方米的地板，却由于贴上虚假的德国制造、德国品牌的标签而卖出2008元的天价。可谓"一石激起千层浪"，欧典事件迅速传遍大江南北，一个在中国木地板行业曾经赫赫有

名的品牌从此深陷信任危机而不能自拔。(百度百科)

欧典事件时间表

2006 年 3 月 15 日:央视"3·15"晚会上欧典事件曝光。

2006 年 3 月 16 日:各地欧典专卖店开始纷纷撤柜,工商部门称等待总局对此事件定性,消费者索赔以及对欧典的处罚均要等待定性以后。

2006 年 3 月 20 日:欧典企业总裁闫培金终于承认欧典地板"德国制造"的显赫身世不过是一个国际玩笑,"德国总部"根本不存在,曾在宣传手册中出现的两名"德国总部"负责人也是冒牌货,他郑重向全国消费者致歉。

2006 年 4 月 11 日:彩蝶、欧曼、金刚欧德 3 家"强行与德国攀亲戚"的地板品牌再度遭到曝光。与欧典在背景下"反应迟钝"不同,这 3 家企业的老板在 4 月 12 日第一时间联合起来,以同仇敌忾之势,通过新浪网家居频道进行辩解。

2006 年 4 月 14 日:"在欧典地板问题上,中消协确实存在失察。"中消协副秘书长董京生就此事件首次表态。

2006 年 4 月 15 日:北京市工商局丰台分局对北京欧典木业有限公司下达处罚决定通知书:按照违反《广告法》和《反不正当竞争法》进行处罚,处以广告费五倍的罚款,罚金高达 7473776 元。从法律上讲,"夸大宣传"并不等于"欺诈",消费者获得双倍赔偿无望。几天后,"欧典事件"另一当事人北京欧典木业有限公司被罚 20 万元。

2006 年 4 月 16 日:欧典在各地恢复上市销售。

2006 年 9 月 20 日:沉寂半年之久的欧典地板总裁闫培金做客新浪嘉宾聊天室,通过网络向广大网友进行道歉,对欧典事件进行澄清。

致歉内容:欧典因 2004 年欧典宣传手册对欧典企业的影响,因为企业规模夸大宣传的错误,向各位消费者道歉。由于欧典的错误带给消费者损失,我向消费者道歉,希望消费者继续支持欧典,欧典不会辜负大家的期望,会开发出更好的产品,做出更好的服务,以感谢消费者对欧典的谅解。

2006 年 9 月 21 日:欧典地板总裁闫培金在新浪网注册个人博客,将所有欧典地板质量证明材料共计 22 份公布在网上,材料上均证明欧典地板产品质量无任何问题,并通过网络向广大网友进行道歉,对欧典事件进行澄清。

2006 年 9 月 22 日：欧典地板总裁闫培金在博客当中指出，已将造成欧典夸大宣传错误的、在宣传资料中提到的"德国欧典创建于 1903 年"改为"欧典德国委托加工厂创建于 1903 年"。这样，在法律上就没有任何问题了。并在同一天出示了中国电子进出口东方贸易有限公司 1999～2005 年代理欧典地板进口德国产品的证明材料。

案例 3：施恩洋奶粉事件

2009 年，北京市民郭利向媒体反映称，2008 年他的孩子在食用施恩奶粉后出现身体异常，经自行送往国家食品质量安全监督检验中心检测，结果显示，有的施恩奶粉中三聚氰胺含量超过国家限量值 100 多倍。而这几个批次的奶粉，不在国家发布的施恩超标奶粉批次中。郭利同时质疑施恩奶粉"100% 进口奶源"及其所宣称的"美国商标"。

施恩公司随后发布声明称："该消费者（指郭利）所送检的产品生产日期是 2008 年 3 月 17 日，为 2008 年 9 月 14 日（三鹿奶粉事件）之前生产的产品，对于 2008 年 9 月 14 日之前生产的产品，我司已经按照国家 9 部委的要求进行了无条件的全部召回并做了无害化销毁处理。"

中国奶协前常务理事王丁棉紧接着爆料，施恩的奶源并非其宣传的"100% 进口奶源"，而是部分来自广东雅士利公司的山西奶源基地。

施恩奶粉被检有毒尚未得到最终结论，施恩再陷官司。另一林姓消费者将施恩告上法院，其起诉理由是"侵犯消费者知情权"。林姓消费者发现，自己购买的奶粉上标有"100% 进口奶源"的标识。而在同一超市内，有包装类似但未标明是"100% 进口奶源"的施恩奶粉，其产品包装和部分标有"100% 进口奶源"的奶粉类似，极易误导消费者，这种做法侵害了消费者的知情权，属欺诈行为。

三聚氰胺、奶源门、身份门，深陷其中的施恩被推到了风口浪尖。

资料显示，施恩公司成立于 2002 年，注册资本金 1.55 亿元，法定代表人张利钿，股东分别为雅士利集团公司、美国施恩国际有限公司、施恩营养品国际（新加坡）公司，商标持有人为"美国施恩有限公司"。值得一提的是，雅士利的法定代表人张利桐，与施恩法定代表人张利钿是兄弟关系。

而来自美国食品药品管理局（FDA）的消息称，在美国食品生产企业数据库中并未发现名称为 Scient（施恩）的企业。FDA 经过调查发现，不仅没有在美国国内搜索到具备生产、研发婴幼儿奶粉资质的"施恩"公司，而且"与 Scient 公司注册地址相同的企业，出现在他们的注册医疗器械数据库里"。

2009 年 6 月 15 日，施恩公司在其官方网站上发布致歉声明。

施恩公司在两份声明中首度公开承认，"施恩公司，包括施恩品牌完全由华人拥有"，消费者一直以来视施恩为洋品牌、洋奶粉其实是一场误会。

至此，施恩的真实身份终于浮出水面。（《中国质量万里行》，2009）

案例 4：丸美事件

2008 年 8 月 28 日《每日经济新闻》独家曝光丸美化妆品遭王海打假，丸美产品宣传的日本背景名不符实，甚至在日本市场上买不到，存在欺诈消费者行为。9 月 4 日《每日经济新闻》通过多种渠道证实"日本有多家'丸美'，但无一家做化妆品"。丸美产品遭南宁商场撤柜。2008 年 9 月 8 日，丸美方面通过《每日经济新闻》向公众郑重道歉。该公司分管公关的副总裁游昌乔向记者承认："丸美品牌与日本并没有直接关系，是地道的中国品牌，希望公众能原谅承认错误的孩子。"同时，公司还表示将在全国范围内集中封存、销毁存在问题的宣传品。致歉说明直截了当地给品牌定性是"地道的中国品牌"，并承认公司成立的时间实际是 2002 年。（《每日经济新闻》，2008）

案例 5：PRADA 事件①

广东东莞大岭山镇华侨工业城三区有一家名为兴雄的鞋厂，很少有人知道，每天从这里的 6000 多名打工者手中诞生的，是 Prada、ColeHaan 以及 Camper 等一连串上流社会的代名词。除了东莞，在中国的深圳、温州、杭州等地，还有难以计数的工厂正在为这些国际奢侈品牌代工生产。它们规模或大或小，或是直接订单或是"二道单"，或生产成品或只做某一道工序。但无须怀疑，它们生产的都是真品。

然而，最终与消费它们的人见面时，人们将无从发现它们与中国打工

---

① 王芳、魏黎明：《奢侈品中国代工产业链》，《经济观察报》，2010 年 1 月 11 日。

妹之间的关系。迫于"Made in China"的廉价形象，这些产品最终绝大部分都将贴上"Made in Italy"或"Made in Paris"等标签。理论上说，这些经过加工的衣服将回到公司的中国香港总部，在中国香港汇集后运到意大利、法国或西班牙等时尚聚集地，再销往各个国家。但由于运输和关税成本太高，在业内人士看来，在各个地区生产的成衣或者其他产品不一定会全部发送至总部。相关工作人员说，有的在中国生产，贴上意大利的标签，甚至连海关都没出去过。这些成品在经过简单的手续处理后，通常直接批发给代理商，或者直接进入店面销售。尽管专卖店的销售人员反复强调自己的产品是由欧洲工匠手工制作，后出口到中国的。国外的一项条文规定，必须保证产品大部分（决定其品质的部分）在该国制作完成，并且其在该国制作部分产生的成本（人工、材料等）至少要占总成本的50%，符合以上两条才能打上该国制造的标签。按此条文，对于在中国加工生产的产品，"Made in China，Designed in Italy"的标签似乎更合理。Prada 的慎重自有其道理。代表意大利纯正工艺的熟练工匠需30年技艺打磨，而在东莞这两家工厂，你能看到的大多是20岁左右的年轻人，很少能见到约30岁以上的员工。他们的薪资水平也是相差甚多。兴雄鞋厂大门外长期挂着的一条横幅上写明，大量招聘普工，月工资1300元起。当然，如果他们选择加班的话，工资也会相当可观。一项统计表明，欧洲服装工人每小时薪资平均约为20美元，而且工作时间固定；中国工人的工资很低，劳动力成本只是意大利的1/20，而且还经常加班。（《经济观察报》，2010）

上述案例虽然表现方式各有差异，但却有惊人的相似之处，那就是都在打品牌国籍牌，做"身份"文章，因而被形象地称为国籍门事件、身份门事件。我们不禁要问：这是一种什么现象？这种现象是怎样产生的？如何看待这种现象？

检索发现，新闻媒体和工商管理部门对此现象给予了高度关注，而且其中不少人将此类现象称之为"假洋品牌"。但是对于此类问题，营销学术界尚未进行过研究，至今仍没有一个规范的学术性定义。基于品牌原产地营销理论，本研究将这种利用虚假的原产地形象概念进行的非道德性营销现象和行为，称为品牌原产地虚假营销事件，简称为品牌原产地虚假。

事实上，媒体所披露的，我们所看到的，只是冰山一角。表 1 - 1 是近年来在中国所发生的品牌原产地虚假事件的一个粗略统计。

表 1 - 1 品牌原产地虚假事件汇总（2002～2010 年）

编号	名称	年份	虚假原产地	真实原产地
1	香武仕音响事件	2002	丹麦	中国
2	欧典地板事件	2006	德国	中国
3	福奈特洗衣店事件	2007	法国	中国
4	阿诗丹顿热水器事件	2007	美国	中国
5	尚高卫浴涉嫌国籍造假	2007	德国	中国
6	丸美化妆品事件	2008	日本	中国
7	家美乐化妆品事件	2008	法国	中国
8	诗婷化妆品事件	2009	法国	中国
9	卡姿兰事件	2010	法国	中国
10	施恩洋奶粉事件	2009	美国	中国
11	澳优洋奶粉事件	2009	澳大利亚	中国
12	新怡洋奶粉事件	2010	新西兰	中国
13	慕思凯奇床具事件	2009	法国	中国
14	美国骆驼涉嫌国籍造假	2009	美国	中国
15	尚玛可家纺涉嫌国籍造假	2010	法国	中国
16	Prada 东莞生产贴签意大利造	2010	意大利	中国
17	橱柜	2006～2010	欧美发达国家	中国
18	水果业欧典现象	2007	泰国等	中国
19	加州牛肉面事件	2008	美国	中国
20	泰国香米事件	2010	泰国	中国

由表 1 - 1 可知，这些案例虽然各有差异，但存在着共性，即品牌的原产地或来源国虚假，原本都是地地道道的中国品牌，却摇身一变成为形象气质俱佳的外国品牌（这些品牌通常虚构自己为发达国家品牌，诸如美日欧等，国内一些媒体及相关专业人士将这类造假品牌，形象地描述并幽默地称为"假洋品牌"或"洋务运动"）。人非木石，岂无感受？面对着这些虚假事件，激发了我们对于原产地研究中的国家形象联想，特别是对中国国家形象的联想与深思！为什么这些品牌不虚构自己来自那些欠发达国家

及发展中国家，如××音响来自巴西、××地板来自印度、××奶粉来自埃及等？同样，面对着近年来频繁发生的品牌原产地虚假负面曝光事件，我们不禁要问：什么是品牌原产地虚假？其内涵实质是什么？这与原产地虚假以及假洋品牌等概念有何关联？为什么会发生此类事件或者说其形成机制是什么？如何看中国国家形象与品牌原产地虚假的关系呢？这类事件有什么影响或者将产生何种效应？

2. 品牌原产地虚假事件背景下顾客购买意愿受损

在组织依存于顾客的今天，在品牌原产地虚假事件背景下，顾客购买意愿如何呢？以下是来自一些媒体的新闻报道及网站专题调查。其中，表1-2～表1-6是新浪网对顾客消费心理与购买意愿的调查统计，图1-1是来自中国化妆品网的调查统计。

（1）顾客停止购买。2003年4月份，重新包装的香武仕音响入驻老牌商场——南京新百。据记者此前的采访证实，香武仕的销售并不乐观。香武仕音响"左邻右舍"的营业员说，香武仕在新百的6个月举步维艰，少有人光顾，开业的前3个月1台音响也没卖出去①。

2006年"3·15"晚会次日，在北京市场，只有1名客户安装了欧典地板。此后1个月内，也仅有39名客户选择了这个产品，在正常的情况下，这个数字应该是数百户。欧典地板全国销售额从正常的每个月1000多万元，变成了几十万元②。

（2）顾客减少购买。2009年10月，澳优奶粉遭遇了著名的"身份门"事件。截至2010年9月，有证券机构发布数据显示，澳优乳业的1～5月销售情况不尽如人意。考虑到国内城市的销量增长减速以及三四线城市贡献推迟，该机构将澳优奶粉2010～2012年的盈利预测下调30%～37%③。

2009年刚上市的澳优乳业发布2010年上半年财报。财报显示，澳优乳业业绩倒退，上半年公司营业收入为2.95亿元，同比减少8.23%。据亲贝网与婴童产业研究中心分析师联合分析，澳优乳业之前的三大主力奶粉产品销售额均出现不同程度下滑，其中最核心的优选系列产品下滑最严重，上半年销售额相比2009年同期减少约35.69%④。

①③ http：//www.chinaccm.com，2003-09-27。
②《中国质量万里行》，2008年3月第8期，第26-28页。
④ http：//news.qinbei.com/20100922/146746.html.

表 1-2 新浪网的调查统计（一）

调查来源	新浪调查			
调查主题	阿诗丹顿购买意愿调查			
参与人数	3433			
调查结果网址	http：//survey. finance. sina. com. cn/voteresult. php?pid = 44510&dpc = 1			

题目：你是否会购买阿诗丹顿产品？

选项	是	不是	不好说	合计
比例（%）	89.80	6.50	3.70	100
票数	3083	224	126	3433

表 1-3 新浪网的调查统计（二）

调查来源	新浪调查			
调查主题	你是否还会购买 Prada 等产品			
参与人数	16886			
调查结果网址	http：//survey. finance. sina. com. cn/voteresult. php?pid = 41749&dpc = 1			

题目：你是否还会购买 Prada 等奢侈产品？

选项	不买	买	不好说	合计
比例（%）	71.10	15.30	13.60	100
票数	12004	2585	2295	16886

表 1-4 新浪网的调查统计（三）

调查来源	新浪调查			
调查主题	欧典地板购买意愿调查			
参与人数	8219			
调查结果网址	http：//news. survey. sina. com. cn/voteresult. php?pid = 11691&dpc = 1			

题目：你还会买欧典地板吗？

选项	不会	会	不好说	合计
比例（%）	79.80	12.90	7.30	100
票数	6558	1063	598	8219

表 1-5 新浪网的调查统计（四）

调查来源	新浪调查			
调查主题	欧典地板购买意愿调查			
参与人数	68745			
调查结果网址	http：//news. survey. sina. com. cn/voteresult. php?pid＝7467&dpc＝1			

题目：当您得知欧典地板欺诈消费者的报道后，是否还有购买欧典地板的打算？

选项	不会再买	看情况再说	还会买	合计
比例（％）	88. 90	7. 20	3. 90	100
票数	61089	4977	2679	68745

表 1-6 新浪网的调查统计（五）

调查来源	新浪调查			
调查主题	丸美化妆品购买意愿调查			
参与人数	5100			
调查结果网址	http：//survey. news. sina. com. cn/voteresult. php?pid＝26629&dpc＝1			

题目：你是否会购买丸美化妆品？

选项	不买	买	不好说	合计
比例（％）	79. 80	12. 90	7. 30	100
票数	4236	613	251	5100

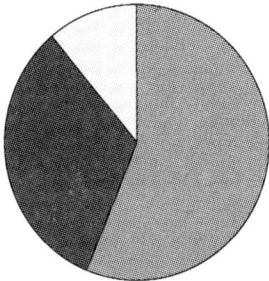

不接受道歉占56%
接受道歉但不继续购买产品占33%
接受道歉并继续购买产品占11%

图 1-1 来自中国化妆品网的调查统计

"丸美事件"背景下，2008 年 9 月 14 日，中国化妆品网记者实地走访进行消费者调查。调查显示，有 56% 的消费者表示不接受丸美公司的道歉；33% 的消费者接受丸美公司的道歉，但表示不再购买其产品；11% 的消费者表示接受道歉并继续购买和使用丸美化妆品①。

3. 品牌原产地虚假背景下顾客感知质量疑虑显现

在品牌原产地虚假曝光事件背景下，本研究进行了多次深度访谈，发现了一个有意思的问题，这也是研究者的一大困惑，即该品牌产品质量在虚假曝光事件发生前后检测均符合国家标准，甚至还优于国家标准，但是顾客在品牌原产地虚假曝光事件的背景下，还是倾向于认为购买该品牌存在着相当的甚至严重的质量风险或疑虑，如表 1 - 7 ~ 表 1 - 9 所示。

表 1 - 7　欧典地板事件背景下，消费者对产品质量风险调查结果

质量风险	可能性大		可能性小		严重性大		严重性小	
	人数	比例	人数	比例	人数	比例	人数	比例
	38	79%	12	21%	37	77%	13	23%

表 1 - 8　施恩洋奶粉事件背景下，消费者对产品质量风险调查结果

质量风险	可能性大		可能性小		严重性大		严重性小	
	人数	比例	人数	比例	人数	比例	人数	比例
	22	76%	7	24%	25	86%	4	14%

表 1 - 9　丸美事件背景下，消费者对产品质量风险调查结果

质量风险	可能性大		可能性小		严重性大		严重性小	
	人数	比例	人数	比例	人数	比例	人数	比例
	30	79%	8	21%	28	74%	10	26%

另外，来自新浪的调查结果，见表 1 - 10，也表明已经购买了欧典地板的消费者，在得知品牌原产地虚假事件后，也产生了相当的质量疑虑。

---

① http：//news. c2cc. cn/observer/data/200809/399620. htm.

表1-10 新浪网的调查统计（六）

调查来源	新浪调查			
调查主题	欧典地板质量调查（针对购买了欧典地板的人群）			
参与人数	4928			
调查结果网址	http：//news. survey. sina. com. cn/voteresult. php?pid＝11689&dpc＝1			

题目：你用的欧典地板是否有问题？

选项	有	没有	不好说	合计
比例（%）	50. 40	25. 20	24. 40	100
票数	2485	1241	1202	4928

4. 品牌原产地虚假背景下犯错企业反应策略有限

从现实观察及媒体报道看，品牌原产地虚假曝光事件发生后，现有的对消费者的主要修复策略是：情感策略和价格策略。然而，采取这些策略后，购买意愿恢复缓慢，这表明，可能还有其他的修复策略。

5. 品牌原产地虚假背景下顾客购买意愿修复缓慢

事件发生后，从现实观察及媒体报道看，犯错品牌市场修复缓慢。由于市场的本质和核心是顾客。市场修复缓慢，表明犯错品牌的顾客购买意愿修复难度很大。

6. 品牌原产地虚假背景下各类品牌命运不尽相同

（1）"原产丹麦"香武仕音响一夜间销声匿迹了。标榜自己是"国际大品牌"、"原产丹麦"的香武仕音响设备，其弥天大谎被央视"3·15"晚会揭穿后，一夜之间从北京市场上销声匿迹了。昨天记者连看了四家经营音响设备的商场和电器城，都没有找到香武仕音响设备。据知情者透露，当晚这个牌子的音响就都被查封撤货了。市工商局消费者权益保护处处长曹中生告诉记者，3月15日当天，工商部门展开了统一的清查行动，本市有十几个香武仕音响设备经销点，当晚被全部查封。据了解，香武仕音响设备从1997年开始在本市销售，目前有多少消费者被蒙蔽欺骗还是个未知数。目前工商部门正在对其进货渠道、经营额等情况作进一步调查。（《北京日报》，2002）

（2）"假洋牌巧镀金身 现原形风光难再"。[①] 2006年央视"3·15"晚会上，关于欧典地板的报道让无数消费者感到震惊。这个自称拥有103年历史的"德国公司"，实际在国内成立仅几年时间，但其部分地板却依托虚假宣传卖出了每平方米2008元的高价。

两年后，风暴虽已过去，但欧典地板的批发价跌落至50元，显然已元气大伤。

两年过去了，被剥下洋外衣的欧典地板如今的状况怎样？

2008年，记者走访了北京部分家居建材市场，发现欧典地板已变得相当低调，在各大家居建材市场，很少看到欧典地板的大幅广告。记者在北京东方家园采购中心了解到，东方家园已于2007年11月开始与欧典地板合作，现在有个别门店销售。东方家园一位负责地板采购的孙姓工作人员向记者表示，欧典地板当时不是因为质量问题被曝光，而是夸大宣传。目前由于欧典地板价格不是太高，所以合作前景看好。记者在北京居然之家北四环店看到，经销欧典地板的门店夹杂在普通品牌地板门店中间，看上去并不显眼。据经销欧典地板的店员介绍，目前该店销售的欧典地板最贵的为比利时生产的每平方米210元的复合地板，最便宜的是北京生产的每平方米89元的复合地板。"现在还不到旺季，地板销售一般，过几天会好起来。"服务员说。当记者问道，是否还有每平方米2008元的地板时，店员先是一愣，随即表示，本店没有。连续6年被授权使用"3·15"标志，并入选消费者最喜爱的品牌的欧典地板，给消费者来了一个品牌文化的大骗局。从事件的起因来看，更像一幕悲剧。不得不承认，闫培金有其过人之处。他很清楚，中国制造在生产方面已属一流水平，但在品牌建设和塑造方面却还处于二流乃至更低的水平。利用国内成熟的技术和设备，为自己的品牌做贴牌生产，这其实是个很好的主意。但由于中国企业在通过对品牌的塑造，获取未来的溢价方面的确乏善可陈，部分消费者不能摆正心态，的确有崇洋媚外之念，于是"用德国的鸡孵中国的蛋"成为欧典的选择。综观国内的品牌，这种虚假的品牌文化与品牌出身，不仅只出现在地板建材行业，而是几乎遍及服装、医药保健品、餐饮以及化妆品等各个行业。这种方式在服装行业里比比皆是，比如某某世家、意大利某某品牌、某某

---

① 《欧典地板：假洋牌巧镀金身 现原形风光难再》，《中国质量万里行》2008年第3期，第26－28页。

POLO 等。一个品牌取一个洋名再加上一个类似"since 1903"的标注，再编一个成功创业的励志故事，就成为国际著名品牌。感谢央视曝光这种畸形的品牌文化编程方式，让曾经红火一时的欧典，为说谎付出了沉重的代价。一个品牌如果建造在谎言上，就如建在沙丘上的高楼大厦，一震动，就会毁于一旦。(《中国质量万里行》，2008)

（3）欧典地板展览会上不见踪影。被称为地面材料及铺装技术"亚洲第一展"的第八届中国国际地面材料及铺装技术展览会，今天上午在上海新国际博览中心开幕。7 万平方米的 7 个展馆中，地板展馆占了 4 个。业内外人士也十分关注这个展览会，因为，最近关于地板的话题实在太多了，地板展上，也不例外。

据了解，今年的展会，国内外地板业几乎有影响的知名企业都报名参展，如柯诺、Berry 集团、安信集团、德尔集团、财纳福诺等都在本届展会上亮相。

记者注意到，历届展会上曾经"腔势"很足的欧典地板，本届展会上看不见了。欧典地板涉嫌虚假广告，给所有参展的地板行业及相关企业敲响了警钟。记者在展会现场看到，不少地板企业在自己的品牌宣传中，特地加上了"诚信为本"的内容。展会开幕前两天，"中国木地板行业诚信宣言"新闻发布会在北京人民大会堂召开。不过，参观者则表示，真正购买地板时，还应当"听其言，观其行"，像欧典这样的不诚信地板企业，在市场上也不是"独此一家"。(《新闻晚报》，2006)

（4）湖北部分专卖店撤下丸美产品。近日，记者获悉丸美样板市场——湖北的部分加盟店"集体倒戈"，纷纷撤销丸美形象专柜或宣传灯箱片。

据悉，王海已向全国各地方工商局举报丸美产品。其中，武汉市工商行政管理局江汉区分局向王海回复称："你举报的武汉广场、大洋百货、王府井百货等销售'丸美活性漂黑消肿眼晚霜'产品涉嫌虚假宣传一事，我局责成公平交易直属局调查处理。经调查，情况基本属实，已报湖北省工商局有关部门备案待批。"但王海方面称，武汉方面此后称证据不足，没有继续追查。

在湖北武汉，正在翻新店铺的某美妆连锁机构店主指着新上柜的泊美说："这里以前是丸美的柜台，8 月 28 日从网络上获悉丸美一事后，我们便撤下了该品牌。"据悉，该连锁店与丸美合作不到一年时间，丸美在其单店的月均销量约 1 万元。店主表示，撤柜是自发行为，虽然向经销商交纳的市场保证金 3000 元和柜台押金 2000 元都打了 "水漂"，而且还积压了 2 万元的货物，不过与连锁店合作的品牌众多，撤销一两个品牌尚可以承受。据记者了解，在黄冈、荆州等地也出现类似现象，其中枝江丸美加盟店已换掉了丸美的广告。部分店家认为，现在最难熬的是那些主营丸美品牌的专卖店。

天门市家家红鹰店主高文华表示，并未听说丸美一事，他店里的丸美销售一切正常。目前，丸美在武汉广场、王府井商场的形象专柜依然正常营业。（迅购网，2009）

综上所述，事件发生后，香武仕一夜之间销声匿迹；欧典则元气大伤，风光难见；其他犯错品牌均有不同程度的损伤。这可能与产品类型、事前消费者的品牌经验、品牌态度以及事后犯错企业的反应策略有关。

二、理论背景及局限

1. 品牌原产地虚假这一营销真实性问题缺乏研究

"真实性" 问题既是营销文献中的一个重要课题（Leigh 等，2006），也是现代营销的核心主题之一。正如 Brown（2001）指出的，事实上，现代营销的核心主题之一就是真实（Authenticity）与不真实（Unauthenticity）之间的运动（Tension）。一些学者们则认为，真实性是现代营销的基石（Beverland 等，2008）。

存在决定意识。营销理论源于营销实践，高于营销实践，反过来又指导营销实践。无疑，营销真实性无处不在、无时不有。特别是在买方市场条件下，在品牌制胜的新时代，这种营销真实性就是产品真实性，而这种产品真实性往往体现为品牌真实性。从推理的角度出发，品牌原产地虚假是这种品牌真实性问题的反面表现方式。然而，截至目前，在现有的营销真实性问题文献检索中，尚未发现对品牌原产地虚假这一营销真实性问题或品牌真实性问题的研究。

2. 品牌原产地研究中对品牌原产地虚假缺乏研究

Schooler（1965）首次提出原产地形象（Country Image）影响国际市场上的产品评价这一命题，简称为原产地形象效应（Country Image Effect）。随后，有关原产地现象研究的文献犹如雨后春笋般大量涌现，原产地现象研究成为西方营销学界的一大热点。据加拿大学者 Papadopoulos（2002）的统计，截至 2001 年，全球有关原产地现象研究的学术文献高达 766 篇（部），包括 7 部专著、编著中的 39 个章节、361 篇期刊论文、326 篇会议论文，以及其他 33 篇报告。需要指出的是，该统计对象仅仅是指西方主要出版物，还不包括非主要期刊、报纸以及企业和政府未公开的文献①。另外据本研究的统计，截至 2010 年，全球有关原产地现象研究的学术文献已突破 1000 多篇（部）。然而，在汗牛充栋的研究文献中，尚未发现对品牌原产地虚假的研究。

3. 品牌原产地虚假这一类营销伦理问题缺乏研究

营销不真实，可能引发营销伦理问题。Hunt 和 Shelby（1986）认为，营销伦理是与营销情境、营销决策相关的道德判断的标准和规则。Swenson 和 Geurts（1992）为了测试全球范围内销售人员的营销伦理行为，在传统"道义—目的"价值取向的基础上添加了"宏观—微观"维度，进而把营销伦理划分为四个流派：利他主义（Altruism）、社会公正（Socialjustice）、经典效用（Classical Utilitarian）和利己主义（Ethical Egoism）。Swenson 和 Geurts（1992）认为，一般情况下，只有出现非伦理行为的时候，人们才会意识到伦理的价值与必要性。牛永革和李蔚（2006）基于 Swenson 和 Geurts（1992）的营销伦理四流派理论，构建了非营销伦理行为、品牌资产衰减和品牌重生难度变量之间的结构方程模型 SEM，研究结果发现，消费者从不同视角对企业非营销伦理行为的主观感知越严重，品牌重生的可能性越小。品牌原产地虚假是因诚信而演绎的非营销伦理行为的表现方式。然而，截至目前，在现有的营销伦理或道德问题的文献研究中，尚未发现对品牌原产地虚假这一营销非伦理问题或道德问题的研究。

4. 品牌原产地虚假这一类负面曝光事件缺乏研究

负面曝光事件是一个总称，它是指在企业营销的过程中所发生的有关其产品、服务、企业整体或员工个人的具有极大破坏性且传播面非常广的事件。负面曝光事件外延宽广、内涵丰富、类型多样，但是其负面效应显著。负面曝光事件的研究方向主要涉及事件本身及相关变量对消费者的影响及企业应对等方面。西方学者在此方面研究成果丰富，国内研究不仅相对薄弱，而且联系国内市场现状进行的相关创新性研究非常稀缺。本研究认为，品牌原产地虚假属于典型的负面曝光事件，也是典型的品牌丑闻事

---

① 田圣炳：《原产地营销》，学林出版社 2008 年版。

件。它具有负面曝光事件的普遍共性，也有其自身个性，有待深入研究。本研究意在此方面有所突破。

5. 虚假背景下顾客购买意愿之受损原因尚未研究

文献检索发现，在负面曝光事件的研究框架及范式下，一些学者对负面事件对顾客的购买意愿影响进行了一定的研究，但是缺乏对购买意愿受损的系统研究及实证研究。而且，现有的研究基本上是基于企业角度而并非消费者感知角度。目前国内外还没有学者专门研究品牌原产地虚假背景下的顾客购买意愿问题，也没有探讨负面曝光事件下的购买意愿受损的原因或影响因素问题。从现有研究看，购买意愿受损的原因或影响因素基本上散见于少量文献中，缺乏系统化及整合研究。另外，在少量现有文献研究中，缺乏实证研究的验证。综上所述，综合国内外学者的观点，本研究认为，在品牌原产地虚假背景下导致顾客购买意愿受损的原因或影响因素很多，大致可归纳为信任损坏、形象冲突、声誉破坏、事件严重感知、事件责任归因、负面情感、惩罚信念、感知风险、媒体负面报道等，但是这些原因散见于各个文献，缺乏系统研究和实证研究，对各个受损原因或因素对购买意愿的影响权重缺乏具体分析。

6. 虚假背景下顾客购买意愿之修复策略尚未研究

品牌原产地虚假无疑是典型的负面事件。对于负面事件，事件企业如何应对，企业实践者和理论研究者给出了系统而丰富的反应策略（尤其以Benoit 形象修复专家的成果为主）。学者们大都从危机管理角度采用 Benoit 形象修复策略来恢复受损的品牌态度及购买意愿。这些形象修复策略大体模式是不反应、消极反应和积极反应。积极反应大都是认错、道歉、采取行动改正。这些研究旨在通过形象修复从而影响购买意愿。但是，文献检索发现，目前国内外还没有研究品牌原产地虚假背景下的顾客购买意愿受损的修复策略研究。

综上所述，本研究认为，从消费者行为的角度看，品牌原产地虚假是一种很值得研究的社会现象、行为，然而目前基于营销管理视角的研究尚未看到。

三、研究问题的提出

基于现实困惑和理论缺失，借鉴赵平等（1998）的思想，本书研究以下问题：

1. 品牌原产地虚假的内涵、特征、属性、多重效应及其形成机理如何

本研究发现，现有原产地研究暗含了品牌原产地真实这个研究背景，但是现实中存在着品牌原产地虚假的客观事实，而中外学者尚未对品牌原产地虚假这一问题给予研究。与此同时，中外学者对负面曝光事件给予了研究，但是国内研究总体偏少，特别是有关负面曝光事件的其他类型的研究，还尚未涉及。另外，联系国内市场现状进行的相关创新性研究非常稀缺。本研究意在此方面有所突破——打开品牌原产地虚假之"黑箱"，为后续研究提供一个理论体系及分析框架。

2. 虚假背景下顾客购买意愿受损原因及其对购买意愿的影响程度如何

影响顾客购买的因素很多，特别是在品牌原产地虚假背景下，顾客往往会出于多重原因考虑而不愿意选择犯错品牌，那么到底有哪些主要因素？是否还存在现有文献中尚未提及的别的影响因素？各个影响因素造成购买意愿受损的程度或者各个影响因素对购买意愿的影响权重多大？这是本书要解决的第二个问题。

3. 虚假背景下顾客购买恢复缓慢，现在有哪些修复策略，还可引入什么修复策略

品牌原产地虚假在伤害消费者的同时，也对犯错企业产生了很大伤害。为了生存与发展，犯错品牌必然忙于自救，但是现实中却发现，虽然犯错企业采取了一些措施，但是少有犯错品牌能够很快恢复的。这说明，事后犯错企业所采取的现有修复策略还有诸多不足，那么在现有的修复策略上还可以引入什么策略？

4. 品牌原产地虚假的特殊背景对顾客购买意愿修复策略有什么影响

现有的相关理论（如产品伤害危机、服务补救等），只研究了一般条件下的顾客修复问题。品牌原产地虚假背景有别于一般的顾客修复，应该考虑虚假事件本身对修复效果有无影响，有多大影响；能否利用这些改变促进市场逐步恢复。

5. 修复策略对顾客购买意愿受损原因和购买意愿之间关系影响如何

顾客购买意愿受损原因是多样的，从市场营销的观点来看，修复策略也应该有很多种，那么修复策略和具体的受损原因之间是否存在对应关系？如果有，那么这意味着在品牌原产地虚假背景下的市场恢复实践中可以采取权变策略，针对具体的原因，采取不同的修复手段，对犯错品牌改错乃至再造更有现实意义。

第二节　研究内容与研究目标

为了解释前文的研究疑问，本部分进一步确定了以下研究内容和研究目标。

一、研究内容

本书的研究内容可分为五个层次：第一层次，对品牌原产地虚假层面的研究；第二层次，对品牌原产地虚假背景下的犯错品牌购买意愿受损原因的实证研究；第三层次，选择修复策略层次；第四层次，修复策略对受损原因和顾客购买意愿关系之间影响的研究；第五层次，对各个修复策略效果进行实证研究。

第一层次，即对品牌原产地虚假层面的研究，包括品牌原产地虚假的概念、性质、实质、特征、归属、分类、多重效应、形成机理以及其对顾客购买意愿的受损问题进行总体界定及探索性研究，为后续本书的重点章节奠定坚实基础。

第二层次，即品牌原产地虚假背景下犯错品牌顾客购买意愿受损原因的实证研究。本部分主要通过对现有相关文献进行研究，归纳整理出品牌原产地虚假背景下犯错品牌购买意愿受损的原因，同时通过对消费者的访谈，根据专家意见，发现现有文献中没有明确表述的原因。然后根据文献和专家意见构建量表进行实证研究，验证受损原因及受损原因对购买意愿的影响权重。

第三层次，即选择修复策略层次。通过两个方面选择修复策略：其一，整理现有犯错品牌管理文献，归纳出现有的研究中针对顾客的修复策略——价格策略、情感策略；其二，通过对事件发生后社会大众心理分析，结合品牌原产地虚假的负面效应，特别是通过顾客深度访谈及专家调查咨询，引入质量策略和信誉策略。

第四层次，进行修复策略与受损原因与顾客购买意愿的关系影响研究，确定修复策略及其测量指标，引入不同的情景刺激物，在现实观察尤其是相关理论的直接支撑与逻辑推导下，最终构建本研究的研究模型及研究假设。

第五层次，即对各个修复策略效果的实证研究。基于消费者对不同修复策略的态度差异，测试不同修复策略刺激后的购买意愿变化，分析不同修复策略对不同受损原因和购买意愿之间关系的影响，研究不同的受损原因和不同修复策略之间是否存在对应关系。同时，通过不同修复策略刺激后的购买意愿改变，测试在品牌原产地虚假背景下犯错品牌企业事后采取各个修复策略的实际效果。

二、研究目标

本研究在理论上解释三个问题：一是何为品牌原产地虚假；为何会产生品牌原产地虚假；品牌原产地虚假有何影响。二是在品牌原产地虚假的背景下，基于消费者感知角度，哪些原因导致顾客购买意愿受损或者有哪些因素伤害了购买意愿；各个受损原因对购买意愿的影响程度或权重是多少。三是在品牌原产地虚假背景下，除了犯错企业的现有策略（通常在事后主要是道歉策略、价格优惠策略）外，还有哪些修复策略；基于消费者的态度而言，哪些修复策略是最有效的。

在实践上解决两个问题：一是检讨现有修复策略简单和修复效果有限问题，解决在品牌原产地虚假的背景下，针对不同的原因，应该采取什么修复策略。二是确定在品牌原产地虚假的特定背景下，在资源有限状态下，哪些修复策略最有效。

第三节　研究角度、思路与方法

为了解释现实和理论上存在的问题，实现本书的研究目标，本书采取了如下的研究角度、研究思路和研究方法。

一、研究角度

1. 基于终端消费者角度

本项研究的调查对象是终端消费者，而不是企事业客户（包括代理商、批发商、零售商及事业组织市场和政府组织市场等在内）。在本项研究中，我们从终端消费者或最终消费者即我们一般意义上所说的顾客（包括个人和家庭）的角度，探讨品牌原产地虚假背景下的顾客购买意愿受损及修复策略问题。同样，在本项研究中，顾客购买意愿特指最终消费者购买某产品的可能性。

2. 基于消费者感知角度

消费者的需要与感知，是整个营销活动的起点和基础。企业的营销刺激，诸如产品、价格、分销、促销等，归根结底是通过消费者感知奏效的。因此，对于犯错品牌而言，如果能够从消费者的角度了解品牌原产地虚假负面事件及企业修复策略是如何影响消费者购买意愿的，就可以了解和预测消费者的反应，并对此做出正确的反应，从而有效修复顾客市场。基于此，从消费者感知的角度，本研究提出了品牌原产地虚假背景下的购买意愿受损及修复策略问题。

3. 基于犯错品牌改错的角度

人非圣贤，孰能无错？品牌如人，也会犯错，从而成为犯错品牌。犯错品牌类型多，可分为质量类、服务类及形象类犯错品牌，如欧典地板就属于形象类犯错品牌等。由于种种原因，品牌犯错时常发生，犯错品牌不断涌现，由此导致品牌关系断裂，品牌资产急剧下降。本研究基于犯错品牌改正错误角度，探讨如果改正错误，顾客是否会给企业机会，多大机会，以及修复策略效果。这对于增强犯错品牌改正错误信心、重塑形象、重建信任、品牌重生、民族品牌振兴、国家形象建设等具有重要的现实意义。

二、研究思路

本书的研究思路如图 1 - 2 所示。

现实观察	文献检索	定义问题	正式研究
观察现实社会中品牌原产地虚假现象，发现虚假事件频发、犯错品牌购买意愿受损，但修复缓慢，初定研究方向	检索国内外与本研究直接或间接相关的文献，了解上述文献研究进展，寻找本研究的研究机会	结合现实中的问题和国内外的研究成果，正式确定研究内容和研究目标	根据研究内容和目标： ①建立概念模型 ②形成研究假设 ③选择研究方法 ④设计研究变量 ⑤设计调查问卷 ⑥展开调研工作 ⑦进行数据分析 ⑧得出研究结果 ⑨分析研究结论

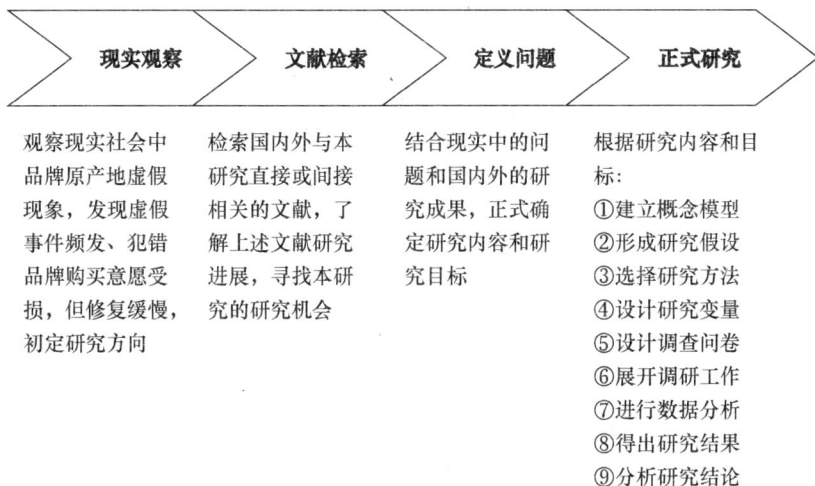

图 1-2 研究思路

首先，观察现实中的客观存在的品牌原产地虚假现象。一是发现近年来此类事件在中国呈现频繁发生之势头；二是发现品牌在原产地虚假背景下，犯错品牌的顾客购买意愿严重受损，犯错企业虽然忙于自救，但失去信任的目标市场恢复却比较困难和缓慢，更有甚者，虽然其产品质量没有问题，但却因此而销声匿迹。因此，本研究将品牌原产地虚假背景下，犯错品牌、犯错企业在当时当地如何决策作为本研究的研究方向。

其次，基于这些问题检索直接或间接相关文献，了解其他学者对这些问题的研究进展和不足。

再次，结合既定的研究方向和已有的相关的研究成果，从中找到值得研究而尚未研究的"机会点"，确定本研究的研究内容和目标。

最后，基于研究内容和目标，展开正式研究，包括：建立概念模型；形成研究假设；选择研究方法；设计研究变量；设计调查问卷；展开调研工作；进行数据分析；得出研究结果；分析研究结论。

基于研究思路，可提出本研究框架，如图 1-3 所示。

现实困惑　　文献检索

相关理论研究的研究综述（见第二章）

品牌原产地虚假背景下顾客购买意愿受损及修复策略理论研究

- 第三章　品牌原产地虚假及顾客购买意愿受损
- 第四章　品牌原产地虚假背景下顾客购买意愿受损原因
- 第五章　品牌原产地虚假背景下购买意愿及修复模型

品牌原产地虚假背景下顾客购买意愿受损及修复策略实证研究

- 因子分析
- 品牌原产地虚假背景下顾客购买意愿受损原因
- 实证一：采用前与顾客购买意愿关系
- 采用修复策略
- 实证二：采用后对购买意愿的影响
- 检验结构方程模型及回归的

理论观点及假设　　实证研究结果及解释

研究结论

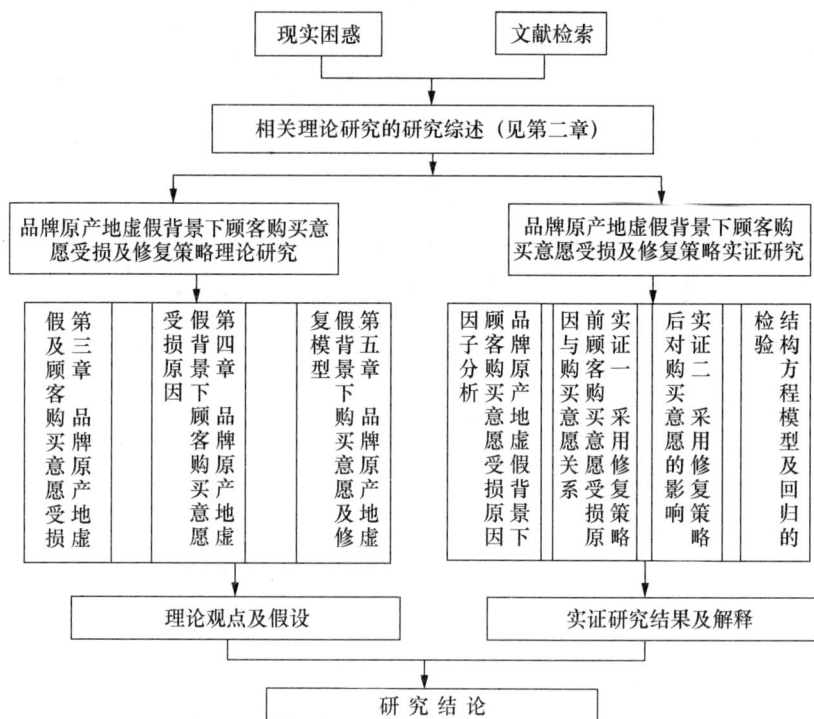

图1-3　研究框架

三、研究方法

质化和量化是社会科学研究的两大研究范式。质化研究和量化研究可以优势互补，两种研究范式的结合可以实现控制情景与自然情景的整合，构建模型与验证假设相统一，实现多层次、多角度、多方法的研究某一个问题（阎海峰等，2008）。

德鲁克说，现代企业有两个最基本的职能：一是营销，二是创新。而营销研究的终极目的之一是探寻何种方式能增加消费者的购买意愿，帮助企业成功地将产品销售给消费者。购买意愿是消费者的心理活动写照。因此，在营销研究中使用心理学的质化研究范式并进行量化检验，能有效帮助市场营销研究者厘清变量之间的因果关系，能正确指导企业开展科学的营销决策和营销行为。

基于此，本研究采用了"质化研究"和"量化研究"相整合的方式研究品牌原产地虚假事件背景下，伤害购买意愿的因素或导致购买意愿受损的原因以及企业修复策略，如表1-11所示。

表1-11 本研究的研究方法

阶段	第一阶段：质化研究	第二阶段：量化研究	
	探索性研究	描述性研究	因果关系研究
目标	(1) 界定品牌原产地虚假内涵、性质、实质、特征归类、分类、效应、机理 (2) 界定顾客内涵、分类 (3) 界定购买意愿受损的内涵、分类及影响 (4) 探索品牌原产地虚假背景下购买意愿受损现状；识别品牌原产地虚假背景下导致购买意愿受损的原因或因素	量化品牌原产地虚假背景下导致购买意愿受损的原因或伤害因素是否真实存在	检验品牌原产地虚假背景下购买意愿受损的原因及修复策略对顾客购买意愿的影响
方法	(1) 收集研究品牌原产地虚假现实案例 (2) 二手数据 (3) 文献检索 (4) 深度访谈 (5) 专家调查	(1) 编制受损原因调查问卷 (2) 运用结构方程进行检验 (3) 调查法	(1) 提出假设并建立模型 (2) 编制调查问卷 (3) 运用结构方程及回归分析的方法进行检验

第四节　研究意义与研究创新

本书的研究内容来源于对现实现象的疑惑和先前的理论空白，这决定了本书的研究意义和创新主要在于构建理论、解释现象和指导实践。

一、研究意义

1. 理论意义

根据我们所掌握的中外文献，本研究不仅开创了品牌原产地虚假研究空间，而且在一定程度上丰富和深化了与本研究相关的理论研究成果。

（1）本研究发现，现有原产地研究暗含了品牌原产地真实这个研究背景，但是现实中存在着品牌原产地虚假的客观事实，而中外学者尚未对品牌原产地虚假这一研究空间给予研究。因此，开展本研究，有助于从逆向角度丰富品牌原产地理论；有助于发现品牌原产地虚假的真正动因，从而制定有效治理措施。

（2）本研究发现，中外学者对负面曝光事件虽给予了研究，但是国内研究总体偏少，特别是有关负面曝光事件的其他类型的研究，还尚未涉及。另外，正如王晓玉和晁钢令（2009）所说的"联系国内市场现状进行相关的创新性研究非常稀缺"，本研究意在此方面有所为。因此，开展本研究，有助于深化营销负面曝光事件理论，理解品牌原产地虚假负面曝光事件下的消费者行为，并在实践中寻找减少品牌原产地虚假负面曝光事件负面影响的有效策略。

（3）本研究发现，截至目前，不论是在现有的营销真实性文献研究中，还是在现有的营销伦理或道德问题的文献研究中，尚未发现品牌原产地虚假这一营销非真实性及伦理问题或道德问题的研究。因此，开展本研究，无疑将立足于虚假从反面拓展和深化现有理论研究成果。另外，从推理角度看，犯错品牌若不能真诚透彻地反思及纠正其非营销伦理行为，就不可能东山再起。

2. 现实意义

（1）从国家层面看，开展本研究，将有助于国家或者政府基于品牌原产地理论、做大做强民族品牌、建立提升中国国家形象的角度，对品牌原产地虚假问题给予更深层次、更高层面、更科学化的理解及把握，包括其性质、实质、特征、归属、分类、多重效应、形成机理及其对消费者购买意愿的影响等，为政府部门虚假宣传治理工作提供现实且重要的科学依据与决策参考。因为这些品牌原产地虚假的品牌是对民族品牌的无形羞辱，更是国家形象的有形污点。当然，本研究也将对政府科学把握品牌原产地理论，更好打造国家形象、提升国家竞争力给予启示。

（2）从行业层面看，开展本研究，将有助于产业或者行业基于品牌原产地理论、做大做强行业品牌、建立提升行业形象的角度，对品牌原产地虚假问题给予更深层次、更高层面、更科学化的理解及把握，为其决策提供有效依据。也包括对如何打造行业诚信、如何维护行业声誉以及如何加强行业自律的反思。

（3）从企业层面看，准确评价品牌原产地虚假曝光事件对消费者购买行为造成的影响是犯错企业事后改错、品牌再造的前提。因此，开展本研究，将有助于犯错企业或者非犯错企业基于品牌原产地理论、做大做强公司品牌、建立提升公司形象的角度，对品牌原产地虚假问题给予更深层次、更高层面、更科学化的理解及把握，为其决策提供有效依据。也包括对如何打造企业诚信、如何维护企业声誉以及如何加强企业道德规范的一系列反思。当然，开展本研究，还可以正确指导原产地虚假犯错品牌在品牌原产地虚假背景下如何有效反应，采取哪些修复策略，才能够有效恢复受损的购买意愿；还有助于科学指导企业开展顾客关系管理 CRM 实践活动，改进企业 CRM 管理绩效，构建健康、稳定、和谐、持久的客户关系（冉伦等，2007）。因为关系营销理论认为，建立与保持同顾客的持续关系，是市场营销观念的本质（Morgan 和 Hunt，1994；Webster，1992）。

二、研究创新

通过研究品牌原产地虚假背景下的购买意愿受损及修复策略，本研究共获得了以下创新点或者说本研究的创新点主要表现在以下几个方面。

1. 提出了品牌原产地虚假理论分析框架

从联系国内市场现状进行相关的创新性研究角度出发，由现实中客观存在的品牌原产地虚假事件入手，将其抽象为品牌原产地虚假，并以此为题从市场营销学角度对其进行开创性研究，本研究首次提出了品牌原产地虚假理论分析框架。包括概念、性质、实质、特征、归属、分类、多重效应、形成机理及其对消费者购买意愿的影响等。根据我们所掌握的中外文献，还没有发现相同的研究，而且中外学者至今尚未对品牌原产地虚假这一研究空间展开研究。

2. 研究了品牌原产地虚假背景下的购买意愿问题

营销负面曝光事件近年来频繁发生，但是文献检索发现：目前国内外还没有探讨负面曝光事件下的购买意愿受损的专门研究，也没有研究品牌原产地虚假背景下的顾客购买意愿问题。从现有研究看，购买意愿受损原因基本上散见于少量文献中，缺乏系统化及整合研究。另外，在少量现有文献研究中，缺乏实证研究的验证。基于消费者行为学的角度，采取质化与量化相整合的系统研究方法，本书首次研究了品牌原产地虚假背景下的购买意愿问题。

3. 发现并实证了品牌原产地虚假背景下购买意愿受损的原因

经过文献检索与深度访谈后，基于消费者感知角度，本研究首次发现了在品牌原产地虚假背景下顾客购买意愿受损原因，诸如信任损坏、形象冲突、声誉破坏、事件严重感知、事件责任归因、负面情感、惩罚信念、感知风险（含质量疑虑、价格担心等）、媒体报道、社会规范等。本研究实证研究后，发现了品牌原产地虚假背景下导致顾客购买意愿受损的 5 个因子，依次为信任损坏、质量疑虑、负面情感、形象冲突、价格担心。最有趣的发现是：本无质量问题却使顾客产生质量疑虑。

4. 探讨了品牌原产地虚假背景下的犯错品牌市场修复策略

文献检索发现：目前国内外还没有研究品牌原产地虚假背景下的犯错品牌市场修复策略。从负面曝光事件现有研究看，学者们大都站在危机企业角度、基于危机管理思维、采用 Benoit 形象修复策略恢复受损的消费者购买意愿。通过文献研究与案例研究，本研究发现，情感和价格是犯错品牌事后两大市场修复策略。考虑到这些策略投入后市场恢复缓慢的事实，基于消费者角度，通过深度访谈、量化分析，本研究提出了新的市场修复策略即信誉策略和质量策略。

5. 实证了修复策略对受损原因和购买意愿之间关系的影响

本研究实证发现，品牌原产地虚假背景下，犯错品牌企业实施不同的正面修复策略，消费者的购买意愿均有所提高或者改善，但各个修复策略之间存在差异。其中，质量策略最优，其次是信誉策略，再次是价格策略，最后是情感策略。同时实证研究表明，只有价格策略对各受损原因与购买意愿之间的调节作用都是显著的，但是，其他三大修复策略对各个受损原因与购买意愿之间的调节作用却是不完全显著的，这表明各个修复策略对受损原因引起的购买意愿降低并非完全奏效。这也从一个侧面解释了为什么现实中的情感修复策略加价格优惠修复策略使用后效果有限的问题。

第二章 文献综述

本章主要就与本研究相关的理论文献：品牌原产地理论、负面曝光事件理论、营销真实性理论、营销伦理理论、犯错品牌与品牌关系、消费情感与顾客满意理论、品牌信任与信誉危机理论、品牌形象与自我一致理论、价格促销理论、消费者态度理论、购买意愿理论等进行回顾性研究，整理研究现状，并从中识别、发现空白点与本研究的研究机会。

第一节 品牌原产地

自从原产地理论产生以来，其内涵、外延及其对消费者行为的影响就一直存在着争议。但是学者们普遍认为，原产地一词，最早是一个来自国际贸易和法学领域的专业术语，最早是被 Schooler（1965）引入到消费者行为学研究领域中的。随后，有关原产地研究的文献，犹如雨后春笋般大量涌现，原产地研究成为全球营销学术界特别是国际营销研究领域中的一大热点和看点。

一、相关概念分类

1. 相关概念

（1）原产地。学者从不同的视角定义营销领域中的原产地问题，代表性的定义如表 2 - 1 所示。

表2-1 原产地定义

学者	年份	定 义
Schooler	1965	认为消费者对不同国家生产的产品有不同的认识，这些认识会影响消费者对产品的评价和态度，进而会影响其购买倾向。此时原产地（Country of Origin，COO）的概念就是哪里制造的，这里提到的原产地就等同于制造国（Country of Manufacturing，COM）
Saeed	1994	Saeed 指出，原产地（Country of Origin，COO）是指与产品或品牌相联系的国家。例如，IBM 的原产地为美国、SONY 的原产地为日本。目前，关于原产地的定义尚不统一，主要有四种不同的内涵：制造原产地、品牌原产地、组装原产地和设计原产地
Samiee	1994	Samiee 把原产地定义为产品的最终生产和组装的地点
李东进	2006	原产地即来源国，简称COO，最早指生产产品的国家，也称制造国（Country of Production or Manufacture），一般用"Made in"表示。这个定义与Schooler的基本一致

本研究认为，自从原产地理论产生以来，其内涵、外延及对消费者行为的影响一直存在着争议。但是学者们一致认为，原产地最早源自国际贸易和法学领域。它一开始就是与一个产品或一个品牌相联系的。原产地的定义起初是很单纯的，就是指出口的产品原产地，简称产品原产地或制造地。后来随着品牌力量的凸显，产品原产地演变为品牌原产地。再后来，由于国际贸易的大发展，特别是双重国籍或多重国籍产品的出现，原产地演变为很多具体类型。这样早期狭义原产地就发展成为广义的了。理解了这一点，我们就容易理解为什么国内一些学者把原产地又称为原创地（朱凌等，2006）。

要准确地理解原产地概念，本研究认为很有必要从以下六方面把握：一是原产地的初始单维性；二是原产地的动态演变性；三是原产地内涵丰富性；四是原产地的外延多维性；五是原产地的交互组合性；六是原产地的复杂混乱性。

（2）原产地形象。原产地形象是原产地研究中的核心概念。文献检索发现，西方学术研究中，不仅有关原产地形象的英文名称很多，诸如 Country Image、Product Country Image、Made in Country Image、Origin Country Image、Country of Origin Image 等，而且有关原产地形象的定义很多，如表2-2所示。

表 2-2 来源国形象的定义

学　者	年份	定　义
Nagashima	1970	来源国形象是指消费者或者企业家对某个国家的产品的形象、知名度和固有观念等。这种形象由代表性的产品、国家特征、政治和经济背景、历史、传统等因素构成
Narayana	1981	与某一国家的产品所提供的内涵相结合，并被消费者认知的某一国家的整体形象
Nes	1982	来源国形象指消费者对产自于某个国家的产品质量的总体性认知
Darling	1981	消费者对特定国家之某种关联性产品的想法、情感所构成的态度
Thoreli	1985	为一国人民或某一部分人民对于另一个国家人民或产品所抱持的既定印象与成见
Erickson 等	1984	反映出消费者对特定国家制品的一般感觉，或是对特定国家人民特质的知觉
Parameswaran 和 Yaprak	1987	
Han	1988	来源国形象像一种光环（晕），消费者利用它来推断不熟悉的外国产品的质量。强调这样的认知是针对于某种具体的产品类别。Han（1988）曾经研究了来源国形象的 14 项指标，他认为最主要的 5 项指标为：技术水平（Technical Advancement）、威望（知名度）（Prestige Value）、工艺水平（Workmanship）、价格（Price）、适用性（Serviceability）。这些关于来源国形象的衡量指标都是建立在具体的产品类别的基础上
Roth 和 Romeo	1992	来源国形象指消费者对该国的产品和人民的认知、情感和易动反应。强调这种认知基于他们以前的关于该国生产力和市场策略优劣的意识。也就是消费者基于某国制造能力及行销能力上的优劣知觉，形成对该国产品的整体感觉
Martin 和 Eroglu	1993	人们对于某特定国家的说明、推论以及信息的信念整体
Lantz 和 Loeb	1996	消费者对某国所知觉到的总体评价
Adnja Schaefer	1997	产品的来源国形象是消费者持有的关于来自某一国家的某种产品类别的信念
Jaffe 和 Nebenzahl	2001	来源国形象是指目标市场消费者对产品的原产地或者原产国的内在印象，是消费者对该国的总体认知
李东进等	2006、2008	认为来源国形象就是消费者通过一些代表性的因素形成的对该国（地区）的一种整体性的认知，这种认知受到很多形象指标的影响。后来认为，国家形象是消费者对某国以及该国产品的整体知觉

本研究认同 Roth 和 Romeo（1992）的观点，并且认为，原产地形象就是消费者对来自某特定国家的产品所形成的总体认知；原产地形象主要表现为国家形象，原产地形象归根结底是一种主观认知，这种主观认知往往不等于客观实际。

（3）原产地效应。原产地效应是原产地研究中的核心内容。原产地效应又称原产地形象效应或来源国效应（Country of Origin Effect），有时也称为产品评价的原产地效应，通常是指原产地形象对与该国或该地区相关的产品或品牌的影响（Jaffe 和 Nebenzahl，2001）。李东进等（2007）进一步认为，即使在一个国家内部，如中国，也存在着原产地效应。据此，李东进等将原产地效应分成原产国效应和原产地效应。本研究认同此观点，并认为原产地效应就是指不同国家或地区形象影响着消费者对来自该国或该地区的产品的态度，进而影响其购买意愿及购买行为。原产地效应的实质是产品的国家形象对消费者的产品评价及购买决策的影响。

（4）品牌原产地。品牌原产地由原产地延伸而来。Thakor 和 Kohli（1996）认为，品牌原产地是品牌的目标消费者所认为的该品牌所属的地方、地区或国家。Nebenzahl 等（1997）认为，不论在哪生产，消费者都将某一品牌视为来自哪个国家。王海忠和赵平（2004）认为，品牌原产地是指品牌最初在哪个国家或地区生长和培育的，或称为生产商品牌的国籍。庄贵军等（2007）认为，品牌原产地指品牌的发源地，如品牌所属的国家或地区。基于原产地理论及上述学者的观点，本研究认为品牌原产地就是与品牌相联系的国家或地区，是广义的概念。

2. 有关分类

（1）广义与狭义角度。早期单一的或狭义的原产地即生产制造地，后来演化为现在的综合的或广义的原产地概念，包括制造地、设计地、组装地、关键部件制造地、品牌原产地或归属地。

（2）产品和品牌角度。分为产品原产地和品牌原产地。前者就是原产地，其内涵丰富，后者特指品牌归属地即该品牌来源国，也就是它属于哪国品牌。由于品牌对于消费者行为及企业竞争优势具有更重要的作用，因而早期的产品原产地让位于品牌原产地。Li 等（2000）提出的企业原产地实为企业国籍。

（3）国家角度。分为发展中国家和发达国家。前者包括中国、印度等经济不发达或欠发达国家和地区；后者指美日欧等西方发达国家。Ahmed

等（2005）认为，基于发达国家，尤其是美国消费者的研究，一直是来源国效应研究领域的主流。只有个别研究针对发展中国家或地区的，如危地马拉、印度、中国台湾、土耳其等。这些研究证实了偏见层级的存在（Bilkey 和 Nes，1982）。

（4）原产地形象分类。Kleppe 等（2002）明确将原产地形象概念区分为两个层面：国家层面（National Level）与产品层面（Product Level），并认为 Country Image 是针对国家层面而言的，而 Product Country Image 是针对产品层面而言的。在国家层面，所谓原产地形象（Country Image），是某人对某一特定国家所持有的所有描述性的、推断性的以及情报性的信念的总和。而产品层面的原产地形象（Product Country Image），则是消费者对该国具体品牌或产品的印象。并且，国家层面的原产地形象与产品层面的原产地形象并不总是一致的。Parameswaran 和 Pisharodi（1994）认为来源国形象是多面的（Multi Faceted），可分为三种不同的属性构面：一般国家属性（General Country Attributes，GCA）、一般产品属性（General Product Attributes，GPA）以及特定产品属性（Specific Product Attributes，SPA）。本研究认同此观点。

二、主要研究方向

1. 品牌原产地效应、形成机制及影响因素

首先，学者们确认了品牌原产地效应的客观存在性，如他们认为原产地效应是客观存在的，不仅发达国家存在，发展中国家也存在。Schooler（1965）是提出原产地形象效应的第一位营销学者。原产地形象影响消费者对产品的评估与态度（Erickson 等，1984；Johansson 等，1985）。Han 和 Terpstra（1988）提出，所有来自国外的产品都受限于原产地形象效应。李东进等（2007）进一步认为，即使在一个国家内部，如中国，也存在着原产地效应。他们以上海和郑州作为原产地，以品牌知名度为干扰变量，实证地研究了地区效应的存在性。研究发现，地区形象对消费者的产品评价产生影响，消费者对产自不同地区的产品的评价具有显著差异性；无论是品牌知名度低的产品还是品牌知名度高的产品，同样存在地区效应，说明品牌知名度对地区效应没有影响。李东进等（2010）又以天津、上海为例得到了类似研究结论。

其次，在品牌原产地效应的形成机制方面，Han（1989）认为，原产地形象通过光环构念和总结性构念两条路径影响消费者对产品的评价。这种观点也受到其他学者的认同（Johanson，1989，1993）。光环构念指当消费者对某国产品陌生或者不了解、缺乏使用该国产品的经验时，原产地形象作为外部线索，影响消费者对该国产品的信念，进而影响消费者对该国具体产品品牌态度的作用过程；总结性构念指当消费者对某国产品比较了解或者在使用该国产品形成经验后，这些经验和产品知识能够作为信号，通过影响消费者头脑里的产品原产地形象，间接影响消费者对该国其他具体产品品牌态度的过程。该过程反映了从具体的产品体验与信念、到抽象的原产地形象、再到具体的产品品牌态度的影响及传递链条。Knight 和 Calantone（2000）提出了弹性模型，认为来源国形象和产品信念都在不同的程度上直接影响着品牌态度及产品信念的形成过程。袁冰等（2004）的研究结果支持了这一模型。

最后，在品牌原产地效应的影响因素方面，大体分三类，分别是国家因素、产品因素、消费者因素。国家因素，诸如经济发达程度、产业发展、政治体制、文化类型等都可能影响消费者的产品评价（Al‐Sulaiti 和 Baker，1998）等。产品属性因素包括产品类别（Peterson 和 Jolibert，1995）、品牌名称（Ahmed 等，2005；Cordell，1992；Han 和 Terpstra，1988；Leclerc 等，1994）、产品质保（Ahmed 等，2005）、销售商信誉（Yamoah，2005）、销售场所（Chao，1989）、价格（Chao，1989，1993）、物有所值（Value for Money）（Yamoah，2005）、促销（Chao，1989；Bilkey 和 Nes，1982）、服务能力（Han 和 Terpstra，1988）等，它们都对消费者的产品评价有不同程度的影响。消费者因素主要包含民族、文化差异、生活方式、民族情感（含民族中心主义）、知识背景、经验、熟悉度、固有偏见、年龄、性别、教育程度、社会文化地位等。1987 年，Shimp 和 Sharma 首先提出"消费者民族中心主义"，他们将社会学、心理学上的民族中心主义与营销科学中的消费行为联结，认为消费者面临国产货与外国货的抉择时，会产生对本国产品的偏爱和对外国产品的偏见。消费者害怕外国产品给民族产业带来威胁，损害自己、同胞的经济利益，从而产生不购买外国产品的倾向，甚至认为购买外国货会有道德问题，其最大贡献是构建了测量工具"消费者民族中心主义倾向量表"，CETSCAL 与外国产品消费行为呈负相关，与国产品消费行为呈正相关；CETSCAL 与产品消费行为间的相关度大于 CETSCAL

与产品实际占有的相关度。这一概念首先在德、法、日进行了跨文化检验并获得了成功，同时推广到韩国。对苏联地区的研究也证明其适应性，但CETSCAL与消费者对外国产品态度不呈负相关，因为那里国产日用品奇缺，消费者渴望获得外国货。Hong 和 Yi（1992）的研究发现，来源国效应因被试者的国籍不同而异。Triandis（1995）研究发现，个人主义和集体主义在自我表达和社会关系上均具有显著差异。Gurhan - Canli 和 Maheswaran（2000）对美日两国消费者的研究也支持这一观点，其研究发现，对于本国品牌和其他国家的竞争品牌，美日两国消费者在产品评价上存在着很大差异；日本人对本国产品表现出更多的偏爱，这种偏爱并不是基于产品质量，而是基于民族情感或者是国家荣誉等因素；相反美国人只有在本国产品质量的确优于他国产品质量时会给予本国产品正面评价，也就是说美国消费者很少受到民族情感方面的影响。1998 年，Klein Ettenson 和 Morris 提出了敌意态度的概念，他们认为民族情感和敌意（Animosity）情绪的影响力是巨大的，如对中国消费者购买日货的行为就有重要影响，且由此导致的购买倾向同产品质量评价无关。Kaynak 等（1998，2002）关于土耳其消费者的两项研究指出，相对于有民族主义情绪的消费者，无民族主义情绪的消费者更容易对进口产品产生好的信念、态度和购买意图；且对生活方式不同的两个市场区隔的划分，恰与这些市场中的消费者的民族主义情绪水平相一致，因此，生活方式和民族主义情绪共同作用于来源国效应。Spillan 等（2007）认为，危地马拉的消费者的生活方式也对其夹杂民族主义情绪的购买行为有影响。Maheswaran（1994）认为，相对于专家型消费者，新手型消费者更容易受来源国信息的影响，而且当专家型消费者利用来源国刻板印象选择性加工和回忆属性信息时，新手型消费者则利用来源国刻板印象来推断、解释属性信息。Batra 等（2000）的研究显示，发展中国家的消费者在对产品类别不熟悉的时候，更容易将其对品牌来源国（本地/非本地）的主观判断作为态度形成的决定性线索。黄合水（2003）认为，如果消费者对产品了解越多，产品经验越丰富，那么利用来源国评价产品的可能性越小。Lin 和 Chen（2006）关于中国台湾地区消费者的研究也证实，消费者的产品知识确实对其购买决定的做出有显著的影响。消费者的固有偏见主要指消费者对不同国家或地区的相同产品具有不同的评价。一些学者（Krishnakumer，1974；Lee、Sun 和 Moon，2001；Schooler，1971；Tong-berg，1972）研究发现，消费者对来自某个国家产品的评价与该国的经济发展程度有明显的正向关系。即经济发展程度越高，产品的评价越高。同时，消费者对在不同国家制造的知名品牌，也同样存在着明显的阶级偏见。消费者的这种固有偏见可以分为本国偏见和外国偏见。前者指消费者偏好自己国家的产品；后者则指消费者对来自不同国家的外国产品有着不同的偏好（Schooler，1965；Wang 和 Lamb，1983）。偏见的原因主要是源于消费者对进口产品的依赖和自身的爱国主义之间的矛盾。一般来说，经济发展程度越高的国家，本国偏好越强烈；发展中国家及不发达国家的人们具有较强的对发达国家的产品偏好。Hong 和 Wyer（1989）发现，男性评价女性产品时更多地利用了品牌来源国信息，同样女性在评价男性产品时更多地利用了产地来源国信息，这是由于消费者知识差异，而不是性别差异导致的。Anja Schaefer（1997）认为消费者的年龄、性别、教育水平、社会地位对来自不同国家的产品评价是不一样的。

2. 品牌原产地识别及困惑问题

有关原产地以往的绝大部分研究都暗含了如下假设：消费者在购买产品时知道产品的来源地，而且他们在选择产品时使用了来源地信息（White 和 Cundiff，1978；Liefeld，2003）。然而，20 世纪 80 年代，就有学者在对这方面进行研究之后，得出了截然相反的结论（Hester 和 Yuen，1987；Hugstad 和 Durr，1986）。进入 21 世纪，有学者开始展开有关消费者是否能够清楚地知道产品来源地的研究，并且对来源地研究中的这个暗含假设提出了质疑（Liefeld，2003；Samiee 等，2005）。Samiee 等（2005）提出了品牌原创地识别准确度的概念（Brand Origin Recognition Accuracy，BORA），并且建立了一个结构模型，用来验证社会经济地位、过去国际旅游经历、外语技能、年龄、性别等因素与 BORA 之间的相关性。他们发现，美国消费者对于品牌原创地的了解是有限的，而且品牌原创地并不像以往文献中所说的那样对消费者非常重要。这是来源地研究中第一次对消费者的品牌原创地知识进行测量。但是 Samiee 等（2005）的研究仅限于美国消费者，其概念与模型的外部效度仍有待于验证；另外，他们没有检验产品种类的不同是否会对消费者的品牌原创地识别准确度产生影响。朱凌等（2006）在中国首次进行了品牌原创地识别准确度的测量，考察了消费者个人特征以及民族中心主义对识别准确度的影响，得出结论：中国城市消费者对品牌原创地有一定的了解；该准确度与消费者的受教育程度成正比、与消费者的性别具有相关性，并且消费者民族中心主义观念的强弱显著影响其对外国品牌原创地的了解；另外，品牌原创地识别准确度会因产品种类的不同而产生差异。庄贵军等（2007）提出了品牌原产地困惑，指出品牌原产地困惑是消费者误把本土品牌当成境外品牌或误把境外品牌当成本土品牌的程度。他们认为，导致品牌原产地困惑的影响因素，一是消费者认知方面，如认知能力、对于品牌及原产地的关注程度、记忆力等；二是企业有意无意的"误导"，如企业采用原产地"迷惑战术"。这种"迷惑战术"境外企业也常常采用，如跨国公司在中国进行的本土化。他们研究发现：第一，在中国现有环境下，消费者越是误认为一个本土品牌是境外品牌，就越倾向于喜欢这个品牌；越是误认为一个境外品牌是本土品牌，就越倾向于不喜欢这个品牌。第二，本土品牌知名度对于本土品牌原产地困惑和消费者喜好本土品牌之间的正相关关系有负向的调节作用；不过，境外品牌知名度的调节作用则不明显。第三，品牌原产地困惑对于中国消费者购买本土品牌有负向影响，对中国消费者购买境外品牌则无显著影响。

3. 品牌原产地效应的实际应用

总体而言，学者们将品牌原产地效应问题纷纷引入本土，实现本土化研究。国内对于来源国效应的研究始于20世纪末，率先由符国群教授（1999）引入，随后王海忠（2002，2003，2004）、宋永高等（2004）、田圣炳（2004）、庄贵军（2006，2007）等开始涉足此领域。王海忠和赵平（2004）对品牌来源国效应进行了实证研究，他们选取了北京、上海、广州和重庆共1005个成人消费者就国产和进口的冰箱、手机、电脑在8个不同的产品属性上进行了调查研究，建立了品牌原产地的模型，证实了品牌原产地对消费品牌信念和购买意向的显著性作用。李东进等（2006）创新性地提出了地区效应（Region of Origin Effect）的概念，并以韩国三星电脑和中国联想电脑在上海和沈阳制造作为研究设计，发现中国消费者评价韩国和中国产品时不受原产国效应的影响，但受到地区产地效应影响。吴坚和符国群（2007）区分了品牌来源国和产品制造国，探索了对消费者产品质量评价和购买意愿的影响，发现产品制造国对品质评价具有显著影响，品牌来源国对购买意向产生显著作用。他们认为将品牌来源国形象高的产品转移到发展中国家生产有可能降低产品的品质感知，但不一定影响消费者购买意愿；品牌来源国在影响消费者的方式上明显有别于产品制造国；未来应该把品牌来源国研究置于更为重要的地位。

三、文献小结

综上所述，原产地又称来源国，早期的原产地指产品原产地即生产制造国，后由狭义的原产地发展为广义的原产地。目前产品原产地已让位于品牌原产地；品牌原产地效应是客观存在的，影响因素很多。总体而言，品牌原产地研究成果丰富、日益复杂，特别是原产地概念日趋模糊、易混淆，亟待规范与统一。

本研究发现，现有研究均暗含了品牌原产地真实这个研究背景，但现实中存在着品牌原产地虚假的客观事实，而中外学者尚未对品牌原产地虚假这一研究空间给予研究。另外，现有研究成果可在一定程度上解释品牌原产地虚假成因。

第二节　负面曝光事件

本研究中的负面曝光事件特指企业市场营销中的负面曝光事件，是基于消费者的角度，探讨负面曝光事件对消费者行为及企业营销实践的影响。虽然负面曝光事件的发生，不可避免的会产生负面信息传播，会出现负面媒体报道等现象，但本研究不探讨新闻传播学的负面信息传播、负面媒体报道等问题。

一、内涵分类特征

1. 内涵

负面曝光事件，英文是 Negative Publicity、Negative Publicity Events、Negative Publicity Episodes 或 Negative Publicity Incidents 等。在关于这个主题的已有研究中，学者们对企业营销中的负面曝光事件的称谓很多，比如有的学者直接称其为负面曝光事件（Geeta、Jewel 和 Unnava，1999；Ahluwalia、Burnkrant 和 Unnava，2000；Dwane，2004），也有学者称其为产品伤害危机（Product – Harm Crisis）（Siomkos 和 Malliars，1992；Siomkos、George

J.、Kurzbard Gary，1994）、品牌丑闻（Brand Scandal）（Roehm、Michelle Land、Alice M. Tybout，2006）、企业灾难（Company Disaster）（Jorgensen 和 Brian K.，1994）、企业灾祸（Company Mishap）（Jorgensen 和 Brian K.，1996）、负面品牌曝光事件（Negative Brand Publicity）（Pullig Netemeyer 和 Biswas，2006），等等。Geeta、Jewel 和 Unnava（1999）指出，负面曝光事件是一个总称，它指在企业营销的过程中所发生的有关其产品、服务、企业整体或员工个人的具有极大破坏性且传播面非常广的事件。王晓玉等（2009）认为，负面营销事件是指企业营销过程中发生的对消费者不利的事件，包括产品或服务失败、暴露出缺陷或对消费者造成伤害等事件。基于此，本研究认为，负面曝光事件是在企业营销活动中发生的对企业产生重要危害或威胁的并被广泛传播的一类负面事件，也就是营销负面曝光事件（Negative Publicity in Marketing Domain）。

2. 分类

不同的学者从不同的角度，采用不同的维度，对负面曝光事件进行了分类①。Coombs（2004）把负面曝光事件分为受害性、偶发性和有意性三类，其中受害性负面曝光事件包括流言、产品被篡改等；偶发性负面曝光事件包括产品伤害事件、技术失败导致的伤害事件等；有意性负面曝光事件包括企业犯罪、人为负面曝光事件等。Pullig Netemeyer 和 Biswas（2006）把负面曝光事件归结为两类，分别是与绩效相关（Performance – Related）的负面曝光事件和与价值观相关（Value – Related）的负面曝光事件，前者是指企业产品可能造成重大伤害或已造成重大伤害的事件被曝光，后者是指与企业的社会形象或伦理表现有关的负面事件被曝光。Votolato 和 Unnava（2006）把负面曝光事件分为与能力相关的事件及与道德相关的事件，这与 Pullig Netemeyer 和 Biswas（2006）的分类基本一致。

基于企业内外视角及企业关联度大小，本研究认为，负面曝光事件可以分为企业直接相关型的负面曝光事件和企业间接相关型的负面曝光事件。企业直接相关型的负面曝光事件更多地强调企业自身原因导致的负面曝光事件，据此，又可以分为产品能力属性型负面曝光事件和公司社会责任型负面曝光事件。企业间接相关型的负面曝光事件更多地强调企业非自身原因导致的负面曝光事件，据此，可以分为产品代言人型负面曝光事件和企

---

① 王晓玉、晃钢令：《企业营销负面曝光事件研究述评》，《外国经济与管理》2009 年第 2 期。

业谣言型负面曝光事件。品牌原产地虚假无疑属于典型的负面曝光事件，也是典型的品牌丑闻事件。

3. 特征

文献归纳之后，本研究认为，负面曝光事件具有四个主要特征：一是内涵的一致性，即在企业营销活动中发生的对企业产生重要危害或威胁的并被广泛传播的一类负面事件；二是外延的宽广性，这可以从学者们对企业营销中负面曝光事件的多种不同的称谓及分类中看出；三是负面效应很大，负面曝光事件发生后，将产生显著的破坏效应，诸如消费者的品牌态度下降、企业形象破损及公司收益受损等，这可以从学者们的研究成果中看出；四是广泛的传播性，负面曝光事件发生后，媒体通常给予很高的关注，并且也倾向于报道负面信息，从而使得负面事件的影响得以广泛传播，这可以从学者们的研究成果中看出，如 Celso Augusto de Matos，Ricardo Teixeira Veiga（2005）等。

二、主要研究方向

1. 负面曝光事件对消费者行为的影响

Jorgensen（1996）在《消费者对公司型灾难性事件反应的构成维度：基于结构方程模型方法的分析》中，研究强调了从归因视角研究负面曝光事件的重要意义，检验了公司型灾难性事件情景和公司管理沟通对灾难下的消费者反应的关系。作者依托实验数据，采用结构方程模型验证认知、情感、态度（消费者反应构成维度）之间的联系。其研究结果表明，事件责任归因（标准化路径系数 0.60）比公司反应对消费者产生的影响更为显著。消费者对公司事件责任的判定与消费者情感共同决定消费者态度和行为意向。消费者负面情感对购买意愿的负面影响很显著，标准化路径系数为 -0.29。另外，惩罚信念对消费者购买意愿的负面影响很显著，标准化路径系数为 -0.39。

Griffin、Babin 和 Attaway（1991）在《负面曝光事件对消费者态度和购买意向影响的实证研究》中认为，在过去的数年中，负面曝光事件已成为一种显著性的现象。对于营销实践者而言，这类事件给公司的生存与发展造成了严重威胁。如果能较好地理解消费者对负面事件的反应，则有助于营销人员采取更有效的措施以处理这些威胁。可是，有限的理论研究已证实了负面曝光事件的战略性影响。基于此，作者开展了一项实验研究，意在探索各类负面事件情景的影响和目标企业的反应对消费者态度及购买意愿的影响。研究发现，负面事件背景下消费者态度显著下降，购买意愿并没有显著下降。

Dwane（2004）在《负面曝光事件与消费者反应：公司声誉、公司反应及事件责任归因的影响》中认为，负面宣传往往引发企业危机，威胁到公司形象。该研究探讨企业危机发生之后三个因素对公司声誉的影响情况，即危机前公司声誉、对危机事件的反应、对危机事件的责任。在某种程度上可以认为，该研究是一项实验性的"形象修复策略"的量化分析。研究发现，这三个因素都有着显著的重要作用。就本研究中使用的危机情景而言，事件责任影响最大，而企业反应影响最小。一个意外的发现是，一个"坏"公司不恰当的反应导致了公司评价上升，而一个"好"公司不当反应则会降低对公司的评价。

Pullig Netemeyer 和 Biswas（2006）在《态度基础、确定性以及挑战联盟：一个负面品牌宣传例子》中通过整合研究，探讨了公司如何开展品牌定位使公司远离这些事件，从而免于负面宣传的影响。作者还探讨了消费者对负面曝光事件的反应。他们引入了一个重要的品牌评价、先前品牌态度确定性这一调节变量，并且提出了当负面事件与品牌态度基本一致的时候，态度确定性与态度发生交互作用，这决定了负面曝光事件的影响程度。两个实验结果显示，先前高度确定的品牌态度倾向于"绝缘"这些品牌，即使负面事件与品牌态度不匹配，低确定性的品牌态度也可能加剧这一负面效应。研究结果还显示，多重定位（比如使用绩效性品牌定位和价值观型品牌定位）可能将更有效地使得这些品牌免于负面宣传事件的影响。

Stuart Roper（2008）在《负面事件对品牌评价的影响：垃圾效应》中认为，品牌研究领域有很多值得研究的工作，包括对如何获取积极的产品或服务的品牌形象的探索性研究。然而，有关负面品牌评价的学术研究很少。本书探讨了负面事件对消费者品牌评价的影响。不当的品牌处理措施（无法控制的因素）可能会损坏品牌管理者打造的积极的品牌形象。通过使用虚构的能量型品牌饮料进行了前测实验（n = 417），正式实验（n = 1500）。结果表明，品牌态度、购买意愿、品牌个性维度（积极和负面）在负面事件背景下受到负面影响。

2. 负面曝光事件中的调节变量及作用

Celso Augusto de Matos、Ricardo Teixeira Veiga（2005）在《如何解决负面宣传：消费者介入的重要性调节作用》中认为，企业的负面信息对消费者认知产生破坏性效应。然而，很少有研究探讨消费者如何处理负面宣传和公司应该如何应对。为了探讨这个问题，作者进行了两个实验：第一，实验室实验，检验消费者如何处理两类不同的负面曝光事件（产品属性型或公司价值观型）；第二，现场实验，比较了三种不同的反应方式（无反应、否认/减少进攻性、纠正措施）。第一项研究结果表明：负面事件对消费者的态度具有破坏性效应，说明消费者对负面信息是高度介入的，这也意味着产品介入在负面信息对公司形象的影响中有调节作用。第二项研究扩展了一个发现——来自文献中的有关公司的不同反应方式的选择问题，并且实证了这一问题。结果再次显示：消费者介入在公司反应对产品形象的影响中发挥了调节作用。

Alokparna、Basu Monga、Deborah Rodder 和 John（2008）在《系统思维与分析思维对负面曝光事件的调节作用——负面品牌曝光事件何时发生呢?》一文中认为，负面曝光事件削弱了消费者对品牌的积极感知。作者探索了加工方式在负面曝光事件效应中的调节影响。他们假定：综合思维者比分析思维者更不易受到负面曝光事件的影响；综合思维者对负面曝光事件的产生更可能归于外因（外部环境），因此这类消费者对事件品牌的信念基本没有变化。相反，分析思维者很少将之归于外部因素或者环境，相反，他们将负面信息归于事件品牌本身。于是，这改变了他们的品牌信念。通过本研究，作者所提出的四个研究假设，全部得到验证。

Ahluwalia、Burnkrant 和 Unnava（2000）在《消费者对负面宣传事件的反应：承诺的调节作用》中认为，尽管市场上品牌和公司的负面信息很普遍，除了案例研究之外，还没有针对消费者如何对其喜欢的和使用的品牌加工负面信息的系统性研究。在他们的三项研究中，作者意在填补这一空缺。为此，作者构建了一个消费者如何加工负面信息的理论框架。第一项研究和第二项研究发现，消费者的品牌承诺被认为是负面信息效应的一个调节变量。在第三项研究中，作者使用其理论框架推导并验证了公司的反应策略。公司可以使用这些策略以应对高、低不同程度的品牌承诺的消费者对这些负面事件的反应。

Daniel、Lake Bonnie 和 Rifon（2008）在《球迷承诺对于体育运动

员——产品代言人的负面曝光事件的调节作用》一文中认为，名人代言人的使用是一种流行的广告手段。但是，营销人员采用这种手段时，他们将面临风险。如果名人惹了麻烦或者说出现负面新闻，那么名人所代言的品牌可能也会出现负面效应。新闻媒体，包括博客等放大了负面事件的影响，引起了人们的广泛关注，从而对其所代言的品牌造成了严重伤害。在现实生活中，有负面新闻的体育明星很多，如 Serena Williams、Michael、Phelps、Tiger Woods 等。

3. 负面曝光事件发生后的应对及管理

Hans Hoeken、Jan Renkema（1998）在《纠错对负面曝光事件导致的受损的企业形象的修复影响》中认为，报纸上的负面宣传会对企业信誉造成严重而持久的损害。如果发现该刊物是没有道理的或不正确的，法官可以命令报纸刊登更正启事。这种更正的目的是修复公司的受损声誉。问题是这种更正是否能达到修复的目的。此前有研究表明，人们不管是否接触到新的信息，仍然倾向于坚持自己之前的观点。为了研究修正是否能够修复这种损害，作者进行了一项实验。在实验中，受试者阅读了主观性或者客观性的报道后，或者阅读了相同的主观性报道但附带了纠偏声明后对公司声誉进行分级评估。结果表明，阅读带有纠偏声明的主观报道的与阅读客观报道的对公司的声誉评级基本一致，而只阅读主观报道的对公司声誉评级明显偏低。因此，结果表明，至少在某些情况下，纠偏可以修复某些不公正的负面报道导致的形象损害。

Geeta、Jewell 和 Unnava（1999）在《当公司未回应负面宣传：认知深加工与负面情感的视角》中认为，公司在负面曝光中的应对是影响消费者对公司和品牌的态度的关键因素。该研究探讨了一个中介过程——当消费者面对企业对负面事件采取的四种不同反应时，消费者态度发生变化的情况。本次试验中，受控的四种反应分别是"强理由"、"弱理由"、"不评论"、"因司法不评论"。后两种反应方式从消费者的角度来看，属于信息不可接近性。在过去的研究中，信息的不可接近性已被证实受到两种加工方式的中介作用。布洛克（1992）的商品理论认为，信息不可接近性受到了认识深加工的中介作用；Brehm（1996）的反应理论认为，消费者体验到的负面情感导致了消费者态度的变化。试验结果显示，"强理由"的反应方式导致消费者对公司和品牌态度最弱的破坏，"不评论"、"因司法不评论"这两种产生同样的破坏效应，"弱理由"的反应方式与"不评论"的反应方式无差异。作者最后认为，如果公司发布声明，很有必要起草一个强力的反应方式。

Griffin、Babin 和 Attaway（1991）在《负面曝光事件对消费者态度和购买意向影响的实证研究》中认为，在过去的数年中，负面曝光事件已成为一种显著性的现象。作者意在填补现有学者有关负面事件情景方面定性的知识性空白。第一，作者测量了三个属性（责任发生源、信息可信度、以往产品绩效表现）对消费者态度的影响。第二，作者评价了目标企业可能的反应策略对消费者态度的影响。第三，作者分析并讨论了有关反应策略的相应建议。研究结果表明，发生负面事件后，消费者态度受到显著负面影响，但购买意愿并未受到显著负面影响。其中，作者将归因分为外部归因和内部归因两个类型，信息源分为低和高两个类型；以往产品绩效表现分为有无产品失败。将反应策略分为两种：否认策略和纠正策略。

Joelle Vanhamme、Bas Grobben（2009）在《公司社会责任 CSR 历史对负面曝光事件的制衡或削弱作用》中认为，企业危机呼吁有效沟通，以保护或恢复公司的声誉。作者强调企业社会责任历史的价值，主要表现在 CSR 主张可以提供有效的抗衡危机的负面影响的工具。但是，有关危机下的 CSR 沟通的有效性知识很稀缺。为了填补这一空白，作者研究探讨公司 CSR 历史是否能够作为一种有效工具应对负面事件。研究结果证实，危机沟通中 CSR 的使用，CSR 历史久远的公司优于历史较短的公司。并且，消费者对 CSR 的怀疑或者质疑是这一现象能否奏效的核心。

Charmaine Scriven（2008）在《IMC 在处理负面宣传事件中的作用》一文中强调了负面曝光事件中 IMC 缺失的应用。论文提出将 IMC 方法应用到负面曝光事件中，将会产生良好的效应。作者在结论中提出，应当将 IMC 作为组织战略性营销的一部分。

4. 负面曝光事件的另一面——溢出效应

Roehm 和 Tybout（2006）在《品牌丑闻的溢出效应及竞争者应对》中认为，三项试验证实了不同状态下的品牌丑闻"溢出"效应，并证实了品牌丑闻对产品种类和竞争者品牌的态度及信念的负面效应。研究同样检验了可能加剧或削弱溢出效应的因素，也检验了对品牌丑闻溢出效应的不同的反应策略问题。作者指出，人们对"溢出"有不断增长的兴趣，而所谓溢出指的是信息影响信念的一种现象，而这种信念在传播中并没有直接体现出来（Ahluwalia、Unnava 和 Burnkrant，2001）。研究证实：溢出效应表现为，从一个属性扩散到同一品牌的另一个属性上（Ahluwalia、Unnava 和 Burnkrant，2001）；从一个产品扩散到品牌家族的另一个产品上（Balachander 和 Ghose，2003；John、Loken 和 Joiner，1998）。作者指出，其研究扩展了以前的工作，检验了品牌丑闻在产品类别中的溢出效应问题。一方面，品牌的竞争者可能会因此而被消费者联想为有罪，如安然公司丑闻和世通公司丑闻所引起的溢出问题；另一方面，丑闻可能被消费者认为是该品牌所独有的属性而与竞争者无关，这可能会使竞争对手受益。这可以解释一种现象——凡世通轮胎的丑闻发生后，固特异和米其林轮胎的销量反而上升。

5. 负面曝光事件的另一面——积极效应

Jonah Berger 和 Rasmussen（2008）在《负面宣传事件的积极效应或正面效应》一文中探讨了负面宣传的另一面即积极影响。作者认为，虽然目前主流的观点认为，"任何宣传是很好的宣传"。但是，已有的研究只发现了负面新闻的伤害作用。例如，通常人们认为，消极的电影评论损害消费者的利益，伤害门票销售。然而，与此相反，作者认为，由于负面宣传，提高了产品意识和"可接近性"，所以它有时也对产品的选择和销售产生积极的影响。三项研究支持这一建议，并表明：有关演员、音乐艺术家或其他著名人物等的负面评论，可能会引起负面关注，但是，实际上也促进了相关文化产品（如电影、专辑或书籍）的成功。例如，来自《纽约时报》的负面评论，可以增加书籍的销售量（第二项研究）。此外，与作者的假设推测一致，只有当先前的产品意识或可接进性很低时，负面曝光事件才会对销量产生积极的影响。

Jonah Berger 和 Rasmussen（2009）在《负面宣传的积极效果：负面影响能够带来销售提升吗》中提出以下问题：产品负面信息可以促进销售吗？如果是这样，什么时候可以促进？虽然流行的观点认为，"任何宣传是很好的宣传"，但是已有的研究只发现了负面新闻的伤害。例如，负面评论或口碑，已经发现会伤害产品评价和销售。基于此，作者综合使用计量经济学分析和实验相结合的方法，探讨了负面曝光事件产生积极效应的条件。具体来说，他们认为，负面曝光事件通过增加产品意识，从而提高产品的购买和销售。因此，负面曝光事件对知名产品和不知名产品应有不同的影响。作者所开展的三项研究支持了这一观点。例如，《纽约时报》的负面评论提升了图书销售量。最后，作者进一步强调了负面曝光事件与购买意愿之间的重要性，也强调了这种日益增加的产品意识在负面曝光事件与购买意愿间的中介作用。

6. 负面曝光事件国内研究概述

国内学者王晓玉和晁钢令（2009，2010）为了为相关理论在我国的验证与拓展提供参考，同时激发我国学者联系国内市场现状进行相关的创新性研究，对国外有关营销中负面曝光事件的研究文献进行了述评，梳理了学者们从归因视角、印象理论视角、管理视角及溢出效应视角所进行的相关研究，最后指出了现有研究的不足并展望了未来的研究方向；他们通过梳理现有研究成果，认为在频繁爆发的负面营销事件中，品牌资产可能存在减弱或者加剧负面营销事件的影响这两种观点，并从多个视角展望了未来研究方向。

侯兴军和胡正明（2009）基于归因视角，探讨了负面营销事件与顾客品牌资产的作用机理，他们认为顾客对负面营销事件的分析一般遵循归因信息加工模式，顾客会从控制点、稳定性和可控性三个方面对负面营销事件的原因和责任进行归因，品牌形象和品牌忠诚随之发生改变，高品牌资产的犯错品牌能弱化事件的负面影响。同时，消费者个性特质会使归因具有很大的不确定性。

近年来，国内一些学者对负面曝光事件中的产品伤害危机事件进行重点研究，如王晓玉等（2006）研究了产品伤害危机及其处理过程对消费者考虑集的影响，他们在上海通过现场实验获得311名消费者的考虑集信息，检验了企业营销中的产品伤害危机事件及其处理过程对消费者考虑集的影响。研究结果表明，产品伤害危机事件及其处理过程对危机产品是否进入考虑集有显著影响；与没有危机事件比，有事件无响应会对危机产品进入考虑集产生负面影响，并且对危机产品在考虑集中偏好顺序也产生负面影响；与有事件无响应比，企业响应、专家响应，以及他们的双重响应会对危机产品进入消费者考虑集产生正向影响。此外，也包括马宝龙、冉伦（2010）等的产品伤害危机对品牌绩效指标的影响研究，李国峰等（2008）的产品伤害危机管理对品牌声誉与品牌忠诚的影响研究，方正（2007）的可辩解型产品伤害危机对消费者购买意愿影响研究以及田玲（2007）的大型超市虚假促销对消费情感与购买意愿影响研究等。

总体而言，国内对此方面的研究总体偏少，特别是有关负面曝光事件的其他类型的研究还尚未涉及；现有定性研究偏多，实证分析不足，中国本土化特色弱，说明负面事件理论在我国还有很多的验证与拓展空间。另外，联系国内市场现状进行相关的创新性研究非常稀缺。本研究意在此方面有所突破。

7. 负面曝光事件背景下的购买意愿问题探讨

虽然从企业现实看，负面曝光事件发生后，顾客购买意愿通常受损。但是，文献检索发现，学者们对不同的负面曝光事件下的购买意愿是否受损尚存争议。Celso Augusto de Matos、Ricardo Teixeira Veiga（2005）通过实验研究证实：产品能力型负面曝光事件背景下，顾客购买意愿显著受损；企业道德型负面曝光事件背景下，顾客购买意愿并没有显著受损。Jorgensen（1996）研究证实：公司灾难事件背景下，顾客购买意愿显著受损。Griffin、Babin 和 Attsway（1991）通过实验研究发现：产品伤害危机下，购买意愿并未显著下降。

总体而言，目前国内外还没有探讨负面曝光事件下的购买意愿受损的原因或影响因素问题，也没有研究品牌原产地虚假背景下的顾客购买意愿问题。从现有研究看，购买意愿受损的原因或影响因素基本上散见于少量文献中，缺乏系统化及整合研究。另外，在少量现有文献研究中，缺乏实证研究的验证。

综上所述，本研究认为，在品牌原产地虚假背景下，顾客购买意愿受损的原因即伤害因素或影响因素可归纳为信任损坏、形象破坏、声誉破坏、事件严重感知、事件责任归因、负面情感、惩罚信念、感知风险、媒体负面报道等，如表2－3所示。

表2－3　负面曝光事件背景下顾客购买意愿受损原因或影响因素的主要文献

受损原因 影响因素	主 要 文 章	作 者
形象破坏 （涉及产品形象和企业形象以及品牌形象三方面）	Can Corrections Repair the Damage to a Corporate Image Caused by Negative Publicity?	Hans Hoeken、Jan Renkema（1998）
	How to Deal with Negative Publicity：The Importance of Consumer Involvement	Celso Augusto de Matos、Ricardo Teixeira Veiga（2005）
	Do Negative Brand Image Attributera Display and Descriptive Patterns?	Maxwell Winchester 和 Jennifer Romaniuk（2000）

续表

受损原因 影响因素	主要文章	作　者
声誉破坏	An Investigation of the Communication Cues that Affect Consumers' Responses to Negative Product Safety News	Weinberger、Romeo 和 Antes (1994)
	Consumer Reaction to Negative Publicity——Effects of Corporate Reputation, Response, and Responsibility for a Crisis Event	Dwane Hal Dean (2004)
事件严重 感知	An Empirical Investigation of the Impact of Negative Public Publicity on Consumer Attitudes and Intentions	Griffin、Babin 和 Attsway (1991)
	An Investigation of the Communication Cues that Affect Consumers' Responses to Negative Product Safety News	Weiner (1994)
	The Hidden Crisis in Product – harm Crisis management	Siomkos、George 和 Gary Kurzbarrd (1994)
	A Longitudinal Study of Complaining Customers' Evaluations of Multiple Service Failures and Recovery Efforts	James (2002)
事件责任 归因	An Investigation of the Communication Cues that Affect Consumers' Responses to Negative Product Safety News	Weinberger、Romeo 和 Antes (1994)
	Helping Crisis Managers Protect Reputational Assets	Coombs (2002)
	Hong Kong Consumers' Evaluation in an Airline Crash: A Path Model Analysis	Lee (2005)
负面情感	Components of Consumer Reaction to Company – Related Mishaps: A Structural Equation Model Approach	Jorgensen (1994, 1996)
	Play as a Consumption Experience: The Roles of Emotions, Performance, and Personality in the Enjoyment of Games	Holbrook Westwood (1997)
	Dating Partners' Responses to Simulated Dating Conflict: Violence Chronicity, Expectations, and Emotional Quality of Relationship	Robert (2004)
	大型超市虚假促销对消费情感与购买意愿影响研究	田玲、李蔚 (2007)
惩罚信念	Components of Consumer Reaction to Company – Related Mishaps: A Structural Equation Model Approach	Jorgensen (1994, 1996)
感知风险	The Hidden Crisis in Product – harm Crisis Management	Siomkos、George J.、Kurzbard、Gary (1994)
	可辩解型产品伤害危机对顾客购买意愿的影响研究	方正、李蔚 (2007)

受损原因 影响因素	主要文章	作　者
媒体负面 报道	Consumer Rdsponse to Company Communications During a Product Harm Crisis	Siomkos 和 Malliars（1992）
	The Hidden Crisis in Product – harm Crisis management	Siomkos、George J.、Kurzbard、Gary（1994）

此外，在负面曝光事件的背景下，学者们大都从危机管理角度采用 Benoit 形象修复策略来恢复受损的品牌态度及购买意愿。这些形象修复策略大体模式是：不反应、消极反应和积极反应。不反应就是事件发生后，企业保持沉默，不表态。消极反应包括辩解、反驳等方式。积极反应大都是认错、道歉、采取行动改正。至于具体的改正方法、方式，文献并没有具体展开。因此，可以认为负面曝光事件下，企业直接针对消费者的"营销手段和工具"主要是以认错道歉为主色调的情感策略以及基于危机管理的模式化的笼统的纠错策略。然而，从企业营销实践看，犯错品牌企业事后大都采取了价格促销策略。

基于此，可以判定，负面事件发生后，现有的主要直接针对消费者的修复策略是情感修复策略和价格修复策略。品牌原产地虚假曝光事件发生后，在采取这些策略后购买意愿恢复缓慢的事实说明，事后可能还有其他的修复策略。

三、文献小结

综上所述，负面曝光事件是一个总称，它是指在企业营销的过程中所发生的有关其产品、服务、企业整体或员工个人的具有极大破坏性且传播面非常广的事件。负面曝光事件外延宽广、内涵丰富、类型多样，但是其负面效应显著。负面曝光事件的研究方向主要涉及事件本身及相关变量对消费者的影响及企业应对等方面。西方学者在此方面研究成果丰富，国内学者则相对薄弱。

本研究认为，品牌原产地虚假属于典型的负面曝光事件，也是典型的品牌丑闻事件。它具有负面曝光事件的普遍共性，也有其自身个性，有待深入研究。另外，本研究基于文献整理分析，得到了一些研究机会和启示，如表 2 - 4 所示。

表 2 - 4　基于文献综述的研究启示与机会

负面曝光事件理论中的有关购买意愿受损原因影响因素	Hans 等（1998）；Celso Augusto de Matos、Ricardo Teixeira Veiga（2005）；Maxwell Winchester 等（2000）；Weinberger 等（1994）；Dwane（2004）；Griffin 等（1991）；Jorgensen（1994，1996）；James（2002）；Coombs（2002）；Westwood（1997）；Siomkos 等（1992，1994）；Robert（2004）；Lee（2005）；田玲（2007）；方正（2007）等	负面事件背景下的购买意愿受损原因可以归纳为：形象损坏、事件严重感知、形象破坏、声誉破坏、事件责任归因、负面情感、惩罚信念、感知风险、媒体负面报道等	在品牌原产地虚假特定背景下还有没有其他原因导致顾客购买意愿受损？在品牌原产地虚假特定背景下的购买意愿受损原因对购买意愿影响的权重是多少

第三节　营销真实与营销伦理

一、营销真实

在探讨营销真实性问题之前，有必要对真实及虚假这两个词语进行比较。《新华字典》（2010）将真实解释为与客观事物相符合①；将虚假解释为不真实的，与实际不相符的。

本研究中的营销真实，即市场营销研究中的真实性问题或简称为营销真实性问题。真实性（Authenticity）是后现代消费文化的重要特征之一（Baudrillard，1983）。真实性问题既是营销文献中的一个重要课题（Thomas W. Leigh、Cara Peters、Jeremy Shslton，2006），也是现代营销的核心主题之一。正如，Brown（2001）指出，事实上，现代营销的核心主题之一就是真

---

① 《新华字典》，商务印书馆 2010 年版。

实（Authenticity）与不真实（Unauthenticity）之间的运动（Tension）。Pine I. 和 James H.（2007）指出，真实性是继供应可靠（Availability）、成本（Cost）、质量（Quality）后消费者新的关注点（Sensibility）。一些学者们则认为，真实性是现代营销的基石（Beverland 等，2008）。

目前，真实性的定义尚未统一。Wang（2007）等学者认为，真实性是外在对象的一种属性，而 Haslam（1985）、Cohen（1988）、Bruner（1994）、Delyser（1999）、Kent Grayson 和 Radan Martinec（2004）等学者则认为，真实性不是对象事物内在的特征，而是在特定语境（Context）下的一种评价。还有的学者认为真实性是个人的体验而不是客观的实际（Merrell，1995）。此外，学者们把营销真实性分为原生或原创真实与仿造真实两大类（Brunner，1994；Evans – Pritchard，1987；Mac Cannell，1999；Peterson，1997；Kent Grayson、Radan Martinec，2000）。

相比之下，国内学者长期以来忽视了营销真实性问题研究，但是已将真实性问题纳入营销研究的话题，除了李旭东（2005，2008）、于岚（2000）、张军（2005）等对旅游真实性的初步探讨外，邓永成（2008，2010）、王新新和刘伟（2009）等学者正式开始了对市场营销中的真实性问题的研究。

邓永成（2008）在《商品真实性的社会建构》一文中，在国内第一次提出了营销真实性问题。但是其所论述的营销真实性是特指，即商品真实性问题。作者以社会建构论心理学为基础，探讨了商品真实性的形成和内涵。作者认为，按照现代心理学的观点，"真实性"存在双重含义：既是商品的一种属性，又是消费者的一种心理活动/现象。前者是一种客观存在，后者则是对前者的主观反映。作者认为，不仅商品真实性程度是社会的建构，具有独特性的本原真实商品也是社会的建构；商品真实性是市场主体互动、对话的产物，对话在多层面展开；真实性建构的基础是共同体的文化，共同体文化的核心是集体记忆。

王新新和刘伟（2009）在《论市场营销中的真实性问题：研究起源、主要内容与启示》一文中，通过回顾真实性问题的研究起源，梳理并综述了国外对市场营销中真实性问题的研究内容，包括对消费的感知真实性和对品牌形象的感知真实性研究。作者还比较了研究真实性问题的不同技术路径，尤其是研究方法，最后指出了其对营销研究的重要启示以及未来的研究方向。作者认为，归纳起来，学者们主要根据客观主义、建构主义、后现代主义和存在主义四种哲学观点解释真实性。客观主义的真实性是一种比较传统、保守的观点，对真实和不真实采用绝对的二分法进行评价，而建构主义、后现代主义和存在主义的真实性观点则显示出理解真实性的多元视角。虽然这四种观点有所差异，但都从不同方面极大地丰富并发展了真实性的内涵，为研究真实性问题拓宽了思路，起到重要的奠基作用。

蔡文慧和邓永成（2010）在《消费者视角下商品真实性感知测度探索》一文中指出，目前国内外真实性研究实质性进展并不明显。尤其是因为概念还太新，目前还没有有效的测度方法（Pine I.，2008），从而难以进行实际操作，也无法进行实证研究。作者以"小肥羊"火锅这个原生真实性作为调查对象，从消费者感知出发，开展实证分析，找到了衡量真实性的感知测度。研究表明，"小肥羊"真实性的消费者测度为原产地资源、文化环境氛围、产品的纯正、传统的工艺、独特的配方，这和关于原生真实性的消费者感知测度与商品的资源独特性及文化独特性相一致的假设相吻合。

基于上述分析，本研究对真实性问题的研究路径进行了比较，如表 2 – 5 所示。

表 2 – 5　真实性问题的研究路径比较

研究主题	研究领域	主要研究对象	核心研究问题	主要研究方法	真实性的内涵
旅游真实性	旅游学	遗址旅游民俗旅游	旅游真实性的基本问题	实证研究	客观、建构、后现代和存在的真实性
对消费的感知真实性	消费者行为	休闲消费体验	消费者如何感知真实性	人种志阐释法	建构的真实后现代的超真实
对品牌形象感知真实性	品牌管理	品牌	如何创造并维持品牌真实性	案例研究实例研究	本真性可信性
商品真实性的社会建构	社会学经济学	商品	如何构建商品真实性	理论研究	原生真实仿造真实
商品真实性的感知测度	消费者行为	商品	消费者如何感知真实性	实证研究	原生真实仿造真实

资料来源：本研究整理。

存在决定意识。营销理论源于营销实践，高于营销实践，反过来又指导营销实践。无疑，营销真实性是无处不在、无时不有的。特别是在买方市场条件下，在品牌制胜的新时代，这种营销真实性就是产品真实性，而这种产品真实性往往体现为品牌真实性问题。从推理的角度出发，品牌原产地虚假是这种品牌真实性问题的反面表现方式。然而，截至目前，在现有的营销真实性问题文献检索中，尚未发现品牌原产地虚假这一营销非真实性问题或品牌非真实性问题研究。

二、营销伦理

1. 营销伦理研究概述

营销不真实，可能引发营销伦理问题。Hunt 和 Shelby（1986）认为，营销伦理是与营销情境、营销决策相关的道德判断的标准和规则。Swenson和 Geurts（1992）为了测试全球范围内销售人员的营销伦理行为，在传统"道义—目的"价值取向的基础上添加了"宏观—微观"维度，进而把营销伦理划分为四个流派，即利他主义（Altruism）、社会公正（Social Justice）、经典效用（Classical Utilitarian）和利己主义（Ethical Egoism）。美国乔治顿大学的克瑞奇·史密斯与哈佛大学的约翰·奎里奇于 1993 年合作出版了《营销伦理》，书中系统分析了营销中的伦理现象，并收集了大量的案例材料。总体而言，国外学者对营销伦理的研究侧重于从伦理角度分析营销战略与决策，把理论与实证分析结合起来，并能综合应用伦理学、市场营销学、组织行为学等多门学科对营销伦理问题进行深入研究，得到了丰富的研究成果。

国内对营销伦理的研究始于 20 世纪 90 年代中期。谢建明（1994）最早呼吁企业加强营销道德建设，甘碧群（1994）提出应当重视对企业营销道德的研究。目前，专门探讨营销伦理的论文已超过 100 篇，有影响的专著有《企业营销道德》（甘碧群，1997）、《市场营销伦理》（王淑芹，1999）、《企业营销中的伦理问题研究》（寇小萱，2001）、《营销伦理》（王方华、周祖城，2005）和《道德营销论》（高朴，2005）。国内学者对营销伦理的研究，主要从营销伦理失范现象、原因及治理三方面进行探讨，并认为营销伦理涉及企业组织和营销人员两个层次。除了理论研究外，国内学者近年来开展了一定的量化研究和实证分析，比如甘碧群（2004，2006，2008）、庄贵军（2004）等。但是，总体而言，国内实证研究相对比较少。应当指出，国内对营销理论的研究主要产生了两个特色流派：一个是甘碧群领衔的营销道德学派（该学派认为营销伦理的本质是营销道德问题，营销伦理又往往被称为营销道德），另一个是庄贵军领衔的灰色营销学派。

2. 非营销伦理及影响

Bone 和 Corey（2000）认为，通常情况下，商业人员的伦理敏感性比较低，相比对伦理感兴趣的消费者而言，更不容易感知到非伦理行为的结果。Swenson 和 Geurts（1992）认为，一般情况下，只有出现非伦理行为的时候，人们才会意识到伦理的价值与必要性。牛永革和李蔚（2006）基于这些学者的营销伦理四流派理论，构建了非营销伦理行为、品牌资产衰减和品牌重生难度变量之间的结构方程模型 SEM，利用来自教育培训业的数据进行了实证研究。结果发现，非利他主义营销行为和非社会公正营销行为直接影响品牌重生难度；利己主义营销行为对品牌衰减影响显著，并对品牌重生难度产生间接影响；非经典效用营销行为对品牌资产衰减和品牌重生难度都产生了直接影响，并对品牌重生难度产生间接效应；品牌资产衰减对品牌重生难度存在显著的直接影响。消费者从不同视角对企业非营销伦理行为的主观感知越严重，品牌重生的可能性越小。

近年来，因诚信而引发的非营销伦理问题是包括中国在内的全球性的敏感话题。品牌原产地虚假就是因诚信问题而演绎出的非营销伦理行为的表现方式。然而，截至目前，在现有的营销伦理或道德问题的文献研究中，尚未发现对品牌原产地虚假这一营销非伦理问题或道德问题的研究。

三、文献小结

综上所述，现代营销的核心主题之一就是真实。有营销真实性问题，就有营销虚假性问题，比如虚假促销、虚假宣传等。营销不真实，可能引发营销伦理问题。营销伦理是与营销情境、营销决策相关的道德判断的标准和规则。然而，截至目前，在现有的营销真实性和伦理性问题的文献研究中，尚未发现对品牌原产地虚假这一营销非真实性和非伦理问题的研究。可以肯定，事后这些犯错品牌若不能真诚透彻地反思及纠正其非营销伦理行为，就不可能东山再起。

第四节　犯错品牌与品牌关系

一、犯错品牌

人非圣贤，孰能无过。既然人会犯错，那么品牌作为人创造的产物，难免也会犯错，从而成为犯错品牌。犯错品牌类型很多，如以三鹿奶粉为代表的产品质量型犯错品牌，以欧典地板为代表的虚假宣传型犯错品牌等。由于种种原因，品牌犯错时常发生，犯错品牌不断涌现，由此导致了消费者与这些犯错品牌关系的断裂（Fajer 和 Schouten，1995），最终使品牌资产急剧下降（黄静和熊巍，2006[①]）。

企业失败的原因固然很多，但普遍认同的观点是，由于某个重要品牌的失败（Brand Failure），最终导致企业的失败（Haig，2003），尤其是当产品品牌与企业品牌相一致的情形下更是如此。文献研究、现实观察和案例分析表明，品牌失败未必一定是品牌犯错的结果，但是品牌犯错却最终导致品牌失败。文献检索发现，有关企业失败、品牌失败、服务失误的研究文献很多，但是有关犯错品牌的研究非常匮乏，至于从消费者的视角从犯错品牌事后改正投入的角度探索犯错品牌重生（Brand Rubuiding）、品牌关系再续研究还很少（牛永革和李蔚，2006；黄静和熊巍，2008）。黄静和熊巍（2008）针对品牌犯错后该实行怎样的关系再续策略才能恢复消费者品牌关系的问题，采用实证研究方法，检验了犯错品牌对再续关系实行的三种策略——道歉、有形回报和优待对消费者再续关系意愿的影响。同时也检验了品牌关系质量对消费者再续关系意愿的调节作用。

本研究认为，品牌原产地虚假背景下的事件品牌属于犯错品牌，属于一类特殊的犯错品牌。如果这类犯错品牌事后改正错误，市场或者说顾客会再给机会吗？多大机会？犯错品牌如何修复，品牌关系才能再续？

[①] 黄静、熊巍：《再给我一次机会：犯错品牌的投入对消费者再续关系意愿影响研究》，《JMS 学术年会论文集》，2006 年。

二、品牌关系

品牌关系研究是西方品牌理论研究的最新前沿（卢泰宏和周志民，2003）。学术界普遍认为，品牌关系概念的正式提出，始于 Research International 市场研究公司的 Max Blackston。所谓品牌关系就是"顾客对品牌的态度和品牌对顾客的态度之间的互动，它是客观品牌与主观品牌这两个维度相互作用的结果"（Blackston，1992）。Fournier（2001）提出了品牌关系分析模型，该模型中的品牌关系分成四个层面的关联——消费者与产品关联、消费者与品牌关联、消费者与消费者关联以及消费者与企业关联。本研究沿用 Blackston 的观点，并且认为品牌关系有广义和狭义之分，一般所说的品牌关系是狭义的品牌关系即消费者—品牌关系，简称品牌关系（Brand Relationship）。

从动态的视角看，品牌关系如同人际关系，其发展变化本身是一个渐进的过程（Fournier，1998）。Aaker 和 Fournier（2001）提出了品牌关系动态模型。该模型首先认为品牌关系是动态的，而且品牌关系会由于种种原因而断裂，又会因为补救而复合；其次品牌关系经历了注意、了解、共生、相伴、断裂和再续六个阶段，故又称为品牌关系六阶段论。显然，该模型将品牌关系的形成过程比拟成人际关系的形成过程，用形象化的人际关系描述抽象的品牌关系。Aaker 和 Fournier（2001）的品牌关系动态模型告诉我们：品牌关系一经形成，并不是孤立静止不动的，而是波动的、不断发展变化的。由于企业内外环境的复杂多样性、动态多变性、不确定性等因素制约，企业长期以来苦心经营的品牌资产，特别是已建立起来的品牌关系可能会瞬间断裂。按照 Fajer 和 Schouten（1995）的观点，企业的品牌失误或失败、负面曝光事件或负面信息是导致品牌关系断裂的重要原因。当然，品牌关系断裂，并非一定是源自企业内部原因，也有来自客户自身的原因，如顾客需求的多样性，也有来自企业竞争者的原因，如竞争对手推出了新产品等。品牌关系断裂意味着消费者与品牌之间的信任和满意关系的断裂，并由此造成顾客流失（南剑飞和赵丽丽，2002；黄静和熊巍，2007；林雅军和南剑飞等，2010）。既然品牌关系的发展是一个动态的过程，则意味着品牌关系断裂的同时，也存在品牌关系再续的可能性。这也意味着品牌关系断裂并不等于品牌与消费者之间彻底或永远失去联系。

Havila 和 Wilkinson（2001）等的研究成果表明，有些断裂了的品牌关系在一定条件下存在恢复的可能性。这就意味着，企业一旦出现了负面事件后，如果能够及时采取积极有效的补救措施，依然可以实现品牌关系再续。因此，品牌关系再续实质是指企业想方设法赢回流失的顾客，重建品牌关系，重建品牌信任，实现顾客满意，促进企业发展。

文献检索发现，中外学者对品牌关系研究的热点已转向品牌关系再续问题。学者们普遍肯定了品牌关系再续的必要性与重要价值，分析了影响品牌关系再续的因素，并给出了一些品牌关系再续的策略（Stauss 和 Friege，1999；Hunt，2002；Tokman，2007；黄静和熊巍，2006，2007，2008）。这些策略主要涉及经济价值和社会价值，但是具体到不同的学者，称呼不一样。黄静和熊巍（2008）称之为品牌关系再续投入策略（基于犯错品牌角度，提出了包括道歉、有形回报、优待三策略）；唐小飞（2007）称之为客户赢回策略（Customer Win - back，包括价格促销和关系投资）；徐伟青（2008）提出了基于感知转回价值的流失顾客赢回策略（有形补偿、信息传递、优惠待遇、人际沟通四个策略）。陈明亮（2005）认为品牌关系一旦断裂，品牌关系亟待修复，若不能及时修复，顾客将随之流失。

本研究认为，在品牌原产地虚假的背景下，品牌关系遭到破坏，对于犯错品牌而言，事后采取怎样的修复策略对于品牌关系再续具有实践指导意义。那么，除了营销实践中的价格修复策略、道歉沟通修复策略或情感修复策略外，还有哪些具体、可行的、有效的修复策略？

三、文献小结

品牌犯错时常发生，犯错品牌不断涌现，并由此导致了品牌关系的断裂，品牌关系再续迫在眉睫。品牌关系再续实质是指企业采取修复策略，赢回流失的顾客，重塑品牌信任，重建品牌关系，实现顾客满意，促进企业发展。品牌原产地虚假背景下的事件品牌成为犯错品牌，属于一类特殊状态的犯错品牌。如果这类犯错品牌事后改错，顾客是否还会给企业机会？犯错品牌如何修复，品牌关系才能得以再续？

第五节　消费情感与顾客满意

一、消费情感

1. 情感的定义、作用及评价

（1）情感定义。不同的学者从不同的视角、用不同的研究方法研究情感、定义情感，因而产生了不同的情感理论。Lazarus（1991）认为情感是心理学的一个范畴，产生于对事件或想法的认知评价，形成于人类社会历史发展过程中，是伴随着心理过程、具有肢体表现的一种精神状态。美国心理学家 William James 是机能心理学的创始人，他从生物学的角度提出了情感的外周理论，认为情感产生于植物性神经系统的活动和身体外周活动（田平译，2003）。Cannon－Bard 对 William James 的外周情感理论进一步深化，认为外界刺激所产生的感官神经冲动在经由大脑进行信息加工后传送到大脑皮层，进而产生情感体验（钟思嘉等，2004）。汤姆金斯等心理学家提出了情感的动机唤醒理论，他们将情感和动机相提并论，认为情感是唤醒、激活动机的一种持续状态。Oatley 和 Johnson－Laird（1987）的观点是，情感是在计划的关键时刻被诱发的对计划改变可能获得的成功的（有意识或是无意识的）评价。

（2）情感作用。Frijda（1986）的论述认为，情感包括从刺激事件到行为到激励的整个过程。许多应对情感的反应是意志，这一点已被很多人认可（Bagozzi，1992）。Gleason（2003）研究发现，给予对方情感支持，对自己具有积极的作用，会使自己产生积极的心境。Stein、Liwag 和 Wade（1996）认为积极的情感（如幸福、欢欣、高兴）与达到目标相联系，常常伴随积极情感的是继续计划的决定。而消极的情感（如沮丧、失望、焦虑）将导致正在进行的计划不能实现预期结果。情感会影响行为和目标。正面情感经常涉及分享某人的好运、享受体验、工作继续或者升高回报，以及行动。正面情感经常和高水平的生理唤起有关，引起广泛的关注、增强乐观，提升感应，改变自身同他人之间的中心定位，比如变得更友善、更加关心他人。事实上，正面情感常常刺激帮助行为和利他行为。Schaller 和 Cialdini（1990）对此给出的两个解释是：第一，我们可以提出正面情绪导致提高帮助行为。通过积极的见解和提升行为，这些都从无意识的幸福体验中自动的产生出来。第二，幸福与动机的不平衡有关。个人奖励可能实现、超越了人的情绪基本关注。

（3）情感评价。Frjda（1986）和 Lazarus（1991）认为，评价在情感构成中起着重要作用。任何情感的关键决定因素是比较实际状况与理想状况后产生的评价和解释。在情感构成的这个阶段，对目标相关性和目标一致性的评价显得尤为关键。不同的人对于同一事件有不同的情感回应。对事物的评价可以是慎重的、故意的、蓄意的，也可以是不经思索的、自发的、无意识的，这取决于用于情感激励的人和引发情感的状况。情感评估理论认为，任何情感关键的决定因素是在比较一个真实状态和愿望状态时评估或解读的结果。两种评估在情感模式状态下都特别的关键：目标相关或目标一致（Lazarus，1991）。这也就是说，对于一个情感反应来说，一个必需的状态是个体必须与之相关，这种相关可能是他想促进的，也可能是他想阻止的。外界可以根据个体的反应来逆向调节个体情感。

Richard P. Bagozzi（1999）认为情感有四个评估级别。当一个人没有达成一个目标或者经历了一次不愉快事件，则第一级，即结果—愿望冲突（Outcom - desire Conflicts）产生，一个或更多的情感反应发生。应对这种情感的反应是求助、减少支出、避免伤害、重估目标、加倍努力。当一个人获得一个目标、体验了一次愉快事件或避免了一次不愉快事件，第二级，即结果—愿望满足（Outcom - desire Fulfillment）发生。当结果—愿望满足产生，则一类或更多情感反应会产生。第三级是结果—愿望避免（Outcom - desire Avoidances），担心或其变异，诸如担心、焦虑、失望是这类情感的反应。第四级是结果—愿望追求（Outcom - desire Pursuits），不仅希望这类情感反应发生，也期望一个美好的结果和目标发生。Richard P. Bagozzi 认为不同的人有不同的情感反应。他注意到，情感这一生理评估是可以被精心设计、有目的的和有意识的影响。

由于情感是可以被影响的，这就意味着在品牌原产地虚假事件发生后，犯错品牌利用情感的可影响性，有针对性地采取情感策略，从而改变消费者的负面情感，修复消费者购买意愿，从理论和现实上讲，都是可行的。

2. 消费情感的含义、分类及测量

（1）消费情感含义。消费情感是人对产品或服务绩效及属性感知的一系列情感反应（Mano 和 Oliver，1993）。Kalyani（2000）认为，"消费情感是顾客对产品和服务的属性与顾客对自己最终获得的消费价值的情感性反应"。消费情感指顾客在产品和服务的消费过程中产生的一系列情感反应（何云和汪纯孝，2007）。可以用高兴、生气、害怕等词汇描述顾客在消费过程中产生的情感反应（Westbrook，1986）。本研究认为消费情感是消费者在消费活动中的一种情感反应。

（2）消费情感分类。消费情感类型多样。Weston 和 Tellegen（1985）提出了双因素情感模型，把顾客的消费情感划分为正面情感和负面情感。Westbrook（1987）指出，消费情感包括两个方面，即正面情感和负面情感，而且两者是独立的。Oliver（1993）以归因属性为依据，将消费情感分为三类：情景属性、自我属性和其他属性。他提出在顾客消费情感的研究中，必须区分顾客消费前情感和服务消费经历引起的情感。本研究采用双因素情感分类，认为在品牌原产地虚假的背景下，顾客（包括潜在顾客与现实顾客）会产生负面情感。

（3）消费情感测量。消费情感测量主要有三种方法：一是 Mehrabian - Russell（1974）的 PAD 法，从愉快、令人兴奋的、主宰的三个构面计量，前两个维度已经被 Smith 和 Ellsworth（1984）在文献中验证。二是 Plutchik Russell（1980）以八种情感为基础，认为其他情感均由此而衍生，这些情感分别是害怕、生气、高兴、悲伤、接受、厌恶、期待、惊讶。三是 Holbook 和 Westwood（1997）在 Plutchik 的基础上，对上述八种情感进行细分，每种分别以三个形容词来描述。本研究对品牌原产地虚假背景下的顾客负面情感，参考上述学者及其他学者的研究成果，从失望、不满、生气和气愤四个方面进行计量，并且全部采用李克特七点计量尺度。

3. 消费情感与消费行为

（1）消费情感与行为意向。英国心理学家 William McDougall 认为，人们所有有目的的行为都受到复杂情感的影响，消费行为也不例外。美国心理学家 Nice Frijda（1986）也认为情感影响人们的行为意向。正面情感对人们的行为具有促进和推动作用，负面情感对人们的行为具有干扰和破坏作用。许多学者的研究结果支持他们的观点。美国学者 Valerie S. Folkes 等（1987）的研究发现，航班延误后，乘客的负面情感对乘客的再购意向和投诉意向有显著的影响。美国学者 Nyer、Prashanth U.（1997）指出，顾客的消费情感会影响顾客的消费行为。其实证研究结果表明，顾客的正面消费情感对顾客的再购意向和口头宣传意向有显著的正向影响。美国营销学教授 Chris T. Allen 等（1992）的研究发现，情感可预测人们的行为意向；企业管理者可以根据顾客的消费情感判断顾客的再购意向和对企业的口碑宣传意向不同。综上所述，正面情感对购买意愿有正向影响。

（2）消费情感与顾客满意。美国学者 Westbrook（1980）研究发现，顾客对产品的满意程度，一方面受顾客对该产品的认知性评价的影响，另一方面也受消费情感的影响。Oliver（1980）认为情感体验对满意度呈现正向影响效果；他提出知觉体验对购后满意行为有显著影响，而享乐及实用知觉体验共同影响消费者满意行为。Wakefifeld 和 Bake（1998）发现购物时的愉快体验感受与再惠顾意图正向相关；Wirtz 等（2000）研究发现，由情绪所唤起的愉悦感与购买意愿正相关。Phillips 和 Baumgartner（2002）指出，情感对消费者满意具有调节作用。Bob Donath（2006）指出，情感在商业品牌魅力上具有至关重要作用。本研究认为，消费情感影响顾客满意；顾客满意是消费情感的一种表现方式，两者相互渗透。

二、顾客满意

1. 顾客满意是现代企业的生命线[①]

顾客是企业利润的直接源泉，是行业、产业利润的间接来源，是影响和制约企业、行业乃至产业生存与发展的战略性资产。这个资产经营运作的成败与好坏，几乎完全取决于顾客，关键在于顾客是否满意，即顾客满意度（Customer Satisfaction Degree，CSD）的高低。在当前买方市场条件下，特别是在全球经济增长明显减速、市场竞争日益激烈、行业利润日趋微薄、消费者维权意识逐步兴起和用户需求日益个性化、多样化的今天，即使是某些自然垄断性行业，如民航、电信、铁路、电力等，随着行业垄断的最终打破、竞争机制的逐步引入、政府保护政策的逐步取消，CSD 正日益成为制约其生存与发展的"瓶颈"。市场调查显示：争取一个新顾客比维持一个老顾客要多 6～10 倍的工作量；70% 的顾客流失源于对服务水

---

① 南剑飞：《我国石油机械制造企业顾客满意度研究》，西南石油大学硕士学位论文，2003 年。

平的不满意；一个满意的顾客传播人数是 6，而一个不满意顾客的传播人数是 15；顾客服务水平提高 2 成，营业额将提升 40%（南剑飞和赵丽丽，2002）。

过去常说"质量是企业的生命"，这显然是站在企业的立场。现在国内外企业经营实践证明：所谓的"质量"，归根到底是由顾客说了算，看顾客满意不满意。一句话，顾客满意（Customer Satisfaction，CS）才是硬道理，顾客满意度是现代企业的生命线。这要求现代企业经营重点必须由以前注重交易转移到顾客满意上来，转移到以提高顾客满意度为中心的轨道上来（南剑飞，2003）。

2. 顾客满意内涵及分类

（1）顾客满意的内涵。自 CS 理论产生以来，关于其定义，一直争议较大。有代表性的观点主要有：

1）国际著名营销学权威菲利普·科特勒认为："满意是指一个人通过对一个产品或服务的可感知的效果与他的期望相比较后所形成的感觉状态。"这里的"满意"显然是针对顾客而言的，也就是顾客满意。

2）亨利·阿塞尔认为，当商品的实际消费效果达到消费者的预期时，就导致了顾客满意；否则，就会导致顾客不满意。

3）Gerson 在 *Measuring Customer Satisfaction* 一文中指出："CS 仅仅是顾客的一种感知——他或她的期望被满足或超越的感知；当一个产品或一项服务符合或超过一位顾客的期望时，顾客通常获得了满意。"

4）Nigel Hill 在 *Handbook of Customer Satisfaction* 一书中指出："CS 是指顾客认为供应商已达到或超越过去的预期的一种感受。"理解这个定义的关键是感受（Perception），CS 在顾客心里，它可以和实际情况相符，也可以不和实际情况相符。

5）美国首届马尔科姆·波多里奇国家质量奖获得者摩托罗拉公司对此的解释是："所谓顾客满意，是成功地理解某一顾客与某一部分顾客的爱好，并着手为满足顾客需要做出相应努力的结果。"

6）日本 PHP 研究所顾问师——武田哲男先生认为："所谓 CS 是指通过满足顾客，而成为深受顾客信赖与支持的企业。"

7）魏中龙指出："CS 是指企业为了使顾客能完全满意自己的产品或服务，综合客观地测定顾客满意的程度，并根据调查分析结果，整个企业一体地来改善产品、服务及企业文化的一种经营战略，它要建立的是顾客至上的服务，使顾客感到100%满意从而效益倍增的革命系统。"

8）2000版ISO 9000族标准的3.14条中，对此所做的解释是："顾客满意是顾客对其要求已被满足的程度的感受。注1：顾客抱怨是一种满意度低的最常见的表达方式，但没有抱怨并不一定表明顾客很满意。注2：即使规定的顾客要求符合顾客的愿望并得到满足，也不一定确保顾客很满意。"

分析上述观点，不难看出：5）、6）两种观点接近，均站在企业的角度，强调企业努力的结果——顾客满意，赢得顾客，使企业得以发展；观点7）比较全面，是企业站在顾客的角度，但更侧重于实现CS、顾客完全满意（Total Customer Satisfaction，TCS）的具体途径；其他五种观点基本一致，都强调感受，只是表述略有不同。另外，我们也不难发现：顾客需求与期望是顾客满意产生的心理基础；顾客满意与否取决于其实际体验与期望之比。理论上讲，符合或超过顾客期望的，顾客倾向于满意或比较满意，反之则感到一般、不满意或很不满意。此外，顾客抱怨得到妥善处理，也会实现顾客满意；顾客满意也会发展到其最高境界——顾客忠诚，如图2-1所示（南剑飞，2003）。

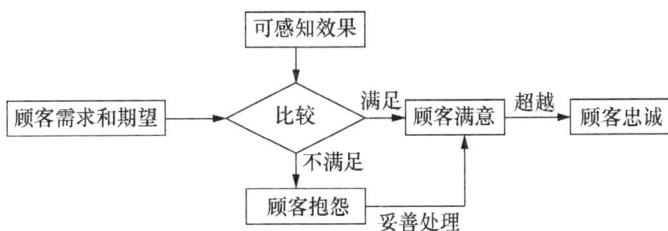

图2-1 顾客满意（CS）图解

基于此，笔者认为：所谓CS是顾客对企业提供的产品或服务符合或超过其期望的一种心理状态，也就是顾客在消费产品或服务过程中的一种主观感受、一种实际体验或一种自我评价、一种自我感知。要正确地理解CS，必须把握好以下几点：①CS是一种心理状态，因而它具有非直观性、非明朗化的特点。②CS是一种主观感受，因而主观性强，而且感受程度因人而异。在日常消费社会中，有一些顾客满意，而有一些顾客不满意。至于企业所宣布的顾客100%的满意，很可能是虚假的。另外，顾客满意与不满意的现象同时并存。例如对某一顾客来说，他可能对产品或服务的某些质量特性（如性能、规格、安全等）感到满意，而对某些质量特性感到不满意；他可能对产品的某一质量特性（如性能）感到满意，但因员工服务态度不合乎其心意，他也会感到不满意。③CS 是顾客在消费产品或服务过程中的一种实际体验，其前提是必须消费产品或服务。没有这个前提，CS 就无从谈起。④CS 是顾客对其消费的产品或服务所做出的一种主观认识、自我判断或个体评价。CS 的主体是顾客，其客体不是所消费的产品或服务，而是制造产品或提供服务的企业，产品或服务仅仅是连接顾客与企业的媒介。因此，CS 标准的制定权，CS 的最终评判权归顾客所有。⑤CS 是顾客在消费活动中的一种心理状态。这种状态是消费者所普遍存在的，是一种不以人们的意志为转移的客观存在，因而 CS 具有客观性。⑥CS 是在一定时空条件下产生的。随着社会政治、经济、文化特别是科技的不断发展，顾客的需求与期望也会发生相应的变化。因而，CS 具有可变性。⑦CS 是一种个体评价。这种评价不仅是对企业所提供的产品或服务而言，更重要的是对企业的所有要素（如企业的组织机构、管理体制、用人机制、文化伦理等）所做出的判断。因而 CS 具有全面性。⑧CS 归根结底是一种心理感知活动。因而，什么是满意，什么是高质量，什么是好服务等仅存在于顾客心中。

综上所述，CS 往往比较复杂，比较模糊，不如实物那样直观、明朗而清晰。从企业外部分析 CS，这是整个 CS 的重心所在（南剑飞等，2004）。

买方市场下，随着顾客内涵和外延的广义化，CS 还包括员工满意。员工满意是指员工对其需要已被满足的程度的感受，是员工期望与员工感知相比较的心理状态。员工满意可分为职级员工满意、职能员工满意和工序员工满意。

（2）顾客满意的分类。"顾客可以是外部的，也可以是内部的"，所以，CS 包括外部顾客满意和内部顾客满意两大部分。对此，可从横向、纵向两个角度来认识，如图 2-2 所示。

1）南剑飞（2002）认为，顾客满意在横向层面上，包括五个方面：①理念满意，即企业经营理念带给内外顾客的满足状态，它包括经营宗旨满意、经营方针满意、经营哲学满意、价值观念满意和企业精神满意等。②行为满意，即企业全部的运行状况带给内外顾客的满足状态，包括行为机制满意、行为规则满意和行为模式满意三个方面等。③视听满意，即企业具有可视性和可听性的外在形象给内外顾客的满足状态，它强调各个视听

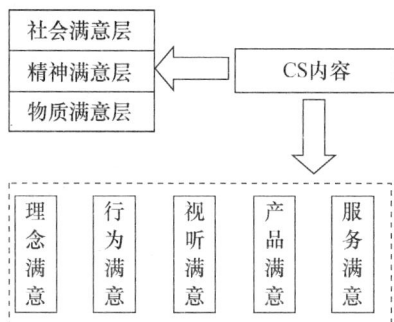

图 2-2　CS 内容

要素带给顾客的满意侧面，主要包括企业标志（名称和图案）满意、标准字满意、标准色满意以及上述三个基本要素的应用系统满意等。④产品满意，即企业产品带给内外顾客的满足状态，包括产品质量满意、产品功能满意、产品设计满意、产品包装满意、产品品位满意、产品价格和产品创新满意等。⑤服务满意，即企业服务带给内外顾客的满足状态，包括绩效满意、保证体系满意、服务的完整性和方便性满意、服务的灵活性和可靠性满意，以及情绪满意和环境满意等。

2）南剑飞（2002）认为，在纵向上，包括三个逐层递进的满意层次：①物质满意层，即顾客对企业产品的核心层，如产品的功能、质量、设计和品种等所产生的满意。②精神满意层，即顾客对企业产品的形式层和外延层，如产品的外观、色彩、装潢、品位和服务等所产生的满意。③社会满意层，即顾客在对企业产品和服务的消费过程中所体验到的社会利益维护程序，主要指顾客整体（全体公众）的社会满意程序。它要求在企业产品和服务的消费过程中，要具有维护社会整体利益的道德价值、政治价值和生态价值的功能。

一般所说的顾客满意即外部顾客满意，又称为用户满意。用户满意还可以从直接的角度看，包括四个方面：①产品方面，诸如产品质量满意（耐用性、适用性、安全性、经济性、可靠性、可信性、可维护性）、产品功能满意（单一性、多样性、兼容性）、产品利益满意（物理实用性、生理快感性、心理审美性）、产品特色满意（地方特色、民族特色、国际特色、历史特色、现代特色）、产品设计满意（品种、规格、颜色、体积、样式、包装、档次、品牌取名）、产品价格满意（高价、平价、低价）、产品创新满意等。②服务方面，诸如服务质量满意如可感知性（服务环境、人员风貌）、可靠性（服务差错、承诺兑现）、反应性（等待时间、服务时间）、保证性（服务态度、服务能力）、理解性（把握顾客需要能力）、便利性（交通状况、购买方便）等、服务数量满意、服务过程满意、服务项目满意、服务方式满意、服务创新满意等。③员工方面，诸如员工仪表满意、员工道德满意、员工修养满意、员工知识满意、员工素质满意、员工能力满意、员工信誉满意等。④企业形象方面，诸如企业技术满意、企业经营管理满意、企业生产环境和生活环境满意、企业综合实力满意、企业文化满意、企业伦理满意、企业诚信满意、企业管理者素质满意等。以上是外部顾客满意。

内部顾客满意即员工满意，是指员工对其需要已被满足的程度的感受。员工满意大体可分为五个逐层递进的满意层次：①生理满意层次，如对工资待遇、医疗保健、福利保障、工作时间、工作环境等的满意。②安全满意层次，如对就业保障、退休养老保障、健康保障、意外保险、劳动防护等的满意。③尊重满意层次，如对薪水等级、晋升机会、奖励、参与企业日常活动等的满意。④社交满意层次，如对上下级沟通、同事关系、教育培训等的满意。⑤自我实现满意层次，如对参与企业决策、工作的挑战性、发挥个人特长、实现自我价值等的满意（南剑飞等，2002，2004，2005）。

应当指出：由于整个顾客满意的立足点和重心在外部顾客（一般所说的顾客或称之为用户）满意上，所以员工满意的分析相应简略一些。

3. 顾客满意度测量及实施

（1）顾客满意度的测量。"你能度量的，就是你能管理的；你不能度量它，你就不能管理它。"顾客满意度的度量，主要有以下三种工具（南剑飞等，2003）：

1）顾客满意度级度。顾客满意度级度（Customer Satisfaction Measurement，CSM）是指顾客满意度的等级体系，有 3 级度法、5 级度法、7 级度法、9 级度法、10 级度法等。一般常用的是 3 级度法、5 级度法和 7 级度法，尤以 5 级度法最常见。

顾客满意度级度，可以用数轴来表示，以 7 级度法为例，如图 2 - 3 所示。

```
-60 -50 -40 -30 -20 -10  0  10  20  30  40  50  60
```

| 很不满意 | 不满意 | 不太满意 | 一般 | 较满意 | 满意 | 很满意 |

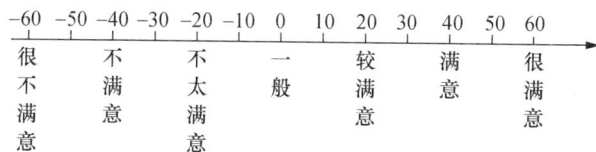

图 2-3 顾客满意度数轴

这个数轴含 7 个等级：很不满意，不满意，不太满意，一般，较满意，满意和很满意。给它们可以分别赋值为 -60，-40，-20，0，20，40，60，分数总和为零。在实际操作中，可按下面公式计算：

$$CSM = \sum X/N$$

式中，CSM 代表顾客满意度得分；$\sum X$ 代表调查项目的顾客评分和，N 表示调查项目的数量。CSM 得分高，表明顾客满意度高；反之，则低。以某产品为例，采用 5 级度法对此加以说明，如表 2-6 所示。

表 2-6 某产品顾客满意度 5 级度法计算

产品属性	质量	功能	价格	服务	包装	品位
满意级别	满意	较满意	很满意	满意	不太满意	一般
分值	40	20	60	40	（-20）	0
综合分值	$\sum X/N = [40+20+60+40+(-20)+0]/6 = 23.3$					

应当指出的是：①CSM 的界定是相对的，因为满意虽有层次之分，但毕竟界限模糊，从一个层次到另一个层次并没有明显的界限。之所以进行顾客满意度级度划分，目的是便于企业进行顾客满意度评价与分析。②CSM 是顾客满意度综合评价的结果，未考虑分析影响顾客满意度的相关因素。顾客满意度级度，也可用外在表征来描述，仍以 7 级度法为例，如表 2-7 所示。

2）顾客满意率。顾客满意率（Customer Satisfaction Ratio，CSR）是指在一定数量的目标顾客中表示满意的顾客所占的百分比，也是用来测评顾客满意度的一种工具，即：

$$CSR = S/C \times 100\%$$

式中，CSR 代表顾客满意率；C 代表顾客目标数量；S 代表目标顾客中表示满意的顾客数量。

顾客满意率计算简单，但信息单一，仅有顾客满意和不满意信息，没有顾客可感知效果，计算的结果是百分比。因而不能进行同价比较，不能准确、完整地描述顾客满意度。

表 2 - 7　顾客满意度外在表征描述法

CSM	外在表征	具体描述
很不满意	愤慨、恼怒、投诉、反宣传	顾客在消费了产品或服务后感到愤慨、恼羞成怒难以容忍，不仅企图找机会投诉，还可能会进行反宣传以发泄心中的不快
不满意	气愤、烦恼	顾客在购买或消费产品或服务后所产生的气愤、烦恼状态。顾客对此尚可忍受，希望通过一定方式进行弥补，也可能进行反宣传，提醒其他人不要购买同样的产品或服务
不太满意	抱怨、遗憾	顾客在购买或消费产品或服务后所产生的抱怨、遗憾状态。顾客虽心存不满，但往往就将就了
一般	无明显正负情绪	顾客在购买或消费产品或服务后感到无所谓好或差，还算过得去或凑合
较满意	好感、肯定、赞许	顾客在购买或消费产品或服务后所产生的好感、肯定、赞许状态。顾客虽不是感到满意，也与其要求有差距，但比上不足，比下有余
满意	称心、赞扬、愉快	顾客在购买或消费产品或服务后所产生称心、赞扬、愉快的状态。顾客不仅对自己的选择给予积极肯定，还愿意向他人推荐
很满意	激动、惊喜、满足、感谢	顾客在购买或消费产品或服务后所产生激动、惊喜、满足与感谢状态。顾客不仅对自己的选择给予完全肯定，还积极向他人推荐

3）顾客满意度指数。顾客满意度指数（Customer Satisfaction Index，CSI）是一种完全从顾客角度测评一个企业、一个行业、一个产业乃至整个国家经济运行质量的新型指标，是运用了计量经济学的理论处理多变量的复杂总体，全面、综合地度量顾客满意度的一种指标。一句话，"CSI 是一种用特定的模型测量出来的产品或服务用户满意程度的指标"。从某种程度上说，CSI 是对 CSD 的改进、深化和发展。相比较而言，CSI 更能准确、完整、真实地反映顾客的满意度。目前，瑞典、德国、美国和中国台湾等国家和地区已相继采用了 CSI。有中国特色的顾客满意度指数 CCSI 也于 2003年初步确立并处于积极的完善之中（赵平等，1997，1998，1999，2001，2003；南剑飞等，2002，2003，2004）。

（2）顾客满意度的实施。买方市场条件下，顾客满意度（Customer Satisfaction Degre，CSD）成为现代企业的生命线。如何实施呢？从系统论的角度看，企业除了制定 CS 战略外，还有必要构建一个科学、客观、全面、系统的 CSD 实施体系。这一实施体系以达成实现顾客满意度为轴心，包括顾客满意度的调查研究系统、测量评价系统、改进提高系统、监控管理系统、员工支持保证系统、企业高效运作系统、全面创新系统和文化保障系统等，如图 2-4 所示。

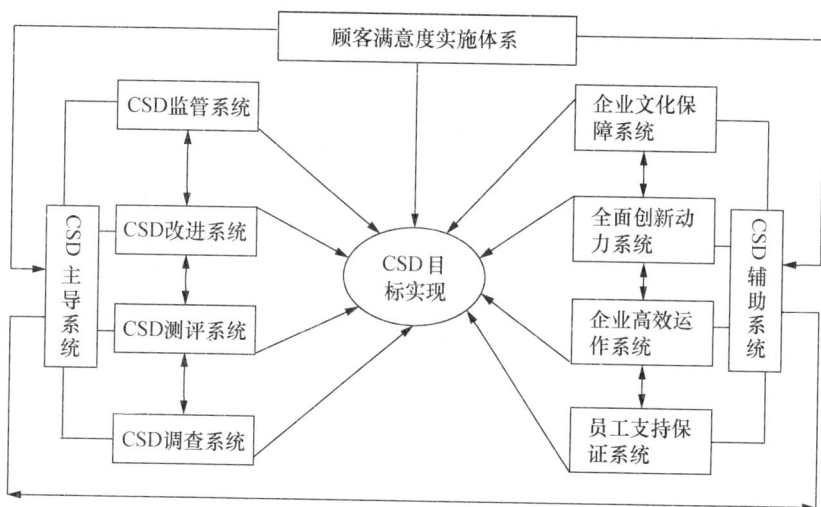

图 2-4 顾客满意度实施体系

其中，前四个系统是主导系统，后四个系统是辅助系统。各个系统之间环环紧扣，逐层递进，相互影响，相互制约，彼此作用，浑然一体，不可分割。

综上所述，CSD 实施体系各系统既相互影响，相互制约，又彼此交叉，彼此渗透，浑然一体，不可分割。在具体实施 CSD 时，只有结合企业改革与发展的现状，从实际情况出发，抓住重点，兼顾其他，多管齐下，协调发展，形成合力，方可产生最佳效果（南剑飞，2008）。

本研究认为，在品牌原产地虚假的背景下，消费者会对犯错品牌产生负面情感，作为犯错企业，要树立顾客满意理念，想方设法安抚消费者，减少负面影响。

三、文献小结

消费情感是消费者在消费活动中的一种情感反应。消费情感影响顾客满意，顾客满意是消费情感的一种表现方式，两者相互渗透，并且影响顾客购买意愿。本研究认为，在品牌原产地虚假的背景下，消费者会对犯错品牌产生负面情感，企业应树立顾客满意理念，想方设法安抚消费者，减少其购买意愿受损程度。

第六节 品牌信任与信誉危机

一、品牌信任

1. 信任及品牌信任

学者从不同的视角定义信任。营销领域中有代表性的信任定义如表2－8所示。

表2－8 信任的定义

研究者	年份	研究领域	信任定义
Schurr 和 Oranne	1985	市场营销	信任是一种信仰，认为交易伙伴的言语和承诺是可依赖的，在交易关系中，他将完成他的义务
Swan 和 Trawick	1987	市场营销	信任是即使预期到销售人员可能存在欺骗行为，消费者也会一样地采取信任行为
Swan 等	1988	市场营销	在不确定性情况下，对销售人员的情感信赖，在可能存在风险下，对销售人员仍有依赖的信念
Zaltman 和 Moorman	1988	市场营销（广告学）	信任是个体间和组织间一种关系状态。它影响着对对方行为的预期、对方可依赖性的评估以及在不确定的环境下，对对方反应的预见

研究者	年份	研究领域	信任定义
Crosby、Evans 和 Cowles	1990	市场营销	信任是消费者对销售人员可信赖（be Relied upon）的积极预期，认为销售人员会以消费者的长期利益（Long - term Interest）作为行事准则
Legance 和 Gassenheimer	1991	市场营销	信任是对所信赖的交易方的依赖意愿（Willingness），是对交易方有所依赖的行为意向
Ganesan	1994	市场营销	信任是对所信赖的交易方的依赖意愿，包括两个方面：可信性（Credibility）和真诚（Benevolence）

本研究认同 Ganesan 的定义，认为信任的本质是一种态度，是消费者对产品或服务的提供者的一种可信赖的意愿，一种可依赖的状态。

随着信任研究的深入，一些学者将信任与品牌联系了起来，开始研究品牌信任问题。表 2 - 9 是有代表性的品牌信任的定义。

表 2 - 9 品牌信任的定义

研究者	年份	信任定义
Lau 和 Lee	1999	品牌信任是在面临风险的情况下，消费者依靠某品牌的意愿
Geok 和 Sook	1999	品牌信任就是面对风险情况下，消费者对品牌产生依赖的意愿，并且相信品牌能创造积极结果
Chaudhuri 和 Morris Holbrook	2001	一般消费者信赖品牌履行其所声称功能的能力的意愿
Delgado - Ballester	2002	品牌信任是指消费者在其与品牌间互动上有安全感，是基于品牌对消费者利益及福利具有可靠（Reliable）及可信赖（Responsible）的认知
Delgado - Ballester	2003	在消费者面临风险的情景下顾客对品牌可靠性和品牌行为意向的信心期望
袁登华	2007	在风险情境下，消费者基于对品牌品质、行为意向及其履行承诺的能力的正面预期而产生的认可该品牌的意愿
徐岚、杨志林等	2008	消费者认为可以信任某一品牌的心理状态

本研究倾向于 Delgado - Ballester（2002）的定义，认为品牌信任的本质是一种品牌态度，是消费者对品牌的一种可信赖的意愿，一种可依赖的状

态，也就是说，品牌信任是消费者认为可以信任某一品牌的心理状态。

2. 品牌信任的维度

关于品牌信任的维度问题，大体有"一维"、"二维"、"三维"三种思想。Larzelere 和 Huston（1980）在研究人际信任时开发了一个单维信任量表，这个量表的 9 个项目中包含了可靠性、诚信和信心等方面的内容。Morgan 和 Hunt（1994）曾利用这一量表测量组织间的信任，他们认为真诚度和善行度只有概念上的区别，在操作上却难以分离。Fournier（1994）在研究品牌与消费者的关系框架时把品牌信任概括为一个维度，即消费者依靠品牌的信心程度。Erden 和 Swait（1998）认为品牌信任包括值得信任度（Trustworthiness）和专门技术（Expertise）两个维度。Elena Delgado - Ballester 等（2003）提出品牌信任结构包括品牌可靠度和品牌行为意向两个维度，经检验，该量表具有良好的聚合效度和区分效度。至于品牌信任的三维结构，主要有以下提法：Hess（1995）认为，品牌信任包含真诚维度、利他维度和可靠维度三维度；Geok 等（1999）认为，品牌信任包括品牌声誉、品牌可预知性及品牌能力三维度；Chaudhuri 等（2001）认为，品牌信任包括可信度、安全度和诚实度三维度；Patricia Gurviez 等（2003）提出，品牌信任包括品牌可靠度、品牌诚信度、品牌善行度；袁登华（2007）基于中国消费者进行实证分析，认为品牌信任主要包括消费者对品牌的品质信任、善意信任和能力信任。本研究中的品牌信任采用 Delgado 等（2002）的观点。

3. 影响品牌信任的主要因素

文献检索发现，影响品牌信任的因素很多。经文献整理，本研究发现了影响品牌信任的主要因素，具体如下。

一是产品质量。Kennedy、Ferrell 和 LeClair（2001）研究证明，产品质量（Product Quality）是消费者对制造商和销售人员产生信任的原因之一。金玉芳和董大海（2004）研究发现，核心产品影响消费者对药房的信任，核心产品指药品的质量、药品的种类、同一药品的选择性。Johnson 和 Grayson（2005）研究发现，消费者对金融服务供应商的认知信任受到产品效果的影响。

二是诚信。Andaleeb 和 Anwar（1996）研究发现，销售人员的销售意图显著影响消费者对销售人员的信任（β 为 0.356）。Schoenbachler 和 Gordon（2002）发现，可信度（Credibility）对消费者信任有影响。Siau 和 Shen（2003）研究认为，网络信任（Trust in Mobile Commerce）形成延续期，诚信（Integrity）影响消费者对网络供应商（Mobile Vendor）的信任。Chen 和

Dhillon（2003）的研究认为，网络供应商（Internet Vendor）的诚信（Integrity）是影响消费者信任的因素之一。

三是声誉。Doney 和 Cannon（1997）研究认为，买卖关系中，对卖方公司的信任受到公司声誉（Reputation）的影响。唐庄菊、汪纯孝等（1999）对医患关系中消费者信任的研究发现，医院的声誉是消费者信任的前因之一。Jarvenpaa、Tractins 和 Vitale（2000）认为，消费者对商店声誉的感知（Percieved Reputation）影响消费者对网络商店的信任。Guenzi（2002）通过探索性因子分析和聚类分析发现，公司广告影响消费者信任。McKnight 和 Kacmar（2002）认为，消费者由于三个方面原因信任网络供应商，其中之一便是供应商的声誉。

二、信誉危机

1. 企业信誉内涵

信任是借助于信誉机制维持的（Macauley，1963；Greif，1993），有信用才能建立起信誉，当主体建立起自身的信誉后，就更容易得到别人的信任，因为在信息不对称的环境下，信誉是反映信誉主体可信任度的信号，使有合作意愿者节约了信任的搜寻与甄别成本，能够降低不确定性和人们信任的风险。好的信誉能赢得人们的信任甚至忠诚，而不好的信誉只能让人们产生不信任感，使失信者失去当期的和未来潜在的交易机会。所以，信誉成为激励和约束人们行为的一种机制。信誉在英语中翻译为 Reputation，牛津词典解释为 "The General Opinion About the Character, Qualities, Ect of sb or sth"。信誉是对经济组织的信用和名誉的总体评价；企业信誉是企业行为能力的一种表现，是企业能否履行其诺言的一种标识度（徐鸿，2001）。企业信誉是指企业在市场经济的运行中所获得的社会评价，是企业在社会上公认的信用和名声，企业信誉是企业的一种无形资产和生产力，也是企业在市场经济中获得竞争优势的法宝。经济学认为，信誉是"诚实交易、信守合约"所获得的声誉（夏瑞霞，2006）。企业信誉与其能否兑现承诺密切相关（Milewicz 和 Herbig，1994）。从消费者角度看，企业信誉可以从企业对待竞争者的态度中反映，以及从公司是否有能力履行其所应承担的义务方面来度量（Aaker，1996；Fombrun，1996）。信誉好是对公司恰当从事业务的认可，这直接影响公司的可信赖度，决定消费者是否相信公司发布信息的真实性。信誉表征了公司宣言的真实性，以及其承诺与真实能力的相符性，也是塑造企业形象的重要因素（Gregory，1998）。当一个企业诚实守信，时时都能履行其诺言时，该企业的信誉一定良好。市场经济就是信誉经济，良好的信誉不仅是声誉的基础，更是企业生存的基础，履行合同及其对消费者的承诺应成为企业生存发展的基本准则，失去公众的信任则意味着彻底的失败。

2. 企业信誉危机

张维迎（2001）认为，"企业品牌+信誉"就是企业的核心竞争力。然而频繁的品牌失信，导致企业信誉危机随之发生。刘艳（2004）认为，信誉危机指企业的信誉下降，失去公众的信任和支持而造成的危机；夏瑞霞（2006）认为，企业信誉危机是指企业由于管理不善或操作不当，使企业的信用和名声在市场中、社会上的威信下降，对企业的经营造成不良影响，使企业处于可能发生危险和损失之状态中。本研究认为，企业信誉危机是指企业由于自身经营管理不当，从而使企业信誉下降、形象受损，并对企业的经营管理活动造成重大影响和破坏性的危机事件。品牌原产地虚假事件导致品牌危机，而这源于企业信誉危机。

3. 信誉危机管理

Heath Robert（1998）认为，任何危机都需要信誉形象管理。危机企业如何去引导那些身在危机之外的公众对企业及危机的看法和反应，就是信誉形象的危机管理。他指出企业"恰当的"信誉形象包括与危机前的态度和行为保持一致、真实反映组织的态度和行为、注意外部焦点处理及危机过后保持现有形象等内容。Michael Regester（1995）从危机公关角度出发，提出危机管理四纲要：做好危机准备方案、做好危机传播方案、做好危机处理工作和危机中传播工作及对危机处理技巧做了细致的案例分析。吕博和刘社方（2003）分析和研究了中小企业信誉危机及其产生的根源，并从完善外部环境、做好战略定位、确立市场信誉机制、发展中介组织及改善管理水平等方面，提出解决信誉危机的政策选择问题。姜向阳（2005）剖析了我国企业不注重信誉建设的原因，进而提出解决问题的一些基本思路。李继红（2006）指出信誉危机的产生有其深刻的社会根源、文化根源、思想根源。夏瑞霞（2006）应用危机管理理论、企业文化理论、公共关系理论、市场营销学等理论，从多个角度研究分析了企业信誉危机管理的问题，包括维护信誉的企业危机管理文化、防范企业信誉危机的策略和维护信誉的企业危机沟通策略等。臧书霞（2007）指出了重构企业信誉机制的紧迫性和重要性，并提出了相关的政策性建议。孙国俊（2008）分别从文化、制度、社会和思想等方面分析了企业信誉危机的成因，并从社会文化道德建设、制度建设、优化市场竞争环境、舆论氛围等层面提出了相应的应对策略。

综上所述，目前国内外学者对企业信誉危机管理的研究停留在描述状态及对策建议等定性层面，还缺乏对企业信誉危机事件的内在机理及实证分析。本研究认为，品牌原产地虚假背景下，犯错品牌要恢复市场、修复客户关系，完全可以从前人的研究成果及知名企业实践中学习，包括借鉴信誉修复策略。

三、文献小结

品牌信任的本质是一种品牌态度，是消费者对品牌的一种可信赖的意愿，是消费者认为可以信任某一品牌的心理状态。品牌信任有"一维"、"二维"、"三维"三种类型。影响品牌信任的因素很多，包括产品质量、诚信、声誉等主要因素。信誉是声誉的基础。信任是借助于信誉机制维持的。然而频繁的品牌失信，导致企业信誉危机随之发生。企业信誉危机是指企业由于自身经营管理不当，从而使企业的信誉下降、形象受损，并对企业的经营管理活动造成重大影响和破坏性的危机事件。品牌原产地虚假事件曝光后，不可避免会引发企业信誉危机。危机中的犯错品牌要恢复市场、修复客户关系，可以从前人研究成果与知名企业实践中借鉴信誉修复策略。

第七节　品牌形象与自我一致

一、品牌形象

1. 形象印象及声誉

在形象研究的文献中，经常提到形象（Image）、印象（Impression）和声誉（Reputation）（Coombs，2001）。对于形象的定义，主要包括两个方面：组织在公众面前所投射的宽广的印象（Cheney，1992）；公众脑海当中对某一对象所持有的总体印象的感知（Dichter，1985）。结合起来，可定义为：公众对一个人、一个群体或组织总体印象的感知，受该人、该群体或该组织语言和行为的影响（Benoit 和 Brinson，1999）。由此可见，形象和印象区别不大，常被作为同义使用，类似地，形象管理与印象管理也常被同义使用。形象管理是人们有意或无意（Schlenker，1980）地尝试着影响他人对自己印象感知的过程（Giacalone 和 Riordan，1995）。而声誉是一种驱动力（Hutton 等，2001），由一系列的属性和价值（如公司的责任心、诚信等）组成，这些属性和价值能够唤起人们对公司形象的感知。也有学者认为形象、印象和声誉之间的区别主要在于时间（Hooghiemstra，2000），形象代表暂时的感知，而声誉代表持续的、随时间推移不会发生变化的感知（Gray 和 Balmer，1998；Rindova，1997）。尽管如此，从根本上讲，他们都在强调个体或公众对组织的总体认知或感知。

结合研究需要，我们将形象、印象和声誉作为同义处理，采用 Newsom、Scott 和 VanSlyke Turk（1989）的观点：形象是个体或公众对一个人或组织的总体感知，它不是一幅图画，也不代表细节，只是对众多属性的模糊感知。

2. 品牌及品牌形象

一位营销专家曾说：与其拥有工厂，不如拥有市场；与其拥有市场，不如拥有该市场占统治地位的品牌。由此可见品牌的重要价值。那么什么是品牌呢？美国营销学会（American Marketing Association，1960）认为，品牌是指一名称（Name）、名词（Term）、标记（Sign）、符号（Symbol）、设计（Design）或上述的综合体，用以辨别卖方的产品或服务，以与竞争者的产品或服务作区别。Kotler（1999）以营销观点来看，认为品牌可以传送属性、利益、价值、文化、个性及使用者六种层次的意义给消费者。在产品日趋同质化，消费者需求日益多样化、个性化甚至挑剔化的买方市场下，品牌个性的价值与日俱增[①]。

另外，伴随着全球范围内的品牌价值的广泛关注，品牌形象研究日受追捧。那么什么是品牌形象呢？中外学者们的观点虽然有所差异，但比较倾向一致的看法是——消费者对某个品牌所形成的总体感知就是品牌形象，

---

① 曾旺明、李蔚、南剑飞：《同质化高卷入耐用消费品品牌个性高级性纬度的影响因素研究》，《统计与决策》2008 年第 1 期。

品牌形象是品牌在人们心目中树立的主观印象和心理投影（Alexander L. Biel，1993；Kootstra、Gert，2007；许晓勇等，2003；焦玻等，2004）。品牌的价值表现是品牌资产，品牌形象是品牌资产的决定性驱动因素（Alexander L. Biel，1993；Kevin 和 Keller，2003）。因为品牌资产来源是消费者的购买行为所产生的高市场占有率，而品牌形象正是驱动消费者产生购买行为的依赖性要素之一，因此品牌形象是品牌资产的基础，是品牌理论的基础性研究（卢泰宏等，2003；何孝德等，2006）。

3. 品牌形象的度量

关于品牌形象的度量问题，目前国内研究中使用比较普遍的测量维度包括罗子明（2001）的五维度测量，范秀成（2002）的四维度测量，Alexander L. Biel（1993）的三维度测量，如表 2 – 10 所示。

表 2 – 10 测量品牌形象的主要维度

维度提出者	主要测量维度				
罗子明	品牌认知	产品属性认知	品牌联想	品牌价值	品牌忠诚
范秀成	产品维度	企业维度	人性化维度	符号维度	
Alexander L. Biel	企业形象	产品形象	使用者形象		
王海忠、赵平	产品品牌形象	公司品牌形象			

表 2 – 10 中，罗子明（基于消费者视角）五维度测量的测量项目如下：

（1）品牌认知：提示的知名度、广告认知度。

（2）产品属性认知：品质认知、档次认知、功能认知、特色认知。

（3）品牌联想：词语联想、档次联想、使用者联想、品质联想。

（4）品牌价值：价格评价、价值评价。

（5）品牌忠诚：使用率、购买意愿、重复购买意愿。

表 2 – 10 中，范秀成（基于消费者视角）四维度测量的测量项目如下：

（1）产品维度：产品类别、产品属性、品质价值、用途、使用者、生产国。

（2）企业维度：品质、创新能力、对顾客的关注、普及率、成败、全球性与本地化。

（3）人性化维度：纯真、刺激、称职、教养和强壮。

（4）符号维度：视觉符号、隐喻式图。

表 2 - 10 中，Alexander L. Biel（基于消费者视角）三维度测量的测量项目如下：

（1）企业形象：国籍、规模、发展历史、市场份额、顾客导向程度、员工形象、社会公益状况、环保贡献。

（2）产品形象：价格、性能、技术、服务、产地、颜色、款式、设计。

（3）使用者形象：年龄、性别、职业、收入状况、受教育程度、个性、社会阶层、价值观、生活方式、兴趣爱好。

二、自我一致

1. 自我一致的定义

这里的自我一致即自我形象与品牌形象的一致性，简称自我一致。该概念首次由 Dolich（1969）提出。随后，Sirgy（1981，1982，1997）、Landon（1974）、Graeff（1996）、Zinkhan 和 Hong（1991）等学者对此概念与现象进行了深入研究。Sirgy 等（1997）把在消费过程中，产品使用者的形象与顾客自我概念相互作用产生的主观体验称为自我形象一致性。自我概念（Self - Concept）最早是心理学领域的一个概念，它指一个人将其自身作为客观对象时所具有的与其自己有关的所有思想和情感的总和（Sirgy，1982）。Onkvisit 和 Shaw（1987）指出，消费者的许多购买行为都是在他们对自身所拥有的形象直接影响下做出的。这一观点也得到了许多其他研究者的证实（Sirgy，1981，1982，1997；Ericksen，1996）。消费者自我概念与品牌形象一致性在品牌消费与决策过程中扮演决定性角色，并形成了"自我概念和品牌形象一致性理论"，简称自我一致性理论。国外已有的研究表明，由于产品/品牌的象征意义，自我一致性在引导消费者的偏好、满意度（Jamal，2007）、购买意愿（Ericksen，1996；Mehta，1999）、产品拥有、产品使用和产品忠诚度等方面是一个非常重要的因素（Onkvisit 和 Shaw，1987）。消费者购买产品时，自我一致性对其进行产品评估存在着正影响（Graeff，1996）。

2. 自我一致的测量

自我概念是一个多重结构的概念，我们拥有多少个社会角色就拥有多少个自我（卢泰宏等，2006）。许多学者认为应该包含两个主要的成分——现实的自我和理想的自我：①现实自我是指一个人实际上如何感知自己；

②理想自我是指一个人希望如何看待自己。理想自我是现实自我的参照点，如果两者之间存有差距，个体就会努力达到理想状态（Zinkhan 和 Hong，1991）。Sirgy（1982）区分了四种自我概念，除了上面提及的两个外，还包括社会自我和理想社会自我。社会自我是指一个人在其他人面前展示出的自己；理想社会自我是指一个人希望在其他人面前展示出的自己。Zinkhan 和 Hong（1991）的研究认为，对于在公共场合使用的产品或品牌来说，社会自我概念对品牌选择的影响比现实自我概念更大；反之，对在私下场合使用的产品或品牌来说，现实自我概念对品牌选择的影响比社会自我概念更大。当在公共场合使用或消费时，消费者希望通过使用某一产品或品牌向他人展示自我；在比较隐私的场合中，消费者会觉得没有必要向他人展示。Quester（2000）的研究也发现，针对不同类型的产品的评估，不同维度的自我概念有着不同的表现，对功能性产品来说，消费者会将产品形象与现实自我概念进行匹配；对象征性产品来说，此类产品代表着一个人的品位、身份、社会地位和社会阶层，消费者比较在意他人的看法，因而会使用社会自我概念进行匹配。Quester 研究选择比较了现实自我和理想自我两个维度上的差异性。自我概念维度中的现实自我在很多研究中都会被测量，而其他维度的自我概念可能会根据研究主题和研究者的目的而有不同选择。对自我一致性变量的测量，Escalas（2003）、Julie（2005）、Govers 和 Schoormans（2005）、Susan（1994）以及贾鹤和刘佳媛等（2008）进行了研究。刘世雄（2009）在前人研究基础上，分别通过 10 个语句测量赠礼者自我一致性以及受礼者自我一致性问题。

3. 自我一致对购买意愿的影响

自我一致性（Self - Congruence）最常运用于品牌个性与消费者人格特性的联结上，因为人们常会选购与自己形象一致的品牌（Kassarjian，1971；Sirgy，1982）。消费者倾向使用与自身个性相仿的品牌，或是与自己期望个性相同的品牌，以品牌个性展现自我的感觉（Sirgy，1982；Belk，1988），此种感觉会受到和对自我本身有意义的他人互动的影响。Onkvisit 和 Shaw（1987）研究指出，消费者倾向购买自我概念与品牌形象具有一致性的产品，而 Graeff（1996）的研究则发现，消费者对自我概念与品牌形象具有一致性的产品评价较高。Hawkins、Best 和 Coney（1997）认为营销者在利用消费者自我概念作为相关的营销工具之前，消费者心中的自我概念与品牌形象必须要有关联性。品牌形象和自我概念的一致性会影响消费者的购买及消费行为，进而影响消费者所期望的或实际所得的满足感。何宏伟（2006）研究指出，由于传统文化的影响，中国消费者在品牌选择时会考虑真实自我和社会自我，并且这两个维度对满意度影响显著。刘世雄（2009）聚焦自我概念的两个维度，即现实自我和社会自我，研究发现赠礼者自我概念一致性和受礼者自我概念一致性对消费者礼品购买意愿有直接的影响；不同类型的自我一致性对购买意愿有不同强度的影响，赠礼者社会自我一致性对购买意愿的影响最为显著。这就意味着，在品牌原产地虚假的背景下，品牌形象与自我形象不一致或者说存在冲突，那么顾客的购买意愿将可能受损。

三、文献小结

形象是个体或公众对一个人或组织的总体感知。消费者对某个品牌的总体感知就是品牌形象，品牌形象是品牌资产的决定性驱动因素，其测量包括多个维度。产品是品牌的载体，产品使用者的形象与顾客自我概念相互作用而产生的主观体验，就是自我形象一致性，简称自我一致。自我一致性会影响消费者的购买意愿及购买行为。本研究基于品牌原产地虚假背景，认为品牌形象与自我形象不一致或者说存在冲突，顾客的购买意愿将可能受损。对于自我一致的测量，本研究遵循研究传统，主要从现实自我和社会自我两个方面进行测量。

第八节　价格促销

一、定义功能

1. 价格促销的定义

对于价格促销不同的学者有不同的定义。Harrison J.、Hitt M. A.、Ireland R. D.（1991）认为价格促销是营销组合的重要部分，它是指厂商或渠道参与者刺激顾客增加购买量的一种营销手段。Blattberg 等（1995）认为，价格促销是提供给顾客的临时价格减让。Raghubir 等（1999）认为，价格促销是营销组合的重要部分，它是指厂商或渠道参与者在某个特定的时期通过降低某种品牌的产品价格，或增加单价品牌数量，去提高客户价值，增加客户购买刺激的一种营销手段。Michel 等（2001）认为，价格促销是企业促进销售增长的重要手段，其通过提供短期性的价格减让刺激（如打折、现金返还、特价、优惠券等），促使消费者更快、更多地购买特定产品或服务。国内价格促销研究权威韩睿和田龙志（2005）认为，"价格促销是厂商通过价格削减、打折和现金返还等形式来刺激产品更快销售、顾客更多购买，从而使销售增长的一种短期性的重要营销手段"。

Manjit（1998）、Lichtenstein 等（1998）、Folkes 和 Wheat（1995）认为，价格促销是通过影响顾客对所促销产品的价格感知而起作用的。也就是说，价格促销是以设法影响顾客的心理感知为目的，让顾客觉得促销期间的价格更具有吸引力而引发顾客购买冲动。临时促销活动能够显著地促进商品的销售，这是该领域里最基础的研究结论（韩睿，2005）。韩睿认为顾客对价格变动的感知和反应存在着一定的阈值，只有商品价格的调整幅度超过这个阈值，价格促销才会被消费者所感知。因此，在价格促销时，应当了解顾客的价格变动阈值。降价时，打折的幅度应当大于价格变动阈值，这样才能让顾客感觉到。

2. 价格促销的功能

价格促销在营销实践中受到了广泛应用，这主要是因为价格促销可以带来最直接的消费者反应——催化购买（Purchases Accelerating）和品牌转换（Brand Swithing）（Bell、Chiang 和 Padmanabhan，1999）。1988 年，Gupta 以咖啡产品探讨价格促销效应的研究发现，价格促销效应有 84% 表现为品牌选择，14% 表现为提前购买，2% 表现为贮存购买。Blattberg 和 Wisniewski（1989）的实证研究证明，不同产品类别之间促销销售增量的来源有较大差异，所以不能一概而论。Grewal 等（1998）认为把价格促销作为一种策略来研究极其普遍，对所有的商家和市场人员而言，在所有的可利用的促销工具中，价格是最有力的。价格影响消费者的购买行为，进而影响企业的利润。此后便有一批学者开始研究销售促进（主要是价格促销）对消费者品牌选择行为的影响（Chiang，1991；Chintagunta，1993；Buchlin，1998）。Chen 等（1998）认为，消费者购买决策在很大程度上受消费者对交易价格吸引力的主观感知影响，价格促销是销售商增进顾客所感知的价格吸引力的一种有效方法。Walters 和 Rinne（1986）认为对于零售商而言，通过广告宣传的价格促销能有效增加商店的客流量，显著提高商店的销售额。Francis J. Mulhern 和 Daniel T. Padgett（1995）研究了商店零售促销和正常价格销售量之间的关系，发现正常价格购买的量比促销购买的量要多。

价格促销的作用通过对购买意愿的影响实现。Shih – fen S. Chen（1998）等研究了建构价格促销信息对消费者认知和购买意愿的影响。在研究了零售商的价格促销后认为，不同价格区间的产品，促销方式不同，消费者感知不同。高价格的产品采取绝对金额促销对于消费者感知节省金钱而言要大于采取百分比价格促销。而对于低价格产品来说，情况则相反。

国内外价格促销费用的变化也实践性地证实了价格促销的作用。Srinuvasan 等（2004）指出，自从价格促销作为一个重要的营销组合工具在市场中应用以来，促销费用已经成为了大多数消费者包装物品市场预算的主要份额。在我国，各种促销费用结构比例在不断地发生变化，20 世纪 90 年代初期价格促销和广告促销比例为 4∶6；2000 年后逐步转变为 6∶4。由此可以看出，价格促销不仅在西方国家得到了广泛应用，我国同样是价格促销实践的主流地区之一（卢泰宏等，2003）。只是现在欧美学者以欧美市场和欧美消费者为研究对象展开促销效果实证研究的比较多，但在我国实证研究文献较少（韩睿和田志龙，2005）。

二、主要影响

1. 多维性影响

价格促销的争议问题之一是价格促销是否对产品的销售有长期的负面影响，但该问题直到如今尚无定论（韩睿和田志龙，2005）。由于促销的力度、频率、产品品牌等诸多不同，价格促销带给市场的影响也不一样。Blattberg 和 Neslin（1990）明确指出价格促销的冲击不能限定为即时的影响。购买加速可能造成促销后的陷阱，比如占用未来的购买量等。Ailawadi 和 Neslin（1998）的研究结果表明，有进行促销活动的企业比没有促销活动的企业更能影响消费者的购买意愿；Raghubir 和 Corfiman（1999）发现，价格促销对于服务使用前的评价不见得是正向的，但有助于新产品上市或已上市的产品推广至新的消费族群的促销方式，也就是说促销诱因的使用有助于提升新消费者的购买意愿。Tremertsch 和 Tellis（2002）进一步验证消费者在选择某项产品组合时，会因为优惠的价格而产生对于此商品的兴趣，进而购买该产品或服务。

Dodson、Tybout 和 Sternthal（1978）用自我感知理论解释了促销的负面结果。如果一个消费者总是在促销的时候才去购买产品的话，那么消费者去解释自己行为时很可能认为他们的购买是因为促销才产生，而不是因为他们真正喜欢这个品牌。这种结论会导致消费者对这个品牌产生负面的态度，从而减少重复购买的可能性。Grewal 等（1998）发现，价格打折能提高交易量，但会对品牌感知质量和内部参考价格带来负面影响，也会伤害到商店的整体形象。Jedidi、Mela、Gupa（1999）研究发现，长期价格促销对消费者的品牌最终选择和品牌价值有重大负面影响。Villarejo‐Ramos 和 Sanchez‐Franco（2005）发现，价格促销对洗衣机的品牌权益、品牌忠诚、品牌意识和品牌形象有负面的影响。

Diamond 和 Campbell（1989，1992）先是证明重复的折扣会减少产品的参考价格，但随后研究发现没有明显的影响。Kahn 和 Raju（1991）研究表明，对于次要品牌，价格折扣对惰性的消费者行为比对见异思迁的消费者行为会产生更大的影响。而对于一个主流品牌，价格折扣对见异思迁的消费者行为的影响比对惰性消费者行为的影响更大。Krishnamurthi 和 Papatla（2003）不仅证实了过去普遍认为价格促销存在的增加消费者价格敏感度和降低消费者品牌忠诚度的负面影响，同时研究了促销对销售和利润产生的负面影响，认为价格促销对促销期间购买行为和促销过后购买行为均有负面影响。Srinuvasan 等（2004）通过大规模调查发现，价格促销对他们的收入及获利的影响是：其一，价格促销不会长期给厂商带来持久性的收益；其二，价格促销对制造商收益有相对持久的正面影响，但对零售商的收益的影响不确定。韩睿（2005）研究了打折、买赠与返券三种形式以及不同语义线索对消费者感知的影响。研究结果表明，打折促销对消费者内部参考价格的负面影响最大，但消费者对打折促销的价值感知与购买意向都是最高的，返券促销这种形式得到的评价和反应是最差的；当促销广告所涉及的商店品牌和产品品牌信誉都高时，采用零售商来源语义线索的广告可得到相对更有利的评价；当促销广告所涉及的商店品牌和产品品牌信誉都低时，采用制造商来源语义线索的广告可以得到相对更有利的评价。

2. 差异性影响

（1）不同价格促销方式的影响。Chen 等（1998）研究了消费者打折和优惠券两种促销方式对消费者价格感知和行为意向的影响，发现在优惠券方式促销时，消费者对零售商所宣称的产品常规售价信任度更高一些，视为永久价格下降的信号的可能性更小些，对消费者购买意向的改变可能性要更大些；之所以出现这样的情况，可能是消费者怀疑零售商会先涨价然后再打折。而优惠券因为只是针对特定的客户使用，如果零售商先提价的话，将会影响到所有的顾客，这样并不利于商家的竞争。他们的研究发现，优惠券促销能够更有效地增进消费者所感知的交易价值，同时特权感更进一步增加了使用优惠券的感知价值。因此，只要消费者不需要太多的成本用于优惠券的收集与赎回，消费者对优惠券促销的商品会有更强的购买意愿。

Munger、Grewal（2001）研究了赠品、打折、现金返还三种促销方式对消费者的感知质量、感知价值、价格接受程度、购买意向的影响，发现消费者对提供可选择的免费赠品这种促销方式评价最好，打折次之，现金返还效果评价最差。Folkes 和 Wheat（1995）比较了打折、优惠券、现金返还这三种价格促销形式，发现打折与优惠券在降低消费者对未来价格的预期方面没有显著区别，现金返还对降低未来的价格预期效应最低。Hardesty 和 Bearden（2003）发现，在促销力度较低或中等时，顾客对于打折和返券两种促销方式的评价很相似。Laroche 等（2003）研究了消费者对优惠券促销、买赠促销的反应差异，发现在优惠券促销时，消费者更倾向于购买贮存备用，他认为，这可能是优惠券有时间限制的原因。而买赠促销时消费者更多倾向于等家里的存货用完后再购买。促销力度也会影响消费者对交易价值感知。Hardesty 和 Bearden（2003）发现，在促销力度高时，消费者更偏好打折促销形式。但是在不同的购买类型情形下，相同的促销力度对消费者感知的交易价值有无不同，现在还没有人进行过相关的研究。一般认为，商品价格不同，促销所提供给消费者的实际优惠金额会有很大的差异。比如，同样是 10% 的优惠，对于洗衣粉而言，可能只有很低的让利，而对于洗衣机而言，优惠让利幅度可能高达几百元。这种差异带给消费者不同的利益水平，因而使用倾向也不同。

（2）对不同品类的影响。Vincent R. Nijs 等（2001）研究了价格促销对品类的影响，发现价格促销在需求弹性上的影响较大。但即便是经常性的价格促销会增加这种影响，也不能对品类销售形成持久的影响。Vincent R.（2001）认为非价格促销，诸如广告等降低了价格促销的影响。这种影响短期可能持续10周，长期影响接近于零。越是在垄断的品类，价格促销的影响越小，但是对易腐烂产品而言，价格促销作用则较大。Koen Pauwels 等（2002）在研究价格促销对品类影响、品牌选择、购买数量的长期影响问题时也证实了价格促销对可储存产品和易腐烂产品的不同影响。Hardesty 和 Bearden（2003）研究发现，在促销力度较大时，在优惠现金金额和优惠百分比两种促销手段中，顾客更偏好百分比的形式。Alba 等（1994）通过研究每日低价（Everyday Low Pricing）、高低定价（Hi - Low Pricing）两情境下打折的频率和幅度对顾客价格感知的影响，发现被调查者往往认为经常浅幅度打折的商店总体价位比偶尔深幅度打折的商店价位更低。Bitta 等（1981）研究广告上的价格折扣程度对消费者感知的影响，发现广告上的价格折扣程度越高，消费者所感知的价值越高。价格促销引起的销售规模的迅速上升可能来自于品牌转换（Gupta 1988）、价格促销的类别延伸效应影响（Chintagunta，1993；Van Heerde，1999）。Eric T. Anderson 和 Inseong Song（2004）研究了价格促销和优惠券促销之间的协调问题。该研究发现，当少数消费者有中度的优惠券兑换成本时，在优惠券活动中降低零售价可能是最优的。该研究认为优惠券的兑换、货架标示价格、优惠券面值之间存在关系。当小面额优惠券给顾客时，货架标示价格可能会被降低。同时，优惠券的功能对于低零售价格更有效。

三、文献小结

综上所述，价格促销是厂商通过价格削减、打折和现金返还等形式刺激产品更快销售、顾客更多购买，从而使销售增长的一种短期性质的重要营销手段。价格促销的作用通过对购买意愿的影响实现。价格促销存在多维性影响和差异性影响。本研究侧重于探讨原产地虚假背景下的犯错品牌，如果事后采取价格促销策略，那么实际效果如何，对购买意愿有何影响，影响程度如何。

第九节 消费者态度

一、消费者态度及影响因素

1. 消费者态度的定义

态度是心理学研究中非常重要的研究议题。美国心理学家 Allport（1954）认为，态度是社会心理学中可能最清晰和不可替代的概念，甚至可以取代普通心理学中诸如本性、情感等模糊不清的概念。他认为态度是一种既成的神智状态，通过对以往消费经验的组织，在所有与之相关的对象和情景反应中发挥直接的和强有力的影响。Murphy、G. L. B. Murphy 和 T. M. Newcomb（1937）认为态度主要是一种既定的或倾向于支持或反对特定事物的心智状态。Enslish H. B. 和 A. C. English（1958）认为，态度是一个人以一致的方式对特定的对象所持的习得性预存倾向。Krech D.、R. S. Crutchfield 和 E. L. Ballachey（1962）认为，态度是一种持久的心理系统，其由对某一个社会对象的正面或反面的评价、情绪的感觉、支持或反对的行为倾向构成。

国内学者符国群（2004）认为，消费者态度是消费者对某一事物或观念所持有的正面或反面的认识上的评价、情感上的感受和行动上的倾向。这意味着，在符国群教授看来，所谓的消费者态度，就是消费者的一种或正面或负面的认知评价、情感感受及行动倾向。郭国庆（2003）认为，态度是指一个人对某物或观念的评价、感受以及由此导致的行为倾向。此外，于丹（2007）认为，态度是个体或群体对人、对事物所持有的评价性系统和心理反应倾向。它既是一种评价，又是一种倾向性的心理准备状态①。

尽管学术界对态度的定义并不相同，但被普遍认同的一个观点是：对某一对象的态度是对该对象持有的一致的喜爱或不喜爱的心理倾向（All-

---

① 于丹：《品牌购买理论研究—理性行为理论——以在品牌购买情境下的深化与拓展》，大连理工大学博士学位论文，2007 年。

port、Gordon W.，1935）。综上所述，我们认为：态度是通过后天的学习和经验形成的，是一个人对某些标的物或观念存在一种持久性的喜欢或不喜欢的评价、情绪性感觉及行动倾向。态度的主要构成因素包括认知因素（信念）、情感因素（情感）与行动因素（行为意向）。而且，态度一旦形成，不会轻易改变。

2. 消费者态度与行为意愿

态度是营销调研学关注的核心内容之一。Engel、Blackwell 和 Miniard（1995）针对信念、感觉、态度、行为意向与行为的关系所提出的模式中（见图 2 - 5），认为消费者对某一标的物的整体评估，是由其对该标的物的信念与感觉所决定的，消费者对某一标的物的态度会决定消费者的行为意向，而消费者的行为意向会进一步地影响最终行为。

除了 Engel 等（1995）指出消费者的行为意向与态度有关外，许多早期消费行为理论，诸如 Fishbein 模型、Fishbein 的理性行动理论（Theory of Reasoned Action）都指出，个人的行为是其行为意向的表现，其行为意向则是受其态度的影响（郑柏埙，1994）。Ajzen（1991）所提出的计划行为理论（The Theory of Planned Behavior）也指出，态度是消费者行为意向的决定因素。

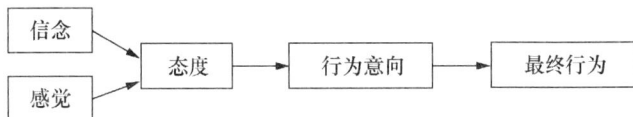

图 2 - 5　信念、感觉、态度、行为意向与最终行为的关系

资料来源：Engel J. F.，R. D. Blackwell，P. W. Miniard，"Consumer Behavior"，8th ed.，New York：The Drydden，1986，p. 368.

现在很多学者很好地预测了意向与行为之间的关系，发现消费者的态度是消费者购买行为的一个有用的预测器（Knox S.，1989）。Goerge Katona（1960）的研究也印证了汽车购买态度与实际行为之间的密切关系。

国外有的学者研究发现，消费者态度与行为之间并不是单向的影响，也就是说，不仅是消费者态度决定了消费者行为，有时候是商家的行为影响到了消费者的态度，从而影响到消费者的购买意愿。Melody M. Tsang 等（2004）研究了手机广告和消费者态度之间的关系及影响，开发出了测量手机广告态度的工具，发现消费者态度和消费者行为之间的直接相关，在没有预约的情况下向消费者发送手机短信广告会引起消费者反感，这时候，消费者对广告产品的消费意愿明显降低。

郭国庆（2007）对消费者的态度和行为之间的互相影响做了研究，发现消费者的态度能够影响行为，同时消费者行为也能影响以后的态度。他认为三种情况可能产生行为对态度的影响：认知和谐、学习和预期。也有研究表明，态度与行为时间间隔也有关系。两者一致性与时间负相关，间隔时间越短，态度与行为的一致性越高（屠文淑，2002）。周应恒等（2004）利用消费者对食品安全的总体评价和消费者对食源性健康风险的评价研究消费者对食品安全的态度，认为食品安全信息通过影响消费者的态度而影响到对食品的购买意愿；消费者在受到一定的信息强化刺激后其行为会发生明显改变。

Stephen（1999）认为，态度由三个要素组成，一是信息基础，二是态度，三是态度的行为倾向，即态度感好就倾向于支持或选购，不喜欢就倾向于反对或放弃。

现有的研究已经证明，消费者的购买过程是：首先在信息刺激下，形成对某一产品或服务的态度，然后才产生购买意愿，最后决定是否购买。其中，信念与感觉是态度的决定因素，而行为意向则不被视为态度的决定因素，反而是态度决定了行为意向。在品牌原产地虚假的背景下，面对顾客购买意愿受损的严重现实，企业通常会采取积极的市场修复策略。这种市场修复策略的实质是顾客修复策略，作为一种特殊状态下的外在信息刺激，势必直接作用于消费者态度；消费者对这种刺激的态度倾向决定了其购买意愿，也决定了修复策略的效果。这构成了本书将认知态度和情感态度作为修复策略测量指标的理论基础。

3. 消费者态度的影响因素

一般认为，风险和利得是态度的重要决定物，感知风险被认为与态度负相关，感知利得与态度正相关，巨大的感知价值会补偿一部分感知风险（Frewer 和 Shepherd，1995）。由于感知风险和感知利得受多因素影响，因此许多因素都会影响到消费者态度。比如对基因食物的研究发现，最少7个方面的因素影响消费者态度：相关知识、对环境和自然的态度、对科学技术的态度、对食物的恐惧感、规则信任、兴趣、价格敏感（Lone Bredahl，1998）。

态度的主要影响因素包括消费者信念、产品口碑、消费者情感、信息传播和社会氛围。

（1）消费者信念。消费者信念是消费者对某一事物的属性及其利益所持的基本看法。消费者通过多种途径获得相关信息，形成对某一产品、品牌的信念。由于人的认知能力有限，一般情况下，消费者大部分信念都处于"睡眠"状态，只有很少一部分被消费者有意识地加以运用。这些被消费者激活使用的信念在心理学上被称为显著信念，对消费者态度具有决定性作用。所以，对显著信念的影响成为认识和把握消费者态度的关键。

相关研究表明：被激活信念的选择，取决于消费者当时所接受的外部环境的刺激。通常，环境的刺激、事件、消费者情绪、消费者价值等都会影响显著信念的形成，进而影响消费者的态度。消费者在受到促销的引诱或特定环境或情境的影响时，有可能先采取购买行动。但是在购买并形成对所购产品或服务的态度后，会影响其后续购买行为（郭洪仙，2004）。

（2）产品口碑。郭国庆（2007）认为，口碑信息对消费者态度起重要作用。Wilson 和 Peterson（1992）认为，一致的口碑信息对态度具有强化作用。口碑信息的接收者会依据与以前信息的一致性来判断并过滤口碑信息。在某些场合，通过自身体验建立了对产品或服务态度的消费者，会与周围有关系的人分享他对产品或服务的态度。显然，如果之前消费者对产品或服务的态度是正面的，那么新的正面口碑信息会强化消费者的这种态度。反之亦然。当消费者接收到的信息与之前的态度不一致时，消费者会沿着口碑信息的方向修正态度，特别是当消费者对某项特定产品或服务缺乏信心时。如果消费者对品牌的态度不坚定，口碑信息会很容易改变消费者态度。但如果消费者是基于自己直接使用产品而建立的品牌态度，不相一致的口碑信息想要改变消费者的最初态度，则非常困难。

当消费者认为信息的来源可靠时，较容易接受这些消费信息并依据这些信息修改或重新建立自己对某种产品或服务的态度。口碑信息的提供者往往被消费者认为是没有明显的误导动机的人，因此是颇具影响力的信息来源。也有观点认为，口碑沟通是一种体验传递机制。在消费者对产品和服务的使用感觉存在风险的时候，他会渴望了解该产品的实际使用情况，也即体验。这时候最好的办法就是听听别人的评价，以提供很好的借鉴（Silverman，1997）。

宋永高（2004）对品牌的态度是消费群体通过组织经验和情感体验形

成的对该品牌的正面或反面的评价，并由此产生的倾向于购买或不购买该品牌产品的心理状态。作者对国内的消费者和潜在的消费者对国内企业品牌的态度进行了研究，认为国内消费者更倾向于选择跨国公司的品牌产品。

（3）消费者情感。态度开始被认为是消费者对行为的总体性评价，是由显著性信念决定，进而导致行为意向，最终影响行为的。现在很多学者注意到，在这个信念到行为的过程中并没有充分地注意决策形成过程中的情感影响。

事实上，一些研究者已经发现情感能够直接影响态度。Edell 和 Burke（1987）研究发现，基于认知模型的测量影响与信息来源的情感相关。显然，忽略了情感对消费者个体的作用，就会妨碍我们对各种的消费者行为的了解。

态度常常被认为是由三个维度构成的（Bagozzi，1979），但是很多的社会心理学家仍然将态度看作是单个维度的概念。然而，越来越多的证据显示，情感和认知不仅在测量上有区别，而且对各自的前因与对行为决策的作用也不同（Traimow 和 Sheeran，1998）。

（4）信息传播和社会氛围。消费者对口碑信息的卷入程度越高，口碑信息对消费者态度的影响作用越大。之所以如此是与口碑信息对消费者态度可能的作用方向有关。一般而言，口碑信息既可能与接收者最初的品牌态度相一致，也有可能与之相违背，这使得接收者处理信息的方式不同。与消费者最初的判断相一致的信息会引起消费者的共鸣，对不一致的信息会加以驳斥。因此，赞成态度的信息比违反态度的信息更具说服力。但是Jain 和 Maheswaran（2000）发现，具有强大论据的不一致信息确实具有说服力，即使消费者最初的态度非常难改变。

有研究证明，态度受周围环境和社会氛围影响。Nagourney（2002）以美国的立法者为例来验证自己的观点。2002 年，美国国会的许多立法者由于受"9·11"事件后的恐惧、愤怒和爱国热情影响，公开投票支持时任总统布什对伊拉克动武，但很多议员在私下里却持保留意见[①]。这说明某种特殊情况下，态度与行为可能并不一致，社会的氛围对态度有影响，同时也说明，态度有时候不一定完全等同于行为。

消费者的信念、产品品牌、消费者情感、社会氛围、产品信息的接收

---

① 戴维·迈尔斯：《社会心理学》，张国勇等译，人民邮电出版社 2003 年版。

与传播对消费者态度的影响说明，在品牌原产地虚假背景下，消费者的情感影响、事件发生后的负面信息传播、事件发生后的社会规范、事件发生后新闻媒体的报道等都会影响消费者对修复策略的态度，从而影响修复策略的效果。

二、消费者态度的测量问题

1. 态度测量模型

态度是观察和研究消费者行为的一个重要指标。对消费者态度的影响和改变会最终促成其购买行为改变。因此，通过测量消费者态度变化的方向及程度可以对产品和服务做出一个比较客观的评价（郭洪仙，2004）。态度是一种内在的心理过程，测量消费者态度的变化方向和程度有一定困难。西方学者 20 世纪 60 年代开始采用数学模型测量，在学术界得到普遍认可的两个态度测量模型是 ABC 模型和 Fishbein 的多属性模型。其共同点是，这两个态度模型都与购买意愿建立了联系。

ABC 模型的主要观点是：态度包括感受（Affects）、行为（Behavior）和认知（Cognition）三种要素。该模型的假设前提是消费者会尽可能地系统处理或利用相关信息，认为消费者是充分思考以后行动的。该理论模型将态度在三要素之间分为不同的生效层次：高度参与层次、低度参与层次和经验层次。该模型中的认知要素是指人作为态度主体对于态度客体的知觉、理解、观念和评判。认知包括对态度对象的认识、了解、评判，是在直接或间接经验的基础上形成的。感受要素是指在个体对态度对象的情绪反应中起主导作用的是个体情感。态度的行为要素是个体对态度对象的一种行为倾向。

Martin Fishbein 所设计的多属性态度测量模型得到广泛认可和应用。该测量模型集中研究消费者与产品或品牌多种属性相关的信念，因此被称为多属性态度模型。其理论基础是：消费者对某一产品或品牌的显著信念，引发消费者对该商品的态度。这些显著信念主要表现在该商品相关的若干属性上。如果分别把这些属性量化并加以计算，就可以测量出消费者态度值。Fishbein 多属性模型与传统的生效层次是相互关联的。如消费者期望的产品属性和品牌利益总是影响品牌的评估。另外，Fishbein 多属性模型还可以用来描述品牌评估与购买意图、实际购买行为之间的关系，即积极的

（消极的）态度会增加（减少）消费者购买的可能性，积极的购买意图也可能影响实际的购买行为。

2. 态度测量指标

由于研究视角的差异性，不同学者所使用的行为态度的测量方法也不尽一致。常见的对行为态度的测量方法分为两类：一是单维度测量，即将行为态度作为单个测量维度的概念进行测量；二是双维度测量，将态度划分为情感和认知两个维度进行测量。常见的行为态度测量如表 2 - 11 所示。

表 2 - 11　消费者态度测量表

来源	维度	测量	量表
Ajzen 和 Driver，1992	认知态度	渴望的—不想要的；有价值的—不值得的	语义量表
	情感态度	愉快的—不愉快的；有趣的—没趣的	
Eagly，1994	认知态度	值得的—不值得的；有用的—无用的	语义量表
	情感态度	高兴的—不高兴的；满意的—不满意的	
Trafimow，2004 等	认知态度	有害的—有利的；安全的—不安全的	语义量表
	情感态度	高兴的—不高兴的；美好的—令人厌恶的	
Jill Klein 和 Nriaj Dawar，2004	认知态度	很好的—很差的	语义量表
	情感态度	满意的—不满意的	
French 等，2005	认知态度	正确的—错误的；明智的—愚蠢的	语义量表
	情感态度	令人厌烦的—感兴趣的	
Grace 和 O'Cass，2005	认知态度	很好的—很差的；有吸引力的—无吸引力的	语义量表
	情感态度	满意的—不满意的；喜欢的—厌恶的	

三、文献小结

综上所述，消费者态度是消费者在消费活动中的一种认知评价和情感倾向。本研究侧重于探讨品牌原产地虚假背景下的犯错品牌，事后采取各类修复策略，消费者会如何反应，其态度有何变化。这事关对修复策略有效性的检验和测量。因此，通过消费者对各类修复策略的认知和情感测量，能在同一标尺下有效检测犯错企业所采取的修复策略在事后对消费者的实际影响效果。

第十节　购买意愿

一、购买意愿及理论基础

1. 购买意愿的概念

购买意愿，英文是 Purchase Intentions 或 Buying Intentions，是市场营销研究中非常重要的研究议题。Fishbein 和 Ajzen（1975）认为，意愿是指个人从事某特定行为的主观概率；将同样的概念延伸至购买意愿，即人们愿意采取特定购买行为的概率高低。Gary M. Mullet（1985）认为，消费者意愿是消费者对某一产品或品牌的态度，加上外在因素的作用，构成消费者的购买意愿。购买意愿可视为消费者选择特定产品的主观倾向，并被证实可作为预测消费行为的重要指标。Monroe 等（1985）提出，购买意愿是顾客将会购买此产品的一种行为倾向。因此，购买意愿可以被视为消费者选择特定产品的主观倾向和预测消费行为的重要指标。William B. Dodds、Kent B. Monroe 和 Dhruv Grewal（1991）指出，购买意愿是消费者购买某种特定产品或品牌的主观概率或可能性。Burton 等（1998）提出，购买意愿就是购买产品的概率、意向。Blackwell（2001）认为，购买意愿代表消费者认为自己想购买什么。我国学者许士军（1987）指出，购买意愿是消费者对整体产品评价后所产生某种交易作为，是对态度标的物采取某种行动的感性反应，即消费者对产品的评价或品牌态度，再配合外在因素的激发作用，便构成消费者的购买意愿。韩睿、田志龙（2005）认为，购买意愿是指消费者购买该产品的可能性。

综上所述，本研究认为，购买意愿是指消费者购买某种特定产品或品牌的主观概率或可能性。购买意愿是消费心理活动的内容之一，是消费者众多意愿中的一种，是顾客采取特定购买行为的可能性，是一种购买行为发生的概率。

2. 购买意愿与购买行为

根据 Ajzen（1985）行为计划理论，个体未来行为的预报器就是他的意愿。从一定程度上，行为意愿直接决定行为。一旦有机会行动，意愿将导致行为。因此要预测消费者行为，就必须了解消费者的意愿。购买意愿也是消费者意愿中的一种，要了解消费者是否采取特定的购买行为，就需要了解其购买意愿。

实证研究发现，购买意向确实可以相当准确地预测未来的行为。Banks（1950）与 Katona（1960）的研究发现，在承认自己有购买意向的消费者中，其实际购买率约为30%。

Sheppard 等（1988）发现，行为意愿和实际行为的平均相关系数为0.53。事实上，许多研究发现购买意愿与购买行为正相关（Morwitz、Steckel 和 Gupta，1999）。Van den Putte（2004）通过更深入的元分析方法，分析113篇关于意愿与行为关系的研究论文，发现意愿和行为的平均相关系数为0.62。Jang 和 Feng（2007）认为行为意愿对未来行为的预测是关键的。一些学者用心理学解释了消费者行为并将其划分为知、情、意、行、评五个阶段，其中"意"这个阶段是指消费者的购买意愿，有了购买意愿才能使消费者到达"行"的阶段，发生实际的购买行为。Zeithaml（1988）则认为，消费者的购买意愿将受到客观价格、认知质量、认知价值及商品属性的影响。依据上述的关系，认知价值与购买意愿有正向的相关性。价值的知觉越高，消费者就越有可能有兴趣购买此产品。

从现有的研究可以看出，购买意愿与购买行为的正向关系被大多数学者所肯定，普遍认为购买意愿不仅能有效代表消费者的购买行为，而且能够用来预测消费者的购买行为（冯建英，2006）。总而言之，消费者购买意愿直接与消费者购买行为相关，消费者购买意愿可以用来预测消费者购买行为。

3. 购买意愿的理论基础

购买意愿的形成机制、作用机理以及购买意愿的相关维度或构成，是购买意愿的理论基础。目前，学术界基于消费者理性人的基本假设出发，普遍认为消费者的购买意愿主要是基于消费者的感知价值和感知风险两大理论。

（1）消费者感知价值。1988 年，Zeithaml 将消费者价值定义为消费者对所能感知到的利得与其在获取产品或服务时所付出的成本进行权衡后对产品或服务效用的总体评价，即消费者价值实际上是消费者感知价值（Customer Pereeived Value，CPV）。消费者感知价值是消费者对所能感知到的产品带来的对其个人的利得与其为获取产品或服务所付出的成本进行权衡后对产品或服务效用的总体评价。他认为，在企业为消费者设计、创造、提供价值时应该从消费者导向出发，把消费者对价值的感知作为决定因素。消费者价值是由消费者而不是由企业决定的。Zeithaml 认为，价值收益包括产品的内部特性、外部特性、感知质量和其他高层次抽象概念。Zeitham 强调产品价值体系中消费者的导向作用和消费者对价值感知的重要性，通过引入感知、权衡、评价等心理学元素和收益、成本、效用等经济学的元素丰富了价值概念，认为消费者在价值的创立中处于决定性的地位，企业应该站在消费者的角度去审视其为消费者设计、创造、提供的价值是否是从消费者的角度出发，是否能被消费者接受。

Monroe 和 Krishnan（1985）研究认为，消费者的购买决策由购买该产品后其从中所获得的利得和为获得该产品所要付出的代价之间的比较决定。也即，对某产品的感知价值是源自该产品被消费者感知到的可能带给消费者个人的利得以及消费者为了得到该产品所需付出的感知代价。当感知利得远远大于感知代价时，对于消费者而言，其感知价值越大。Monroeand 和 Krishnan（1985）研究设计了感知价值模式中的感知代价的概念，但一直都没有学者加以验证过。后来有很多文献直接探讨价格感知价值的影响，发现价格与感知价值之间具有直接的负向关系（Dodds 等，1991；Sweeney，1999）。

后来，Wood 和 Scheer（1996）则扩大了 Monroeand 和 Krishnan（1985）的感知价值理论，认为感知价值是消费者从产品或服务中所获得的利益和为获得该利益所付出的成本的比较。产品利益包括产品的品质、产品的适用性等，而产品成本包括财务成本、精神成本。精神成本是风险成本，即感知风险。Wood 和 Scheer（1996）在 Monroeand 和 Krishnan（1985）的感知价值模型基础上，加上感知风险，发展了一个包括利得、财务成本、感知风险在内的整体感知价值评估模式。

从上述西方营销学者对感知价值的阐述中我们可以看出，所有学者对消费者价值的核心的认识是一致的，即产品和服务的价值不是由企业决定的，而是取决于消费者对该产品的价值感知。

（2）消费者感知风险。感知风险的概念最初由 Raymond Bauer（1960）提出。对感知风险，不同的学者有不同的定义。Raymond Bauer（1960）认为，感知风险是指消费者对自己的购买行为无法预测其结果的正确，所以，在顾客购买决策中会隐含着结果的不确定性，这种不确定性，就是风险。Reichel 等（2007）认为，感知风险指的是消费者对整体形势做出的感知并认为情况超出顾客的承受能力，从而影响到顾客行为。也有学者认为感知风险是消费者在购买产品或服务时所感知到的不确定和不利后果的可能性（Dowling 和 Staelin，1994）。

感知风险包括两层意思：一是决策结果的不确定性；二是错误决策后果的严重性（高海霞，2003）。决策结果的不确定性是指，由于信息不对称，产品和服务的结果在具体使用前不确定。比如，打算随某旅行社到某地旅行，旅行社的服务质量、未来参观景区的质量等是不确定的。错误决策后果的严重性是指，购买产品或者服务后可能的损失的重要性。

感知风险与消费者在购买产品时遇到的客观风险是有区别的，即感知到的风险与客观风险可能并不一致（Mitchell V. W.、Boustani Pari，1994）。Mitchell 和 Vasso（1997）发现，决定顾客是否到某地出行意愿的，不是事实也不是真正的风险环境，而是顾客感知的风险。也就是说，顾客的决策行为不仅是基于事实的判断，更多的是基于对风险的感知。由于信息的不对称，加上顾客个体的经历和心理，对风险的感知水平是不同的，每个个体的感知风险和真正的风险因此也会存在差异。

Cox（1967）认为，感知风险理论的基本假设在于消费者的行为是目标导向的。也就是说，消费者在每一次购买产品时，都有一组购买目标。当消费者主观上不能确定何种产品属性（如地点、产品、品牌、式样、大小、颜色等）最能满足其预期消费目标时，就产生了感知风险。或者，消费者在购买行为发生后，结果达不到理想目标时，所可能产生的不利后果。Cox 进一步将感知风险定义为购买前所感知的不利后果可能性和购买后果不利时感知不利后果的函数。Cunningham（1967）在 Cox 的基础上做了修改，认为感知风险是购前不确定性和购后后果的函数。后续有关感知风险研究大部分都遵从 Cox 和 Cunningham 的界定。

Cox（1967）在提出消费者感知风险的基本理论假设的同时提出了感知风险的构成，认为感知风险与财务或社会心理有关。Ctinningham（1967）认为，消费者感知到的风险，包括社会后果、资金损失、身体损失、时间损失、产品性能等。Cox（1967）和 Ctinningham（1967）将感知风险的研究领域拓展到对内容要素的探讨上。后来，诸多学者对感知风险的研究显示，感知风险是一个多构面的（Multifaceted）概念（Bearden 和 Mason，1975），并提出了不同的观念。Woodside（1968）认为，感知风险可以分为社会的（Social）、功能的（Functional）与经济的（Economic）三个构面。Roselius（1971）认为，感知风险包括时间损失（Time Loss）、危险损失（Hazard Loss）、自我损失（Ego Loss）、金钱损失（Money Loss）。Jacoby 和 Kaplan（1972）将感知风险分为五种：财务风险（Financial Risk）、功能风险（Functional or Performance Risk）、身体风险（Physicalrisk）、社会心理风险（Psychological Risk）、社会风险（Social Risk）。Peter 和 Tarpey（1975）在 Jacoby 和 Kaplan（1972）的五种感知风险上加入了第六项——时间风险。Stone 和 Gronhaug（1993）后来的研究证明，财务、功能、身体、心理、社会以及时间这六个感知风险对总的感知风险的解释能力达88.8%。

综上所述，感知风险理论在解释顾客购买决策方面，主要是把顾客行为视为一种风险承担行为，因为顾客在考虑购买时不能确定实际的购买结果，因此要承担某种风险。从某种意义上说，从消费者理性人的假设前提出发，可以认为顾客购买意愿实质是顾客对感知价值和感知风险的权衡与比较的产物。

二、购买意愿的测量问题

购买意愿的测量问题，就是要开发购买意愿量表。最早开发购买意愿量表的有 Aker 和 Day（1980）、Peterson（1982）、Smith 和 Swinyard（1983）等。目前普遍使用的测量标准是 11 级购买概率（Juster，1966）、7 级和 5 级购买可能性量表。Day、Gan、Gendall 和 Esslemont（1991）得出结论，Juster 的 11 级购买概率对购买行为提供的预测比其他意愿类型所提供的预测更充分些。Dodds（1991）提出了购买意愿的测量包括考虑购买的可能性、购买的可能性、购买产品的意愿等题项。Lee P. Joglekar（2005）用推荐可能性测量购买意愿：推荐给家庭或朋友、对他人说产品的积极方面、推荐给那些希望得到建议的人。Zeithaml V. A.（1996）用购买可能性测量购买意愿：产品价格上涨仍愿意购买、愿意支付更高价格获取产品。李镇邦（2007）用行为意图测量购买意愿：购买该产品是理智的、下次购买时还会考虑购买该产品、想亲身考察真实产品。

但是总体而言，现有文献中对购买意愿的测项，主要是购买可能性和推荐可能性（Gallarza 和 Saura，2006）。

应当指出：本研究借鉴了 Fishbein（1980）和 Dodds 等（1991）对购买意愿的测量量表的测项，但考虑到品牌原产地虚假的特殊情况，因此，舍弃"推荐的可能性"测项，主要从"考虑购买的可能性"和"购买的可能性"两方面测量品牌原产地虚假背景下的顾客购买意愿问题。

三、文献小结

综上所述，购买意愿是消费者购买产品的可能性，其测量包括考虑的可能性、购买的可能性和推荐的可能性三个方面。购买意愿直接与购买行为相关，可以用来预测消费者的购买行为。

第十一节　研究空白点与研究机会

综上所述，通过文献回顾，不仅总结了与本研究直接相关的品牌原产地研究、负面曝光事件研究、营销真实与营销伦理研究，还梳理了与本研究间接相关的消费情感、品牌信任、品牌—自我一致、价格促销、消费者态度、购买意愿等研究成果，并由此发现了研究空白点，得到了研究机会和启示，如表 2 - 12 所示。

表 2 - 12　基于文献综述的研究空白点、启示与机会

研究方向	研究学者	研究成果	研究启示与机会
品牌原产地研究	Schooler 等（1965）；Nagashima Han（1970）；Saeed（1994）；Papado-poulos（2002）；Steenkamp 等（2003）；王海忠、符国群、朱凌、田圣炳（2004，2006）；庄贵军（2006，2007）等	建立了品牌原产地理论框架，并且验证了品牌原产地效应的普遍性与客观存在性。除了重点关注西方国家，也对发展中国家进行了相应研究，特别是中国消费者的原产地形象效应问题研究	现有研究成果丰富且庞杂，但是中外学者尚未对品牌原产地虚假这一研究空间给予研究。现有研究成果可在一定程度上解释品牌原产地虚假成因

续表

研究方向	研究学者	研究成果	研究启示与机会
负面曝光事件（包括有关购买意愿受损影响因素研究）	Hans Hoeken、Jan Renkema（1998）；Celso Augusto de Matos、Ricardo Teixeira Veiga（2005）；Maxwell Winchester 和 Romaniuk（2000）；Weinberger、Romeo 和 Antes（1994）；Dwane（2004）；Griffin、Babin 和 Attsway（1991）；James（2002）；Jorgensen（1994，1996）；Coombs（2002）；Lee（2005）；Westwood（1997）；Robert（2004）；方正和李蔚（2007）；Siomkos（1992，1994）；王晓玉（2007，2009）	归纳了负面曝光事件的内涵、特征及分类。归纳了负面曝光事件的主要研究方向。归纳了负面事件背景下顾客购买意愿受损的原因或影响因素（形象破坏、声誉破坏、事件严重感知、事件责任归因、负面情感、惩罚信念、感知风险、媒体负面报道等）	品牌原产地虚假属于负面曝光事件，是公司道德型品牌丑闻或负面事件。在品牌原产地虚假特定背景下还有没有其他原因导致顾客购买意愿受损？在品牌原产地虚假特定背景下的购买意愿受损原因对购买意愿影响的权重是多少
营销真实与营销伦理	Baudrillard 和 Hunt（1983）；邓永成（2008，2010）；甘碧群（2004，2006，2008）；庄贵军（2004）；牛永革、李蔚（2006）；田玲、李蔚（2007）等	现代营销的核心主题之一就是真实。营销真实性分为原生或原创真实与仿造真实两大类。有营销真实性问题，就有营销虚假性问题。营销伦理是与营销情境、营销决策相关的道德判断的标准和规则。现实中，存在着种种非营销伦理行为	目前，尚未发现品牌原产地虚假这一营销非真实性和非伦理问题的研究
犯错品牌与品牌关系	Blackston（1992）；Schouten（1995）；Fournier（2001）；Haig（2003）；南剑飞、赵丽丽（2002）；卢泰宏、周志民（2003）；陈明亮（2005）；牛永革、李蔚（2006）；唐小飞（2007）；黄静和熊巍（2006，2007，2008）；徐伟青（2008）等	品牌犯错时常发生，犯错品牌不断涌现，并由此导致了品牌关系的断裂，品牌关系再续迫在眉睫。品牌关系再续实质是企业采取修复策略，赢回流失的顾客，重建品牌关系，重建品牌信任和顾客满意，促进企业发展	还有没有其他的修复策略？现有的修复策略的效果如何？现有的修复策略效果是否有限？为什么

研究方向	研究学者	研究成果	研究启示与机会
消费情感与顾客满意	Robert Westbrook（1980）；Frijda（1986）；Folkes（1987）；Lazarus（1991）；Bagozzi（1992）；Mano和Oliver（1993）；李蔚（1998）；韩小芸（2003）；汪纯孝（2006）；南剑飞（2003，2008）等	消费情感是消费者在消费活动中的一种情感反应。消费情感影响顾客满意；顾客满意是消费情感的一种表现方式，两者相互渗透，并影响顾客购买意愿。本研究认为，在品牌原产地虚假的背景下，消费者会对犯错品牌产生负面情感，企业应树立顾客满意理念，努力安抚消费者，减少购买意愿受损程度	在品牌原产地虚假背景下，顾客负面情感体验对购买意愿有何影响？影响程度如何？如果采取情感修复策略，对受损的购买意愿有何影响
品牌信任与信誉危机	Larzelere和Hust（1980）；Ganesan（1994）；Erden和Swait（1998）；Chaudhuri和Holbrook（2001）；Delgado（2002）；徐鸿（2001）；谢凤华（2005）；夏瑞霞（2006）；袁登华（2007）等	品牌信任是指消费者认为可以信任某一品牌的心理状态。品牌信任有"一维"、"二维"、"三维"三种类型。影响品牌信任的因素很多，包括产品质量、诚信、声誉等主要因素。信誉是声誉的基础。然而频繁的品牌失信，导致企业信誉危机随之发生。信誉修复策略是信誉危机企业修复市场的一个重要选择	在品牌原产地虚假背景下，品牌信任损坏对购买意愿有何影响？影响程度如何？如果采取信誉修复策略，对受损的购买意愿有何影响

研究方向	研究学者	研究成果	研究启示与机会
自我一致（品牌形象与自我形象一致性）	Alexander Biel（1993）；亨利·阿塞尔、罗子明（2001）；Gert Kootstra、Kevin lane Keller 和 Sirgy（1981～1997）；范秀成（2002）；刘世雄（2009）等	明确了品牌形象的概念及维度。明确了自我一致的定义及测量。明确了自我一致与购买意愿的关系。本研究遵循研究传统，主要从现实自我和社会自我两方面进行测量	在品牌原产地虚假背景下，品牌自我形象冲突对购买意愿有何影响？影响程度如何
价格促销	Harrison J.、Hitt M. A.、Ireland R. D.（1991）；Blattberg 等（1995）；Raghubir 等（1999）；Michel 等（2001）；Chen 等（1998）；韩睿、田志龙（2005）；卢泰宏（2003）等	价格促销是厂商通过价格削减、打折和现金返还等形式来刺激产品更快销售、顾客更多购买，从而使销售增长的一种短期性质的重要营销手段。价格促销的作用通过对购买意愿的影响实现。价格促销存在多维性影响和差异性影响	原产地虚假背景下的犯错品牌采取价格促销策略，对受损的购买意愿有何影响？影响度如何
消费者态度	Engel 等（1995）；Grace 和 O'Cass（2005）；符国群（2004）等	明确了消费者态度定义及影响因素。明确了消费者态度与行为意愿关系。明确了消费者态度的测量问题	消费者对修复策略的态度是否与购买意愿相关
购买意愿	Ajzen 等（1975）；Fishbein（1980）；Gary M. Mullet（1985）；Dodds 等（1991）；韩睿、田志龙（2005）等	明确了顾客购买意愿概念、理论基础。明确了顾客购买意愿可预测购买行为。明确了顾客购买意愿的测量测项	本研究将采用考虑购买的可能性以及购买可能性的测项测量购买意愿

表 2 - 12 分析了先前研究中所存在的研究机会，把这些研究机会及启示与本书的研究内容结合，可以分析出本书的研究机会点。具体分析过程如表 2 - 13 所示。

表 2 - 13　基于文献综述的本书的研究机会判定

本书的研究目标	文献综述中得到的研究空白点、启示与机会	本书的研究机会
解释：什么是品牌原产地虚假？为什么会发生品牌原产地虚假？品牌原产地虚假的影响	基于消费者行为学理论的相关文献中尚未对品牌原产地虚假问题给予关注及开展科学研究	品牌原产地虚假这一研究空间应给予研究，包括界定品牌原产地虚假的内涵，分析其成因、影响，特别是其对顾客购买意愿的影响问题
探讨：在品牌原产地虚假背景下，基于顾客感知的角度，分析顾客购买意愿受损的主要原因或影响因素是什么	事后有哪些、还有没有其他原因导致顾客购买意愿受损	识别虚假背景下造成顾客购买意愿受损的原因
实证：面对购买意愿受损的现实，如果犯错品牌企业进行事后修复，市场或者顾客是否还会给其机会？有哪些修复策略？如何有效修复	事后购买意愿受损原因对购买意愿影响的权重是多少	分析各个受损原因对购买意愿的影响权重
	事后企业有哪些修复策略	对现有修复策略及效果进行实证研究以及比较研究，探索购买意愿受损原因与修复策略的对应关系
	除了现有的一些修复策略，还有没有其他的修复策略	
	现有修复策略效果如何？为何现有的修复策略效果有限	

通过对先前相关文献的整合研究和系统分析，本书发现了一些研究空白点，也得到一些有价值的启示，构成了本书的研究机会和研究价值。例如，首先，现有的研究未曾基于消费者角度关注并进行品牌原产地虚假问题研究，没有界定品牌原产地虚假的内涵，不能解释为什么会发生品牌原产地虚假事件，也未能阐述其有何危害影响等。这为寻找并拓展新的研究方向提出了可能，提供了启示。其次，负面事件发生后，犯错品牌企业的顾客购买意愿会严重受损，那么从消费者感知的角度出发，有哪些原因或

影响因素导致顾客购买意愿受损？再次，在此情况下，犯错品牌企业通常会采取哪些修复策略？这些修复策略的实际效果如何？为什么市场恢复效果有限？最后，现有的负面事件研究中没有对购买意愿受损原因或影响因素及其权重做出实证分析等。

不过，正如硬币的正反面一样，上述空白点及研究不足，不仅给本书创造了难得研究机会，而且也提供了充足的研究空间。

第三章 品牌原产地虚假及顾客购买意愿受损

要研究品牌原产地虚假背景下的顾客购买意愿受损及修复策略，作为前提，首先必须对品牌原产地虚假有一个科学的界定和准确的把握。基于此，本章主要探讨品牌原产地虚假的概念、性质、实质、特征、归属、分类、多重效应、形成机理及顾客购买意愿受损问题，从而为后续章节的展开奠定坚实的基础。

第一节 品牌原产地虚假之内涵效应

一、品牌原产地虚假之概念、性质及实质

1. 概念

品牌原产地（Thakor 和 Kohli，1996）是品牌的目标消费者所认为的该品牌所属的地方、地区或国家。王海忠和赵平（2004）认为，品牌原产地是指品牌最初在哪个国家或地区生长和培育的，或称为生产商品牌的国籍。庄贵军等（2007）认为，品牌原产地是指品牌的发源地，如品牌所属的国家或地区。

基于原产地理论及上述学者的观点，本研究认为品牌原产地是与品牌相联系的国家或地区。由于品牌对消费者行为及企业竞争优势具有更为重要的战略性价值，因此，早期的产品原产地或生产制造地让位于现在的品牌原产地。

文献检索发现：现有的品牌原产地研究基本基于一个特定的研究假定——品牌原产地真实的背景，而忽视了现实生活中存在的品牌原产地虚假现象。

虽然我国的反不正当竞争法与商业宣传相关的法律条款中均有"虚假"的表述，但并无明确的界定。《现代汉语词典》（2010）这样解释"虚"："不真实的，跟实相对"，这样解释"假"："不真实的，跟真相对"。由此看来，虚、假是同一个意思。

基于现实案例研究及品牌原产地营销理论研究，本研究将企业在营销活动中利用不真实或虚假的品牌原产地形象（通常为发达国家形象）所进行的但又不涉及商标侵权的非道德性营销现象、方式及行为，称为品牌原产地虚假营销事件，简称品牌原产地虚假，如欧典地板、丸美化妆品、香武仕音响事件等。

2. 性质

品牌原产地虚假主要有三大性质：一是违法违德的非营销伦理行为，既损害了自身的品牌形象，也败坏了行业形象，但却与一般的非营销伦理行为差异很大，它通常涉及诚信问题而非产品质量问题，因而与一般意义上的假冒伪劣有所不同，也与法律层面的原产地虚假有所差异；二是典型的品牌丑闻现象，属于道德性丑闻，但却引发了消费者对其产品质量的怀疑；三是严重的营销负面曝光事件。表3-1是顾客对品牌原产地虚假事件严重性感知评价。

表3-1 品牌原产地虚假事件—顾客严重性感知评价

四类犯错品牌事件背景下的顾客严重性感知评价		大		小	
		人数	百分比（%）	人数	百分比（%）
地板犯错品牌	事件严重程度	35	70	15	30
	事件影响范围	38	76	12	24
服装犯错品牌	事件严重程度	25	64.11	14	35.89
	事件影响范围	21	53.75	18	46.25
奶粉犯错品牌	事件严重程度	22	75.9	7	24.1
	事件影响范围	25	86.2	4	13.8
化妆品犯错品牌	事件严重程度	28	73.60	10	26.40
	事件影响范围	25	63.16	12	36.84

表3－1调查结果表明，就每一类产品的犯错品牌的事件严重程度来说，如地板产品有70%的受访者觉得事件的严重性高，有30%的受访者则觉得低；从事件影响范围来说，有76%的受访者觉得大，有24%的受访者觉得小。服装产品有64.11%的受访者觉得事件的严重性高，有35.89%的受访者则觉得低；从事件影响范围来说，有53.75%的受访者觉得大，有46.25%的受访者觉得小。又如奶粉产品有75.9%的受访者觉得事件的严重性高，有24.1%的受访者则觉得低；从事件影响范围来说，有86.2%的受访者觉得大，有13.8%的受访者觉得小。化妆品产品有73.60%的受访者觉得事件的严重性高，有26.40%的受访者则觉得低；从事件影响范围来说，有63.16%的受访者觉得大，有36.84%的受访者觉得小。就四类产品的犯错品牌的事件严重程度比较而言，奶粉产品有75.9%的受访者觉得事件的严重性高，是四类产品中比例最高的；就四类产品的犯错品牌的事件影响范围比较而言，奶粉品牌的产品比例是最高的，86.2%的奶粉产品消费者认为该事件是很严重的。基于此，本研究认为：品牌原产地虚假是一种严重的营销负面曝光事件。

3. 实质

品牌原产地虚假的实质是事件品牌或者犯错品牌盗用消费者所认知的品牌原产地（包括国家和地区，通常为国家，主要是美日欧等西方发达国家）的良好形象，以达到夸大企业形象、提升品牌形象、拔高品牌价值、制造竞争优势、美化消费者品牌态度、刺激消费者购买意愿、诱导消费者购买行为的目的。

二、品牌原产地虚假之特征、归属及分类

1. 特征

（1）客观存在性。案例研究表明：不仅是发展中国家，如中国存在品牌原产地虚假事件，发达国家，如日本①也同样存在。另外其成因也有客观现实，如消费者崇洋心理。

（2）主观人为性。本研究发现，近年来出现的品牌原产地虚假事件几乎都是企业内部原因造成的，是企业利用品牌原产地形象经济价值有意迷

---

① http://finance. stockstar. com/MS2010102330000078. shtml.

惑（Obfuscation）消费者的产物。

（3）广泛传播性。事件发生后，媒体通常给予高度关注，特别是知名媒体的参与。研究发现，媒体倾向于报道负面信息，从而使品牌原产地虚假事件的影响得以广泛传播。

（4）行业普存性。品牌原产地虚假现象在很多行业都不同程度地存在着。本研究中所列举的，只是冰山一角。另据凤凰网报道，在中国地板、建材、服装、奶粉、化妆品、音响、皮包、鞋业、水果、餐饮食品等行业都有品牌原产地虚假现象，尤其是服装行业已泛滥成灾。

（5）欺骗隐蔽性。欺骗会影响对方的认知和判断，导致对方产生对本方有利的行为（Greenberg I.，1982）。本研究发现，由于信息不对称、个体认知有限性，决定了在媒体曝光也就是消费者知晓前，消费者是处于不知晓、被欺骗的现实状态和潜在状态。

（6）多维破坏性。事件发生后，由于负面信息的可接近性与可诊断性，特别是欺骗经过心理契约违背的中介后会降低正直信任和善意信任（Stephanie E.，2009），由此产生显著的破坏效应，不仅使犯错品牌资产受损，而且也引发行业乃至产业危机。

（7）社会危害性。品牌原产地虚假违反了《广告法》，侵犯了消费者的知情权，损害了消费者、竞争者和国家利益，违反诚实信用的商业准则，是一种严重的不正当竞争行为。

（8）品牌原创性。本研究中的原产地虚假中的品牌是原创性自主品牌，不涉及商标侵权行为。

2. 归属

（1）从营销学的角度看，可以把品牌原产地虚假归于营销负面曝光事件。前文（第二章文献综述部分）已述，品牌原产地虚假属于典型的负面曝光事件。它既具有负面曝光事件的普遍共性，也有其自身的个性特征。

（2）从安全学的角度看，可以把品牌原产地虚假归属于营销安全事件。现实观察和本研究案例研究表明，品牌原产地虚假是营销不安全的具体表现方式，而一旦出现品牌原产地虚假事件后，犯错品牌会陷入危机，并将引发行业危机。

（3）从品牌丑闻的角度看，可以把品牌原产地虚假归于道德型品牌丑闻。品牌丑闻包括两种：一种是产品能力型丑闻，如产品质量不合格或者不达标，如近年来突出的汽车召回事件；另一种是道德型品牌丑闻，如企业财务虚假等。

（4）从品牌犯错的角度看，可以把品牌原产地虚假归属于犯错品牌事件。人非圣贤，孰能无过？既然人会犯错，那么品牌作为人创造的产物，难免也要犯错，从而成为犯错品牌。犯错品牌多且类型主要涉及如以三鹿奶粉为代表的产品质量型犯错品牌，以欧典地板、施恩奶粉为代表的虚假宣传型犯错品牌等。

（5）从商品学与法学交叉的角度看，可以把品牌原产地虚假归属于假冒伪劣类问题。假冒伪劣多涉及产品质量和商标侵权问题，而品牌原产地虚假更多涉及企业诚信、营销道德问题。从法律范畴的角度看，可以把品牌原产地虚假归于经济法问题中的虚假宣传事件，它具有虚假宣传的共性；但是，它又不同于一般的虚假宣传，主要表现在操作手段方面。它直接违反了《广告法》、《反不正当竞争法》、《消费者权益保护法》、《中华人民共和国进出口货物原产地条例》等。另外，它也不同于原产地虚假表示行为，后者是指经营者以不正当竞争为目的，采用不正当的手段在商品上就其原产地制造混淆，牟取非法利益的行为（法律术语）。由此，本研究中的品牌原产地虚假≠原产地虚假≠产地虚假。

（6）从文学与品牌交叉的角度看，可以把品牌原产地虚假归属于"假洋鬼子或假洋品牌"事件。一些人从鲁迅笔下的"假洋鬼子"得到启发，于是给包括品牌原产地虚假事件在内的这类现象，一律冠名"假洋鬼子或假洋品牌"。这可以从百度及中国期刊网中搜索到很多案例，也包括来自新闻媒体曝光的很多案例，如凤凰网的 2010 年 "3·15" 特别策划：揭穿我们身边的"假洋鬼子"。应当指出：本研究中的品牌原产地虚假中的品牌，不同于"假洋品牌"。"假洋品牌"的内涵更丰富，外延更宽广（也包括仿冒品）（Prendergastt 等，2002），而且也多涉及商标侵权行为以及产品质量问题，而本研究中的品牌不涉及这类问题。

3. 分类

（1）按照原产地的分类角度划分。本研究中的品牌原产地是与品牌相联系的国家或地区。由于"联系"可以是单一的也可以是多样的。因而，可以将品牌原产地分为广义的品牌原产地和狭义的品牌原产地。广义的品牌原产地是个"群"概念，分为品牌制造地、品牌设计地、品牌组装地、品牌归属地等。狭义的品牌原产地是"群"概念中的单个子概念，通常特指品牌归属地或来源地。由此，品牌原产地虚假可分为广义的品牌原产地虚假和狭义的品牌原产地虚假。前者包括品牌制造地虚假、品牌设计地虚假、品牌组装地虚假、品牌归属地虚假等；后者通常特指品牌归属地虚假。欧典地板事件属于广义的品牌原产地虚假。

（2）按照原产地的地理角度划分。基于前人研究成果（李东进，2006），本研究认为可以将品牌原产地分为品牌"原产国"虚假和品牌"原产地"虚假。前者指品牌的来源国的国家（包括独立关税区或经济体，如欧盟）身份或国籍虚假。后者指品牌的来源地的地方（包括省/市/区，如香港、北京、上海、郑州的原产地，又如湖北省的品牌原产地等）身份或户籍虚假。由于原产地研究的主体是国家，所以品牌原产地虚假通常表现为品牌原产国虚假或品牌来源国虚假。表 3 - 2 是中国近年来发生的被曝光的品牌原产地虚假分类案例汇总。

表 3 - 2 品牌原产地虚假分类案例汇总

编号	名称	年份	虚假国籍	真实国籍	编号	名称	年份	虚假产地	真实产地
1	香武仕音响事件	2002	丹麦	中国	8	澳优洋奶粉事件	2009	澳大利亚	中国
2	欧典地板事件	2006	德国	中国	9	新怡洋奶粉事件	2010	新西兰	中国
3	丸美化妆品事件	2008	日本	中国	10	慕思凯奇床具事件	2009	法国	中国
4	家美乐化妆品事件	2008	法国	中国	11	福奈特洗衣店事件	2007	法国	中国
5	诗婷化妆品事件	2009	法国	中国	12	阿诗丹顿热水器事件	2007	美国	中国
6	卡姿兰事件	2010	法国	中国	13	尚高卫浴事件	2007	德国	中国
7	施恩洋奶粉事件	2009	美国	中国	14	美国骆驼事件	2009	美国	中国
15	尚玛可家纺事件	2010	法国	中国	17	Prada 东莞生产贴签意人利造	2010	意大利	中国
16	橱柜事件	2006	欧美	中国	18	藏秘排油事件	2007	中国香港	中国内地
19	水果业欧典现象	2006	外国	中国	20	泰国香米事件	2009	泰国	中国

注：在本表格中，1 ~ 16 属于品牌来源国虚假，17 为品牌制造国虚假，1 ~ 17 均属于品牌"原产国"虚假；18 为品牌"原产地"虚假；19 ~ 20 为原产地（地理品牌）虚假。

资料来源：主要来源于新浪网，经本研究整理而成。

（3）按照是否存在质量问题的角度划分。可以将品牌原产地虚假分为质量型的品牌原产地虚假和非质量型的品牌原产地虚假。前者指品牌原产地虚假但质量也有问题或者虚假，如施恩洋奶粉事件、澳优洋奶粉事件、新怡洋奶粉事件等；后者指品牌原产地虚假但质量没有问题或者不假，如欧典地板事件、丸美化妆品事件、香武仕音响事件等。案例研究表明，目前中国境内所发生的大多为非质量型的品牌原产地虚假事件。本研究侧重探讨非质量型的品牌原产地虚假。

（4）按照品牌原产地虚假表现方式划分。可以将品牌原产地虚假分为综合型和单一型品牌原产地虚假。前者指品牌原产地（国籍）虚假且质量也有问题或者虚假，如施恩、澳优、新怡洋奶粉事件等。这类事件很特殊，不仅国籍且包括零部件来源国虚假即奶源进口国身份虚假、品牌归属国虚假及质量虚假，共计三类虚假；再如欧典地板事件包括品牌制造国虚假（非德国制造）和品牌归属国虚假（非德国品牌）。后者仅指品牌原产地虚假类型中的一种虚假，不涉及质量虚假，如丸美化妆品事件（非日本品牌）、家美乐、诗婷化妆品事件（非法国品牌）等；又如意大利品牌 Prada，在中国东莞制造却标签意大利，属于品牌制造国虚假。案例研究表明，目前中国境内已经发生的大多为综合型的品牌原产地虚假事件。本研究侧重探讨单一型的品牌原产地虚假即品牌来源国（品牌归属国）虚假。

（5）从其他角度划分，诸如本土品牌原产地虚假与外国品牌原产地虚假，目前主要表现为本土品牌原产地虚假；从是否被曝光角度，分为被曝光的和未被曝光的，目前被曝光的只是一部分品牌；从是否已证实角度，分为事实确认型（如企业已承认或官方确认为虚假）和有待验证型（如企业不承认或官方未表态）；从消费者事后反应角度，分为承受型（如买或继续买）和非承受型的品牌原产地虚假。

三、品牌原产地虚假之多重效应辩证分析

从唯物辩证法的角度看，品牌原产地虚假曝光事件发生后，会从多个方面、多个角度，以不同的路径方式影响着犯错品牌、犯错企业、消费者、竞争者及其利益相关者，包括对中国国家形象的正面或负面影响。本研究将其称为品牌原产地虚假的多重效应。这种多重效应主要表现在以下几个方面：

1. 原生的强劲的负面效应

这里的原生的强劲的负面效应包括两个最基本的意思：一是与正面的

效应相比，品牌原产地虚假事件发生后，首先会产生负面效应（Negativity Effect）（Mizerski，1982）或垃圾效应（Litter Effect）（Stuart Roper，2008）；二是这种负面效应很强，或者说很给力，甚至是战略性或毁灭性的打击，具体体现在以下方面：

（1）犯错者严重的主要的负面效应。品牌原产地虚假属于典型的负面曝光事件，它直接继承了负面曝光事件的一般属性，特别是其负面效应，主要表现在：消费者态度降低，品牌形象破损，品牌信任损坏，购买意愿减弱，产品销量下滑，市场份额下跌，企业陷入危机。以曾经在地板业知名度和影响力很高的欧典公司为例，欧典地板总裁闫培金向记者证实，"3·15"晚会上欧典地板被曝光后，该公司销售额现已下降了三成到四成，半年时间里损失销售额至少 2000 万元①。如果品牌原产地虚假事件极其严重，犯错品牌或犯错企业甚至就此消亡。例如，欧典虽尚存，但香武仕却已"早死"。

（2）犯错者扩散的多维的溢出效应。从普遍联系和永恒发展的哲学角度看，从社会系统理论看，从信息的可接近可诊断（Accessibility – Diagnosticity）模型（Feldman 和 Lynch，1988）看，品牌原产地虚假事件发生后，将会通过不同的方式动态的影响自身系统、相关联的系统或者其他因素。这意味着品牌原产地虚假事件中所传递的负面信息将可能首先在企业内部（由公司到产品，或不同部门之间，或同一部门，或不同产品，或不同品牌之间）流动传播，产生负面效应，影响公司目前发展和长远发展。如公司其他产品质量备受质疑、其他品牌销量下滑、员工满意度下降、员工忠诚度下降、员工跳槽率上升，企业生存与发展岌岌可危。本研究将后者称为品牌原产地虚假的企业内部溢出效应，并将其分为纵向溢出效应（公司—产品之间，公司—员工之间）、横向溢出效应（产品—产品之间，品牌—品牌之间，员工—员工之间，部门—部门之间）或交叉感染效应。

"城门失火，殃及池鱼。"品牌原产地虚假事件中所传递的负面信息将可能在企业外部（如经销商、消费者、竞争者、行业、产业、政府等，最主要的是竞争者）流动传播，产生负面效应，影响公司目前发展和长远发展。本研究称其为品牌原产地虚假的企业外部溢出效应（Spillover Effect）。其中，可能因比较效应及相似性信息提取偏差机制，使得犯错品牌本身的

---

① 《法制晚报》，2006 年 9 月 18 日。

负面效应跨越了企业边界，使得类似的企业或者竞争者受到类似的影响或"无辜"的株连。比如，行业中的其他品牌可能会因为某一个品牌原产地虚假的不当行为而受牵连。这种效应宛如传染病一样，因而可以把这种效应称为品牌原产地虚假的企业外部传染效应（Contagious/Infectious Spillover Effect）。

由上述分析可知，品牌原产地虚假的多重效应主要是破坏效应，包括通过损害消费者而损害了自己，也包括通过损坏自己而伤害了竞争者，并使企业深陷危机。

2. 次生的微弱的正面效应

这里的次生的微弱的正面效应包括两个最基本的意思：一是与负面的效应相比，品牌原产地虚假事件发生后，间接会产生正面效应（Positive Effect）（Berger，2008）；二是这种正面效应相对负面效应很微弱，具体体现在以下方面：

（1）犯错者微弱的次要的正面效应。老子曰："祸兮，福之所倚；福兮，祸之所伏。"意思是福祸是可以相互转化的。或许通过这次危机，欧典能够清醒地认识自我，总结自我，改造自我，重塑新形象，再现王者风范。因此，从这个角度看，被媒体曝光未必就不是一件好事。但是从营销实践、现实观察及深度访谈来看，这往往是很难的。另外，本研究认为，品牌原产地虚假事件发生后，对于犯错品牌本身而言，除了给其造成严重的战略性负面影响（Strategic Impact of Negative Publicity）（Mitch Griffin、Barry J. Babin、Jill S. Attaway，1991）外，还可以变相提高该犯错品牌的知名度。这是因为在传媒特别是依托网络的现代传媒时代，由于媒体对负面事件的高度关注及其放大效应，该犯错品牌的知名度无疑会大大提高。但是，这种知名度远远挤兑或稀释了以品牌态度、品牌形象、品牌信任、感知质量、购买意愿、品牌忠诚为核心构成因子的品牌资产——企业竞争优势的真正核武器。

（2）品牌原产地虚假事件发生后，对于非犯错品牌本身而言，可能产生正面效应。这可能是因对比效应（Contrast/Competitive Spillovereffect）的存在，行业中一个企业的品牌原产地虚假行为或形象会对其他企业产生相反的影响。比如某个原产地虚假的品牌可以反衬出其他同类品牌的企业诚信感、社会责任感，从而使这些企业或品牌因此负面事件而受益，比如使这些企业的消费者态度上升、购买意愿增强、产品销量上升、市场份额增加、竞争优势增强。

（3）品牌原产地虚假事件发生后，对于消费者而言，可能产生正面效应。这可能是因对比效应（Contrast/Competitive Spillovereffect）的存在，品牌原产地虚假行为会对消费者的国货意识或洋货意识产生相反影响。包括在消费者学习理论和归因理论的支持下，还可能导致消费者对本土品牌意识的反思及提升、对洋货的反思及对洋品牌市场的挤压，从而促进民族品牌及民族产业的发展与壮大。

3. 中国国家形象及其反思

（1）形象的概念及形象营销缘由。Benoit 和 Brinson（1999）认为，形象是公众对一个人、一个群体或组织总体印象的感知，这种感知受该人、该群体或该组织语言和行为的影响。Phlip Ktlor（1999）认为，所谓形象就是人们对某一对象所持有的信念（Beliefs）、观念（Ideas）与印象（Impressions）的总和。从上述学者的观点不难看出：第一，形象的本质是主体对客体的一种主观认知，主观色彩鲜明。第二，主体对目标对象或者客体的认知可能与客观事实有偏差，表现往往不一致，甚至格格不入或者完全相反。正由于形象有可能与客观事实不符，所以形象营销才更显重要。

（2）品牌原产地形象即国家形象的经济价值。既有产品形象、品牌形象、企业形象，也有行业形象、产业形象、地区形象，更有国家形象。市场经济下，形象营销的主体是企业，但在国际市场上，品牌原产地或来源国形象日显重要。基于品牌原产地研究成果，可知品牌原产地形象主要是国家层面的品牌原产地形象问题，即国家形象在对消费者品牌态度、购买意愿及购买行为中起到了重要作用，这就是品牌原产地或来源国效应，也就是国家形象效应。中外很多学者大都认为品牌原产地作为消费者重要的外部线索，对于消费者的态度及购买意愿产生积极影响。如果因变量是产品品质或可靠性认知，则原产地效应观察值为 0.30；如果因变量是产品购买意向，则原产地效应观察值为 0.19。但品牌原产地对购买意向的影响小于对产品品质或可靠性认知的影响。当然，消费者对品牌原产地的评价并非客观（Peterson 和 Jolibert，1995）。另外，中国的很多学者，包括符国群、黄合水、徐基南、王海忠、庄贵军、田圣炳、韩杰、邱睿等，也都先后强调或证实了品牌原产地形象对消费态度及购买意愿的正面影响。

（3）中国国家形象及其反思。在文献综述中，本研究已经指出：品牌原产地形象大体分 3 个层面，有些学者认为是 2 个层面。不论是 3 个层面还是 2 个层面，学者都比较一致看好国家形象。依据消费者行为理论，一个消费者会根据他对某一品牌的印象好坏或认知理解，形成喜欢与不喜欢那个品牌的态度，并最终影响他对那个品牌的实际购买（Howard 和 Sheth，1967；Engel 等，1994）。这意味着如果消费者对西方发达国家的国家形象的评价很好或者很高时，消费者会对西方发达国家的产品或服务形成喜欢的态度，最终导致了消费者对西方发达国家的产品的购买意愿及行为发生。反之，如果消费者对发展中国家的国家形象的评价很好或者很高时，消费者会对发展中国家产品或服务形成喜欢的态度，这最终导致了消费者对发展中国家的产品的购买意愿及行为发生。当然，如果中国消费者对本国的国家形象的评价很好或者很高时，消费者会对本土或本国的产品或服务形成喜欢的态度，这将最终导致消费者对本土或本国产品的购买意愿及行为发生。另外，庄贵军等（2007）总结了前人研究成果，指出在发达国家或地区，消费者偏爱本土品牌，对外国货有抗拒心理（Albaum 和 Peterson，1984；Netemeyer 等，1991）；而在大多数欠发达国家或地区，消费者虽然不拒绝本土品牌，但却偏爱来自于发达国家的外国品牌（Batra 等，2000；Steenkamp 等，2002；Wang 等，2004）。品牌原产地效应在发达国家与欠达发国家的这种差别，来源于消费者的刻板印象（Stereo - type），即认为源自发达国家的品牌质量高、技术先进，代表着时尚潮流。随着欠发达国家在经济上的崛起，这种刻板印象虽有所改变，但并不彻底，很多消费者在选择一些商品时还是认为"洋品牌"质量高、时尚而偏爱"洋品牌"。

另外，由欧典地板事件、丸美化妆品事件、香武仕音响事件等再到 Prada 东莞生产贴签意大利造事件，我们不仅见证了一个个品牌原产地虚假品牌的真实谎言，也发现了这些事件背后所普遍深藏着一个共性的发人深思的问题——为什么明明是中国品牌，却偏偏向公众标榜外国品牌？中国品牌差在什么地方？有人说是国家形象问题，那么中国国家形象有什么问题？

受制于现实困惑，本研究开展了深度访谈。

表 3 - 3 调查结果表明，就国家整体形象高低而言，有 62% 的受访者认为德国在前，中国在后；就国家一般产品整体形象高低而言，有 80% 的受访者认为德国在前，中国在后；就国家特定的地板产品形象高低而言，有 74% 的受访者认为德国在前，中国在后。另外，由表 3 - 3 可知，当国家整体形象评价高时，受访者对该国的一般产品整体形象及该国的特定地板产品形象评价都高。由此可知，德国的品牌原产地形象评价整体高于中国，中国的品牌原产地形象有待提高。

表3-3　品牌原产地形象调查（地板产品）

项目	排序	人数	比例（%）
国家整体形象	中国—德国	19	38
	德国—中国	31	62
产品整体形象	中国—德国	10	20
	德国—中国	40	80
地板产品形象	中国—德国	13	26
	德国—中国	37	74

　　表3-4调查结果表明，就国家整体形象高低而言，有51.2%的受访者认为意大利在前，中国在后；就国家一般产品整体形象高低而言，有64.1%的受访者认为意大利在前，中国在后；就国家特定的服装产品形象高低而言，有59.0%的受访者认为意大利在前，中国在后。另外，由表3-4可知，当国家整体形象评价高时，受访者对该国的一般产品整体形象及该国的特定服装产品形象评价都高。因此，意大利品牌原产地形象整体高于中国，中国的品牌原产地形象有待提高。

表3-4　品牌原产地形象调查（服装产品）

项目	排序	人数	比例（%）
国家整体形象	中国—意大利	19	48.8
	意大利—中国	20	51.2
产品整体形象	中国—意大利	14	35.9
	意大利—中国	25	64.1
服装产品形象	中国—意大利	16	41.0
	意大利—中国	23	59.0

　　表3-5调查结果表明，就国家整体形象高低而言，有51.7%的受访者认为美国在前，中国在后；就国家一般产品整体形象高低而言，有79.3%的受访者认为美国在前，中国在后；就国家特定的奶粉产品形象高低而言，有69.0%的受访者认为美国在前，中国在后。另外，由表3-5可知，当国家整体形象评价高时，受访者对该国的一般产品整体形象及该国的特定奶粉产品形象评价都高。由此可知，美国品牌原产地形象评价整体高于中国，中国的品牌原产地形象有待提高。

表 3 – 5 品牌原产地形象调查（奶粉产品）

项目	排序	人数	比例（%）
国家整体形象	中国—美国	14	48.3
	美国—中国	15	51.7
产品整体形象	中国—美国	6	20.7
	美国—中国	23	79.3
奶粉产品形象	中国—美国	9	31.0
	美国—中国	20	69.0

表 3 – 6 调查结果表明，就国家整体形象高低而言，有 57.9% 的受访者认为法国在前，中国在后；就国家一般产品整体形象高低而言，有 73.7% 的受访者认为法国在前，中国在后；就国家特定的化妆品产品形象高低而言，有 78.9% 的受访者认为法国在前，中国在后。另外，由表 3 – 6 可知，当国家整体形象评价高时，受访者对该国的一般产品整体形象及该国的特定化妆品形象评价都高。由此可知，法国品牌原产地形象评价整体高于中国，中国的品牌原产地形象有待提高。

表 3 – 6 品牌原产地形象调查（化妆品）

项目	排序	人数	比例（%）
国家整体形象	中国—法国	16	42.1
	法国—中国	22	57.9
产品整体形象	中国—法国	10	26.3
	法国—中国	28	73.7
化妆品形象	中国—法国	8	21.1
	法国—中国	30	78.9

注意：本研究中深度访谈是针对中国消费者而言的，如果受访者是外国消费者，那么他们的评价可能会更低。因为中国消费者在评价时，或多或少的卷入了民族中心主义或国货意识，也包括原产地的刻板印象。这些数据，使研究者陷入深思与反思之中，也使得本研究对犯错企业的动机有了更深层次的认知。

基于理论推导和小样本的简单的量化分析，本研究认为，国家形象是导致品牌原产地虚假的重要原因。

综上所述，品牌原产地虚假中的一个个"假洋鬼子"，不仅是对民族品牌的无形羞辱，也是对中国国家形象的无形羞辱。它体现了中外不同国家形象的差异及经济价值，从反面强化了人们对中国国家形象建设的重要性、紧迫性与艰巨性的认识。然而，这归根结底要靠民族品牌、靠民族企业、靠每一个企业的共同努力。

第二节　品牌原产地虚假之形成机理

一、形成机理构建

面对着日益频繁的品牌原产地虚假负面曝光事件，本研究对其进行归因分析，即为什么会产生这种现象或品牌原产地虚假的动因是什么呢？以下是访谈结果。

表3-7调查结果表明，就地板产品的品牌原产地虚假原因而言，归因于内部因素、市场驱动、政府行为、行业因素、媒体因素、其他因素的受访者比例依次为74%、62%、58%、38%、46%、40%。

表3-7　品牌原产地虚假原因调查统计结果（犯错品牌为地板产品）

产品类型	主要原因	原因归类	人数	比例（%）
地板产品	品牌自信缺失 诚信文化缺失 信誉机制匮乏	内部因素	37	74
	消费者洋货意识倾向 消费者国货意识倾向	市场驱动	31	62
	虚假宣传治理	政府行为	29	58
	行业诚信缺失	行业因素	19	38
	媒体监管力度不足	媒体因素	23	46
	信息不对称	其他因素	20	40

表3-8调查结果表明，就服装产品的品牌原产地虚假原因而言，归因于内部因素、市场驱动、政府行为、行业因素、媒体因素、其他因素的受访者比例依次为38.5%、53.8%、43.6%、51.3%、59.0%、48.7%。

表3-8　品牌原产地虚假原因调查统计结果（犯错品牌为服装产品）

产品类型	主要原因	原因归类	人数	比例（%）
服装产品	信誉机制匮乏 资源能力约束 未来收益预期	内部因素	15	38.5
	消费者洋货意识倾向 消费者国货意识倾向	市场驱动	21	53.8
	政府监管力度	政府行为	17	43.6
	行业规范失衡	行业因素	20	51.3
	媒体监管力度不足	媒体因素	23	59.0
	认知能力有限	其他因素	19	48.7

表3-9调查结果表明，就奶粉产品的品牌原产地虚假原因而言，归因于内部因素、市场驱动、政府行为、行业因素、媒体因素、其他因素的受访者比例依次为79.3%、68.9%、72.4%、79.3%、75.9%、72.4%。

表3-9　品牌原产地虚假原因调查统计结果（犯错品牌为奶粉产品）

产品类型	主要原因	原因归类	人数	比例（%）
奶粉产品	资源能力约束、成本投入感知 诚信文化缺失、信誉机制匮乏	内部因素	23	79.3
	品牌原产地形象效应强度 消费者洋货意识倾向	市场驱动	20	68.9
	政府监管力度	政府行为	21	72.4
	行业规范失衡、行业诚信缺失	行业因素	23	79.3
	媒体监管力度不足	媒体因素	22	75.9
	认知能力有限、信息不对称	其他因素	21	72.4

表3-10调查结果表明，就化妆品产品的品牌原产地虚假原因而言，归

因于内部因素、市场驱动、政府行为、行业因素、媒体因素、其他因素的受访者比例依次为65.8%、60.5%、55.3%、44.7%、47.4%、50.0%。

表3-10 品牌原产地虚假原因调查统计结果（犯错品牌为化妆品）

产品类型	主要原因	原因归类	人数	比例（%）
化妆品产品	资源能力约束、品牌自信缺失 未来收益预期	内部因素	25	65.8
	消费者国货意识倾向 消费者洋货意识倾向	市场驱动	23	60.5
	体制规制法制效度	政府行为	21	55.3
	行业竞争激烈	行业因素	17	44.7
	媒体自律意识淡薄	媒体因素	18	47.4
	信誉机制匮乏、未来收益预期	其他因素	19	50.0

由表3-7、表3-8、表3-9和表3-10可知，不同产品类型下的品牌原产地虚假原因大体可以归为内部因素、市场驱动、政府行为、行业因素、媒体因素、其他因素六大因素。但是不同产品类型下的品牌原产地虚假原因中，不同的受访者认知水平存在主观差异性。

基于上述分析、动机—行为理论、归因论及系统论等，特别是现实生活中丰富的品牌原产地虚假案例研究，本研究提出了品牌原产地虚假形成机理，如图3-1所示。

这个模型主要从内部原因和外部原因两个维度、六个子维度及其相关属性等方面对品牌原产地虚假产生的深层次原因、主要的影响因素及其内在的彼此关联进行了理论诠释。同时，本模型也揭示了治理品牌原产地虚假事件的重要路径与关键环节，诸如采取统揽全局、内外兼顾、标本兼治的综合治理思维等。

二、形成机理分析

1. 内部原因

（1）资源能力约束。通过2001~2010年10年间发生的被媒体曝光的品牌原产地虚假案例研究和理论分析，本研究认为，当企业自身资源稀缺或者

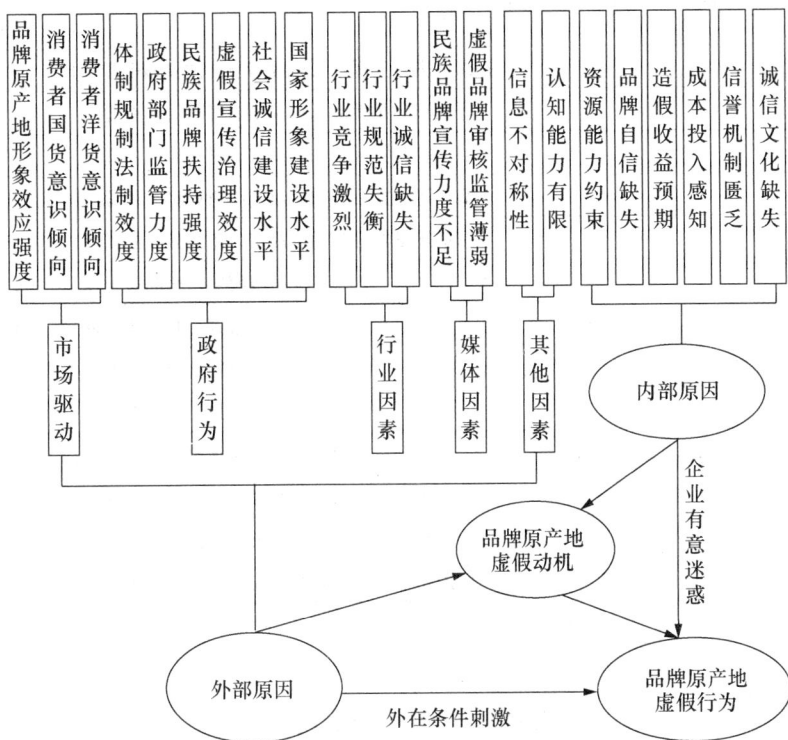

图3-1 品牌原产地虚假之形成机理

匮乏时，当企业能力、实力有限时，当企业自我约束能力弱时，就可能发生品牌原产地虚假事件。从目前被媒体曝光的诸多品牌原产地虚假的品牌来看，具有两个基本特征：一是大多为国内中小企业；二是大多为非公有制企业，以民营企业最为普遍（如欧典），也包括中外合资合作型企业（如中日合资丸美化妆品，不是日本品牌）。由于自身资源能力的约束，企业要在市场竞争中求得生存，获得发展，就必须变革。最终缺乏道德底线的这类企业采取了品牌原产地虚假即国籍造假的经营思路。

（2）品牌自信缺失。欧典地板事件发生后，记者在德国欧倍德、巴尔等建材超市看到，很多地板都产自中国，但却贴着德国牌子。正如德国慕尼黑大学经济学教授胡安所说："很多中国地板的质量已超过德国产品，但始终无法引起我们的关注，中国品牌最缺少的是自信！"① 另外，本研究在深度访谈中，部分受访者表示品牌原产地虚假事件反映出一些本土品牌在成长的进程中缺乏自信，结果通过损人不利己的方法成功地将自己苦心经营的知名品牌打倒了、打垮了。2002 年香武仕音响事件发生后，这个品牌一夜之间就销声匿迹了。

（3）造假收益预期与成本投入感知。管理经济学认为，企业是典型的经济形态组织，因而企业的所作所为归根结底都是成本—收益或者投入—产出关系的权衡决策及行动展开。对于这个经济型组织而言，如果所预期的造假收益大于其成本投入时，就可能发生品牌原产地虚假事件。相反，如果预期的收益低于或与其成本投入相当时，品牌原产地虚假事件发生的概率就很低。

（4）信誉机制匮乏与诚信文化缺失。松下幸之助认为，睿智的经营者应 24 小时保持谨慎的危机感，才能警觉到明天的不利因素。很多企业领导人及员工无强烈的危机感，不能居安思危，缺乏信誉观念，缺乏信誉危机意识，缺乏信誉危机预警机制，忽视企业信誉危机基础管理，忽视管理手段方法的多样性，忽视企业自身存在的问题，过分强调客观原因，不能有效地预防和处理信誉危机。大企业做人，小企业做事。之所以信誉机制匮乏，从深层次原因看，是企业文化出错，企业家价值观有问题，特别是缺失诚实守信即诚信文化，最终在短期利益的驱使下违背道德走上了品牌原产地虚假的道路。正如美国历史学家戴维·兰德斯在《国家的穷与富》一书中说："如果经济发展给了我们什么启示，那就是文化乃举足轻重的因素。"同样，企业的生存和发展离不开企业文化的哺育，企业文化集中体现为企业的价值主张、价值基础和价值追求，具体化为企业的使命、远景和目标。企业文化是企业发展中强大的内在驱动力量，随着知识经济的发展，它将对企业兴衰发挥越来越重要的作用。

2. 外部原因

（1）市场驱动因素，主要包括品牌原产地形象效应强度和消费者国货意识倾向及洋货意识倾向三个因素。品牌原产地形象效应强度是指品牌原产地形象价值大小或效应强弱；消费者国货意识倾向和洋货意识倾向是指消费者对于同类产品的国货身份与洋货身份，各自在心目中的主观评价及

①《环球时报》，2006 年 3 月 22 日。

购买意愿大小或程度。基于品牌原产地相关理论，对于犯错品牌来说，如果其感知到品牌原产地形象效应强度越大，则品牌原产地虚假动机与行为发生的概率越大；当国货意识越强或洋货意识越弱时，则品牌原产地虚假动机与行为发生的概率越小。

（2）政府行为，主要包括体制规制法制效度、政府监管力度、民族品牌扶持强度、虚假宣传治理效度、社会诚信建设水平、国家形象建设水平六个因素。依据现实观察和客观事实，本研究认为，如果以上六个因素相对弱化时，则品牌原产地虚假动机与行为发生的概率越大。特别是法治效度及虚假宣传治理方面，频繁发生的品牌原产地虚假事件表明：目前有关造假成本偏低，处罚程度偏低。例如针对欧典事件，北京市律师协会消费者权益专业委员会主任、北京市汇佳律师事务所主任邱宝昌认为，它直接违反了《广告法》、《反不正当竞争法》、《消费者权益保护法》、《合同法》、《中华人民共和国进出口货物原产地条例》；另外，"按《广告法》规定，企业虚假宣传按广告费的 1～5 倍罚款，但实际上，企业靠违法宣传，获利何止是广告费的 5 倍！对企业来说，发布违法广告的利润很高，所以企业不惜铤而走险"[1]。"市场经济本质上是信用经济，也是法制经济。然而，由于中国市场法治的不健全，商业社会信用普遍缺失。于是，众多企业在市场竞争的压力下，在高额利润的诱惑下，利用产品信息的不对称性，不顾伦理道德，避开市场监管，不惜欺骗消费者，把那些不合格的、甚至有损消费者健康的产品销售给消费者，从中牟取高额利润回报[2]"。另外，对于欧典地板事件，德国国家电视台认为，一方面，这与中国有关管理部门监督不严有重要关系；另一方面，也反映出部分中国人过分迷信"洋品牌"或者说消费者民族中心主义即国货意识淡薄。

民族品牌扶持强度也是影响品牌原产地虚假的一个重要因素。本研究认为，如果国家能够给民营企业和国有企业相同或相似的扶持政策，能够给民族品牌优先发展的相关措施，那么品牌原产地虚假的动机及行为发生的概率会很低。

虚假宣传治理效度也是影响品牌原产地虚假的一个重要因素。由于种

---

[1] 新华网，2006 年 3 月 22 日。
[2] 唐小飞、周庭锐、贾建民：《CRM 赢回策略对消费者购买行为影响的实证研究》，《南开管理评论》2009 年第 1 期，第 57－63 页。

种原因，我国虚假宣传治理工作不容忽视。刘静（2004）认为，在转型期的背景下，我国当前的虚假宣传行为具有种类繁多、形式多样化、社会危害程度较深、屡禁不止等特点，除利益驱动和人们意识淡薄外，国家对虚假宣传的监管和惩治措施不力也是一个重要原因。基于此，本研究认为，如果国家对于虚假宣传治理的效果好，那么品牌原产地虚假的动机及行为发生的概率会很低。

社会诚信建设水平也是导致品牌原产地虚假的一个重要原因。事实上，随着全球经济一体化，诚信问题已成为一个国际性问题，无论是在初建市场经济体制的国家，还是市场经济发达国家，都面临着如何重塑信用机制的问题。在中共第十六届六中全会上，胡锦涛同志提出要把"以诚实守信为荣"作为社会主义荣辱观的内容之一。《中共中央关于构建社会主义和谐社会若干重大问题的决定》中又明确把"加强政务诚信、商务诚信、社会诚信建设，增强全社会诚实守信意识"作为我国公民基本道德规范（韩灵丽，2003）。

基于理论推导和小样本的简单的量化分析，本研究认为，国家形象是导致品牌原产地虚假的重要因素。

本研究前文已述，国家形象建设水平是导致品牌原产地虚假的重要原因。事实上，加拿大媒体报道的"中国与印度假冒伪劣大国"；欧盟指出的"中国仿冒大国"；2010年冬季，中国国家形象宣传片在美国纽约等地展出及中国CCTV在欧美等地电视网络服务平台建立，都是涉及国家形象建设问题。

（3）行业因素，主要包括行业竞争激烈、行业规范失衡、行业诚信缺失三个因素。基于信号暗示理论、企业学习理论、需要理论等，本研究认为，上述三个因素程度越高，品牌原产地虚假动机及行为发生的概率越大。

（4）媒体因素，主要包括民族品牌宣传力度不足、虚假品牌审核监管薄弱两个因素。基于 S – R 理论、促销理论、企业学习理论等，本研究认为，上述两个因素程度越高，品牌原产地虚假动机及行为发生的概率越大。

（5）其他因素，主要包括信息不对称和认知能力有限。信息不对称理论是由三位美国经济学家——约瑟夫·斯蒂格利茨、乔治·阿克尔洛夫和迈克尔·斯彭斯于20世纪70年代提出的。信息不对称理论是指在市场经济活动中，各类人员对有关信息的了解存在差异，掌握信息比较充分的人员，往往处于比较有利的地位，而信息贫乏的人员，则处于比较不利的地位

（许志忠，1997）。无疑，信息不对称主要是信息量多的厂商对信息量相对少的消费者进行品牌原产地虚假的依据。

辩证唯物主义认为，人类的认识或认知既是无限的又是有限的。本研究中的认知能力有限就从此理论延伸而来，特指因不同层面的人的认知能力有限，最终导致品牌原产地虚假事件的发生。不同层面的人的认知能力涉及企业所依存的消费者的个人层面的认知能力有限、行业协会机构中个人层面的认知能力有限、政府部门公务员个人层面的认知能力有限，也包括企业家和员工个人层面的认知能力有限甚至错误。这里的认知能力有限有三个意思：一是认识不到位；二是认识错误；三是认识有限。由于不同层面的人的认知能力有限问题的客观存在性，因此，难免在某个时间段内品牌原产地虚假事件的发生。正如，2008 年《麦肯锡季刊》中所说："中国消费者对于品牌的'国籍'并不总是具有清晰的概念；在我们的受访者中，大多数人都将许多产品门类中的一流外国产品误认为是本国品牌；虽然这些品牌并未故意遮掩其原产地，但它们在市场营销中也没有着重强调其原产地"。①

3. 内外原因与虚假动机及行为的关系

（1）内部原因与虚假动机及行为的关系。内部原因主要包括资源能力约束、品牌自信缺失、造假收益预期、成本投入感知、信誉机制匮乏与诚信文化缺失六因素。基于相关理论，前两个与后两个因素的水平越高，虚假动机与行为的概率越大。当造假收益预期大于成本投入感知时，虚假动机行为的概率就大。

（2）外部原因与虚假动机及行为的关系，主要包括市场驱动因素、政府作为、行业因素、媒体因素、其他因素五大因素。这五大因素又分为若干个小因素。基于 S－R 理论，上述五大因素对虚假动机及行为存在不同的影响。

三、虚假动机模式

基于前期文献分析、现实案例、深度访谈等方式，结合市场营销相关理论，本研究提出了品牌原产地虚假之动机模式，如图 3－2 所示。

---

① 《中国消费者有何新变化?》，《麦肯锡季刊》2008 年。

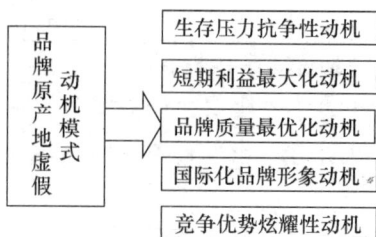

图 3 - 2　品牌原产地虚假动机模式

1. 五大动机

（1）生存压力抗争性动机。这是犯错品牌犯错或者作弊的最可能原因。由于经济全球化，企业竞争日趋激烈，行业利润日趋微薄，国内一些中小企业因资源环境约束，面临发展困境，在生存的动机下，可能导致这类企业优先走上了品牌原产地虚假道路。

（2）短期利益最大化动机。这是犯错品牌犯错或者作弊的很重要原因。由于非诚信企业文化的影响，特别是受企业领导虚假的价值观影响，加上竞争日趋激烈，国内一些中小企业在短期利益最大化的动机下，很可能做出品牌原产地虚假的决策。

（3）品牌质量最优化动机。这是犯错品牌犯错或者作弊的一个重要原因。由于质量本身对于消费者和企业的重要性，品牌本身对于消费者和企业的重要性，这就暗示企业如能同时抓住品牌和质量，那将非常好，而品牌原产地虚假方式可以同时兼顾这两个目标。

（4）国际化品牌形象动机。这是犯错品牌犯错或者作弊的一大重要原因。现实生活中中国企业 100 强、世界公司 500 强，这些企业的绩效是比较好的。基于信号暗示理论，本研究认为，犯错品牌之所以走上虚假之路，是因为大品牌、大公司对其感知的形象挑战，以至于冒充国际品牌。

（5）竞争优势炫耀性动机。这是犯错品牌犯错或者作弊的一大重要原因。国内外的强势品牌，主要靠的是核心竞争力，才构建了竞争优势。基于此，本研究认为，国内中小企业选择品牌原产地虚假，可能是为了获取竞争优势，并向对手炫耀。

2. 五大动机与虚假行为的关系

基于动机—行为理论，可以推导出这五大动机都有可能导致虚假行为。当然，上述五大动机是可以兼容或者同时产生的，从而使得品牌原产地虚假行为的发生成为必然。另外，这五大动机对虚假行为的作用可能存在差异。

第三节　品牌原产地虚假之顾客购买意愿受损探究

一、顾客之内涵、分类及价值

1. 顾客的内涵①②

管理大师德鲁克说："企业成功的关键不在于厂商，而取决于顾客。"顾客是现代市场营销理论最为重要的一个概念。企业的营销活动既是以顾客的需求为起点的，又是以顾客需求的满足与顾客满意为终点的。然而，关于什么是顾客，学者们从不同的角度提出了不同的看法：

（1）交换角度，以菲利普·科特勒的定义为代表。他认为顾客是指："具有特定的需要或欲望，而且愿意通过交换来满足这种需要或欲望的人。"该定义强调顾客通过等价交换达到自己需要与欲望的特性，认为顾客是交换关系的实施者与承担者。

（2）购买力角度，以中国学者屈云波、牛海鹏的定义为代表。他们强调，"顾客是指那些会登门购买的人们"或者"具有消费能力或消费潜力的人"。该定义主要从购买力的大小界定顾客，认为既不能把没有具体购买力的人当作顾客，也没有必要把用户与顾客分开来。

（3）最终使用的角度，以英国学者泰德·琼斯的定义为代表。他提出："顾客是使用并偿付我们产品或服务的人。"此定义将用户与顾客作了区分，认为营销的重点应该是向企业支付金额的人而非使用者。

（4）接受角度，以张富山为代表。GBT/19000 - ISO9000 族 2000 版新标准——《质量管理体系基础和术语》3.3.5 中指出："顾客是指接受产品

---

① 南剑飞、李蔚：《顾客的内涵及分类研究》，《现代管理科学》2008 年第 5 期。
② 南剑飞：《我国石油机械制造企业顾客满意度研究》，西南石油学院硕士学位论文，2003 年。

和服务的个人和组织。示例：消费者，委托人，最终使用者，零售商，受益者和采购方。注：顾客可以是内部的或外部的。"① 该定义主要从接受的角度界定顾客的含义，认为只有接受产品或服务的人，才是顾客，接受者可以是个人和组织。这个定义因具有较广的外延和较深的内涵，因而说服力较强，并被越来越多的企业所认同。

应当指出的是：上述定义从各自不同的角度对顾客进行了界定，有其科学和可取之处，但都存在一定的局限性。如上述定义大都外延过窄（除了定义（4）），只看到了现实顾客——最终消费者即购买并消费了产品或服务的人，而忽视了现实生活中大量存在、流动的、分散的潜在顾客。这与当前营销实践的要求不相适应，容易引发新的"市场营销近视症"，弱化市场营销的指导作用，导致企业忽视其他顾客，无形中降低了企业的顾客满意度和忠诚度，使其市场占有率和竞争力下降，最终不利于其长远发展，如图3－3所示。

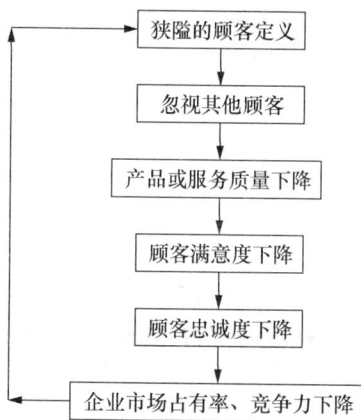

```
      ┌──────────────┐
   ┌─→│  狭隘的顾客定义  │
   │  └──────┬───────┘
   │  ┌──────▼───────┐
   │  │  忽视其他顾客   │
   │  └──────┬───────┘
   │  ┌──────▼───────┐
   │  │ 产品或服务质量下降 │
   │  └──────┬───────┘
   │  ┌──────▼───────┐
   │  │  顾客满意度下降  │
   │  └──────┬───────┘
   │  ┌──────▼───────┐
   │  │  顾客忠诚度下降  │
   │  └──────┬───────┘
   │  ┌──────▼────────────┐
   └──│ 企业市场占有率、竞争力下降 │
      └───────────────────┘
```

图3－3　狭隘的顾客定义所产生的结果

基于此，可以给出顾客的新定义：直接或间接与企业发生现实交换关系或潜在交换关系，从而直接或间接影响企业或组织利益的个人或组织（各级各类企事业单位和机构）。顾客之所以是顾客，在于企业与顾客之间

---

① 张富山：《顾客满意——关注的焦点》，计划出版社2000年版。

发生了交换关系或潜在交换关系。这个定义，一方面，表明顾客是现实顾客和潜在顾客的集合体，这与"市场是某种货物或服务的所有现实购买者和潜在购买者"（菲利普·科特勒）的观点完全一致；另一方面，从市场营销活动与市场营销系统看，凡是可以促进交换实现的一切活动都可看作是营销活动的组成部分，凡是参与或促进交换活动的一切个人或组织都可看作是企业的顾客。因此，企业不应将顾客局限于"最终消费者"或"用户"，而应将其范围扩大到企业所有的"利益攸关者"。

2. 顾客的分类

（1）内外角度。可分为内部顾客和外部顾客，具体如图3-4所示。

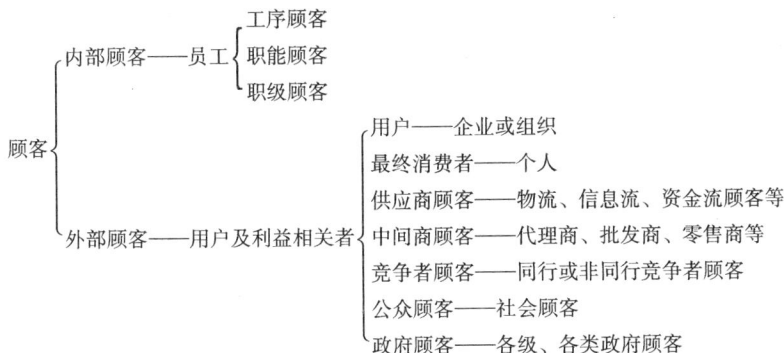

图3-4   内外顾客分类

需要指出的是：内部顾客，也就是企业员工，他们依靠企业的内部服务而为外部顾客提供服务。内部顾客可细分为三类：职级顾客（指上下级之间的关系）、职能顾客（横向职能部门之间的关系）、工序顾客（上下道工序之间的关系）。外部顾客是指企业外部的顾客，他们与企业之间有直接的商品、服务与货币交换关系或有相互影响的利益关系，但并无直接的交换关系，包括供应商顾客、中间商顾客（物流、信息流、资金流顾客等）、竞争者顾客（本企业的顾客、主要竞争者的顾客和非竞争者的顾客）、最终顾客、公众顾客以及政府顾客，但主要指用户和最终消费者。用户和最终消费者的区别主要体现在：用户往往是基于某种关系（如契约、合同等）而形成的一个群体性组织，如企事业单位、政府机构等。而最终消费者往往就是单个人即我们一般所说的顾客。对于企业而言，内部顾客较外部顾客更易控制和管理。

（2）时间角度。可分为过去顾客、现在顾客和未来顾客。过去顾客往往是企业现在已经流失的顾客，但也可能现在仍是企业的顾客甚至是企业未来的顾客。现在顾客是企业的现实顾客，主要包括新顾客和老顾客。这是我们一般所说的顾客，但它却是维持企业现实生存的根本。现在顾客可以"异化"为企业的过去顾客，也可以"进化"为企业的未来顾客。未来顾客是企业的潜在顾客，这是企业最易忽视的顾客群，但又是制约企业长远发展的战略性资源。未来顾客在一定的条件下可转化为企业的现实顾客，但企业往往要付出相当的代价。据 AMA 调查数据显示：企业争取一个新顾客的成本是维系一个老顾客的 6~10 倍。

（3）交易频次。可分为与企业发生一次或初次交易互动关系的新顾客和与企业发生多次和长期交易互动关系的老顾客以及与企业发生终生交易互动关系的终生顾客。新顾客、老顾客和终生顾客相互影响、互相制约、彼此渗透、层层传递、层层递进，并以潜在顾客为"基地"构成了一个金字塔形的顾客等级阶梯结构库，如图 3－5 所示。

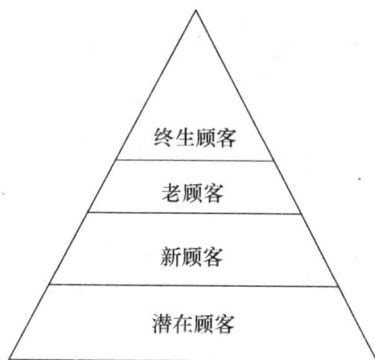

图 3－5　顾客等级阶梯结构库

需要注意的是：对于某些行业和企业而言，如房地产公司，其新顾客可能是其终生顾客；而在顾客消费知识和维权意识日益增强的买方市场下，保持老顾客尤其是终生顾客并非比争取新顾客来得省事。

（4）普通与特殊角度。可分为普通顾客和特殊顾客。普通顾客就是一般意义上的顾客，而特殊顾客往往是一些身份特殊或对于企业利润率有重大影响的组织或个人。特殊顾客往往包括供应商顾客、中间商顾客、金融顾客、竞争者顾客、政府顾客或关键顾客、金牌顾客等。依据帕雷托法则，又称"二八原则"，企业 80% 的收入或利润来自 20% 的少数顾客即少数顾客养活着多数人。因此，企业必须高度重视特殊顾客，坚持"有所为，有所不为"的顾客方针，不要均匀使用现有的稀缺资源，更不要幻想留住所有的顾客。

（5）是否达成交易关系。可分为已经实现交易的现实顾客和尚未达成交易的潜在顾客。现实顾客就是前面所提到的现在顾客，潜在顾客就是前面所提到的未来顾客。潜在顾客与现实顾客互为前提，互为条件，既相互影响，相互制约，又彼此渗透，互相交叉，二为一体，共同作用于市场和企业。如何把潜在顾客转化为现实顾客，是现代企业进一步把市场做大的核心问题。

（6）区域角度。可分为本地顾客、区域顾客、国内顾客和国际顾客等。一个有志于长远发展的现代企业，通常考虑更多的是如何拓宽自己的顾客群，如何才能赢得海外顾客。

（7）消费角度。从消费的角度出发，顾客就是消费者。但消费者有狭义和广义之分。所谓广义的消费者或顾客，是指直接消费生产资料或生活资料的人，即生产资料或生活资料的直接使用者，这与消费的广义理解是一致的。所谓狭义的消费者或顾客，是指产品的直接使用者。这与消费的狭义理解是一致的。

（8）组织角度。由于组织的性质不同，可分为生产资料顾客、消费生产资料顾客、生产消费资料顾客和消费资料顾客等，或金融顾客、房地产顾客、医院顾客、事业单位顾客、政府组织顾客等。

3. 顾客的价值

本研究中所探讨的顾客的价值不是狭义的顾客价值，而是广义的顾客价值，即顾客对于各类组织的生存与发展的重要性问题或价值问题。尽管本研究中的顾客价值不是狭义的顾客价值，但却包含了狭义的顾客价值。学者们普遍认为，只有顾客价值才是一切价值的来源（Treacy 和 Wiersema，1995；Hammer，1996；Heskett 等，1994；Lemmon 等，2001）。事实上，传递顾客价值可以使长期的股东价值达到最大化（Reichheld，1994）。只有顾客价值优势才是企业生存和发展的关键优势。

不仅如此，ISO9000 族 2000 版，明确提出了组织依存于顾客的重要概念，并把"以顾客为关注焦点，努力实现顾客满意"作为全面质量管理的首要原则，要求组织应当满足并争取超越满足顾客期望，实现 TCS[①]，实现组织卓越经营。

管理学大师彼得·德鲁克先生，尤其强调顾客价值。早在 1954 年，德鲁克就指出，顾客购买和消费的绝不是产品，而是价值。他认为，现代企业的首要任务是创造并保持顾客。他说："企业成功的关键不在于厂商，而决定于顾客。""衡量一个企业是否兴旺发达，只要回过头来看看其身后的顾客队伍有多长就一清二楚了。"

综上所述，顾客是组织生存发展之本，顾客是企业的衣食父母。作为企业或组织的经营管理者，务必重视顾客（各层级、各类型顾客）。正如摩托罗拉公司所言：如果我们不关照顾客，别人会代劳的。

二、顾客购买意愿受损之内涵、分类及影响

1. 顾客购买意愿受损的内涵

所谓受损，顾名思义，就是人或物受到损失、损害、破坏，或遭遇损失、损害、破坏（《新华字典》，2010）。本研究认为，受损总是针对特定对象而言的，并且具有特定的时空范围。比如，可以说经济受损、物质受损、精神受损，也可以说顾客价值受损（包括顾客的产品价值受损、服务价值受损、员工价值受损、形象价值受损）、顾客购买意愿受损等。

什么是顾客购买意愿受损？基于上述分析，可以给出顾客购买意愿受损的定义：由于种种原因（往往是厂商原因）导致顾客的购买意愿在某个时间段和某个特定的市场内受到损失、损害、破坏，或遭遇损失、损害、破坏。这种购买意愿受损最终表现为不愿意购买、不会购买、减少购买、停止购买或者改变购买计划，如暂停购头、转换购买或不再推荐等行为。应当指出，购买意愿受损是一种客观现实，更是一种主观感知，并且购买意愿受损是一个程度色彩很强的概念。购买意愿受损因人而异，有的人完全受损，有的人局部受损或无损。

在品牌原产地虚假的背景下，为什么会产生顾客购买意愿受损？这是因为当品牌原产地虚假负面曝光事件发生后，负面事件的负面效应、负面

---

① 南剑飞、熊志坚、张鹏、赵丽丽：《全面质量管理 TQM 与顾客完全满意 TCS 融合的必要性与可行性》，《世界标准化与质量管理》2002 年第 11 期。

信息的可接近性和更易诊断性等因素介入或者说负面信息被消费者选择性提取。加之，负面事件发生后，媒体给予了很高的投入报道，这使得负面效应被放大了，因而更易引起关注，最终不可避免地导致了顾客的购买意愿受损现象产生。当然，也不排除购买意愿未受到影响的顾客，这些顾客表现为继续购买该犯错品牌。应当指出的是，本研究关注的焦点不在于此类顾客，而专注于购买意愿受损的顾客。这些顾客，在品牌原产地虚假曝光事件发生前，在众多的品牌考虑集中，已经对目标品牌有明确的购买意愿，然而，在品牌原产地虚假曝光事件发生后，这些顾客的购买意愿下降或减弱，甚至购买意愿就此消失，如不会购买或取消购买计划等。本研究将这种现象称为顾客购买意愿受损。

2. 顾客购买意愿受损的分类

（1）现实顾客和潜在顾客角度。市场是某种货物或服务的所有现实购买者和潜在购买者（菲利普·科特勒，2001）。这就意味着在品牌原产地虚假的背景下，顾客购买意愿受损可以分为现实顾客购买意愿受损和潜在顾客购买意愿受损。2006年欧典地板事件发生后，新浪网站对现实顾客与潜在顾客的调查统计，已经证实了这一点。另外，由于负面信息的可接近性与可诊断性特征，从此理论推断，潜在顾客购买意愿受损程度可能高于现实顾客。这也意味着品牌原产地虚假对潜在顾客购买意愿的负面影响很可能大于其现实顾客。但是，这一推论还有待于实证检验。

由表3-11及表3-12可知，不仅现实顾客本人购买意愿受损，包括向他人推荐的意向也严重受损，而且，现实顾客的购买意愿也严重受损。

表 3-11　欧典地板购买意愿（针对已购买者）

调查来源	新浪调查		
调查主题	欧典地板购买意愿调查（针对购买了欧典地板的人群）		
参与人数	4928		
调查结果网址	http：//news. survey. sina. com. cn/voteresult. php？pid = 11689&dpc = 1		
题目：你还会自己或推荐朋友买欧典吗？			
选项	不会	会	不好说	合计
比例（%）	79.00	13.70	7.30	100
票数	3894	673	361	4928

表 3 –12 欧典地板购买意愿（针对所有人群）

调查来源	新浪调查
调查主题	欧典地板名誉调查（针对所有人群）
参与人数	8219
调查结果网址	http://news.survey.sina.com.cn/voteresult.php? pid = 11691&dpc = 1

题目：你还会买欧典地板吗？

选项	不会	会	不好说	合计
比例（%）	79.80	12.90	7.30	100
票数	6558	1063	598	8219

（2）犯错品牌和非犯错品牌角度。品牌原产地虚假使得事件品牌或者肇事品牌成为犯错品牌，沦为了污点品牌。这个污点不仅体现在犯错品牌自身，而且由于顾客的思维深加工、学习机制及相似效应等作用因素的影响，从而传递给非犯错品牌，特别是同行业中竞争者品牌。这就意味着，在品牌原产地虚假的背景下，顾客购买意愿受损可以分为犯错品牌的购买意愿受损和非犯错品牌的购买意愿受损两类。通常，由于归因理论及比较效应影响，犯错品牌的购买意愿受损程度要大于非犯错品牌。一个领袖品牌的信誉危机往往会累及整个产业。欧典事件发生后引发了全行业危机，这就是最佳的诠释。

（3）本土品牌和外国品牌角度。品牌原产地虚假使得事件品牌或者肇事品牌成为犯错品牌，沦为了污点品牌。这个污点不仅体现在犯错品牌自身，而且由于顾客的思维深加工、学习机制及对比效应等作用因素的影响，从而延伸到了其他本土品牌即中国品牌以及外国品牌即洋货。这也就意味着，在品牌原产地虚假的背景下，顾客购买意愿受损可分为本土品牌的购买意愿受损和外国品牌的购买意愿受损两类。通常，由于归因理论及比较效应的影响，本土品牌的购买意愿受损程度可能要低于外国品牌。因为当多个同类事件发生后，特别是在品质不假的前提下，依据消费者学习理论，消费者的认知思维将趋于客观科学，消费心理会趋于理性、成熟，消费者民族中心主义或国货意识将上升（王海忠，2002）。

（4）顾客及他人角度。从某种意义上来说，世界上只有两种人，一个是自己，另一个就是别人或他人。同样，对于顾客而言，购买东西的人除了自己，还有别人或他人。从现实看，由于负面事件中媒体的传播、顾客负面口碑等因素的交互影响，导致了顾客本人的购买意愿受损，也包含向他人推荐的意向严重受损，最终导致了他人的购买意愿受损。这就意味着，在品牌原产地虚假的背景下，顾客购买意愿受损可以分为顾客本人的购买意愿受损和他人的购买意愿受损两类。对于犯错企业而言，他人的购买意愿受损情况，可能直接决定了事后其目标市场的开发难度等问题。

3. 顾客购买意愿受损的影响

考虑到负面事件的负面效应以及"好事不出门，坏事传千里"的传播功效（主要来自传统媒体、现代媒体，尤其是互联网的放大效应、顾客口碑的乘数效应及连锁反应），基于现实观察、案例研究及逻辑推理，本研究认为，在品牌原产地虚假的背景下，伴随着顾客购买意愿受损这一客观事实，将不可避免地产生以下不同层面的影响：

（1）对于现实顾客的影响。从消费者行为理论的角度思考，本项研究认为，顾客购买意愿受损，意味着一定程度上消费者的购买动机受挫。然而，购买动机一旦受挫，为了缓解因受挫而产生的购买压力、满足受损的购买意愿，第一，消费者可能会进行抱怨或者投诉；第二，消费者会将原产地虚假之类品牌丑闻事件通过自己的渠道和圈子传播出去，形成负面口碑；第三，消费者将减少购买和使用这类犯错品牌；第四，消费者不再使用或者重购该品牌产品或服务；第五，消费者本人不再推荐他人使用该品牌产品或服务；第六，消费者会寻找新的可以替代的产品或服务品牌供应商，以完成不同的产品或服务品牌转换活动，从而产生了顾客流失或转换现象。事实上，从一定的程度上讲，顾客流失或转换的实质是受损的顾客购买意愿的流失、转换产物。这也标志着品牌关系断裂或终止。

（2）对于潜在顾客的影响。从参照群体和社会交际的角度思考，本项研究认为，当现实顾客购买意愿受损的时候，意味着与其密切联系的潜在顾客的购买意愿受损。一方面，顾客的利益或者说整体利益是一致的，现实顾客与潜在顾客虽有差异，但更有共性，比如拥有相似的思维模式及消费情感；另一方面，现实顾客总会有意或者无意将消费信息、购买经历、消费体验等知识运用起来，比如与关系密切的人，如家人、亲戚、同学、同事等沟通交流，包括利用网上虚拟社区分享消费经历等。基于此，本研究认为，在品牌原产地虚假背景下，潜在顾客购买意愿同样受损，其对事件品牌的品牌信任度下降，其考虑购买的可能性减少。

（3）对于企业行业的影响。管理大师德鲁克先生认为，现代企业的首要任务是创造和保持顾客。顾客购买意愿受损，意味着依存于顾客的、致力于满足顾客需求的现代企业的首要任务出现了重大问题。伴随着顾客购买意愿的受损，企业的目标市场份额下滑，企业的品牌资产缩水，企业的竞争优势下降，企业的品牌形象损坏，企业的生存与发展面临严峻挑战。因为企业成功的关键不在于厂商，而决定于顾客。在品牌原产地虚假的背景下，不仅顾客购买意愿受损，网站调查及实际访谈均表明，顾客的消费信心或信念或者说品牌信任度也同样受损。由于企业是行业中的企业，企业是行业构成的基础。特别是行业中某些曾经赫赫有名的企业，一旦出现原产地虚假这类品牌丑闻事件，受多米诺骨牌效应影响，消费者对事件品牌的不信任感自然而然也会波及行业，导致行业信任危机，威胁行业安全。

三、品牌原产地虚假背景下顾客购买意愿受损实证分析

品牌原产地虚假曝光事件发生后，消费者（包括现实消费者和潜在消费者）的购买意愿如何呢？具体见下文的调查分析。

1. 来自新浪网站的调查

表 3 - 13　新浪网的调查统计（一）

调查来源	新浪调查		
调查主题	阿诗丹顿购买意愿调查		
参与人数	3433		
调查结果网址	http：//survey. finance. sina. com. cn/voteresult. php？pid = 44510&dpc = 1		
题目：你是否会购买阿诗丹顿产品？			
选项	是	不是	不好说	合计
比例（%）	89. 80	6. 50	3. 70	100
票数	3083	224	126	3433

表3-14　新浪网的调查统计（二）

调查来源	新浪调查			
调查主题	你是否还会购买 Prada 等产品			
参与人数	16886			
调查结果网址	http：//survey. finance. sina. com. cn/voteresult. php？pid＝41749&dpc＝1			
题目：你是否还会购买 Prada 等奢侈产品？				
选项	不买	买	不好说	合计
比例（%）	71. 10	15. 30	13. 60	100
票数	12004	2585	2295	16886

表3-15　新浪网的调查统计（三）

调查来源	新浪调查			
调查主题	欧典地板购买意愿调查			
参与人数	8219			
调查结果网址	http：//news. survey. sina. com. cn/voteresult. php？pid＝11691&dpc＝1			
题目：你还会买欧典地板吗？				
选项	不会	会	不好说	合计
比例（%）	79. 80	12. 90	7. 30	100
票数	6558	1063	598	8219

表3-16　新浪网的调查统计（四）

调查来源	新浪调查			
调查主题	欧典地板购买意愿调查			
参与人数	68745			
调查结果网址	http：//news. survey. sina. com. cn/voteresult. php？pid＝7467&dpc＝1			
题目：当您得知欧典地板欺诈消费者的报道后，是否还有购买欧典地板的打算？				
选项	不会再买	看情况再说	还会买	合计
比例（%）	88. 90	7. 20	3. 90	100
票数	61089	4977	2679	68745

表3-17 新浪网的调查统计（五）

调查来源	新浪调查			
调查主题	丸美化妆品购买意愿调查			
参与人数	5100			
调查结果网址	http：//survey. news. sina. com. cn/voteresult. php？pid = 26629&dpc = 1			
题目：你是否会购买丸美化妆品？				
选项	不买	买	不好说	合计
比例（%）	79.80	12.90	7.30	100
票数	4236	613	251	5100

2. 中国化妆品网调查

"丸美事件"曝光后，2008年9月14日，中国化妆品网记者实地走访进行消费者调查。调查结果（见图3-6）显示，有56%的消费者表示不接受丸美公司的道歉；33%的消费者接受丸美公司的道歉，但表示不再购买其产品；11%的消费者表示接受道歉并继续购买和使用丸美化妆品[①]。

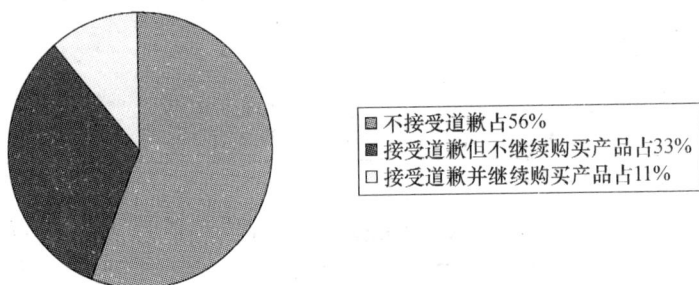

■不接受道歉占56%
■接受道歉但不继续购买产品占33%
□接受道歉并继续购买产品占11%

图3-6 中国化妆品网的调查统计

3. 来自实际访谈的调查

在品牌原产地虚假曝光事件发生后，本研究进行了多次深度访谈，发现事后消费者的购买意愿的确受损，具体如表3-18、表3-19和表3-20所示。

---

① http：//news. c2cc. cn/observer/data/200809/399620. htm.

表 3 – 18　欧典地板事件发生后，消费者购买意愿调查结果

是否购买	人数	比例（%）
会	23	46
不会	27	54

表 3 – 19　施恩洋奶粉事件发生后，消费者购买意愿调查结果

是否购买	人数	比例（%）
会	4	14
不会	25	86

表 3 – 20　丸美事件发生后，消费者购买意愿调查结果

是否购买	人数	比例（%）
会	8	21
不会	30	79

由以上调查数据可知，不论是来自公众可信度较高的新浪网站还是来自本研究的实际调查数据，都证实了一个世人皆可以凭思辨[①]能力就可以做出的结论——品牌原产地虚假事件发生后，顾客的购买意愿受损，表现为不愿意购买或不会购买，也包括不确定或者不好说的顾客。

第四节　本章小结

本章提出了品牌原产地虚假的概念、性质、实质、归属、特征、分类以及多重效应，论述了其形成机理，采用小样本量化分析数据初步探讨了品牌原产地虚假背景下的顾客购买意愿受损问题，为后续章节的展开做了铺垫。

---

① 李怀祖：《管理研究方法论》，西安交通大学出版社 2004 年版。

第四章　品牌原产地虚假背景下顾客购买意愿受损原因分析

　　要研究品牌原产地虚假背景下的购买意愿受损的顾客修复策略，首先必须识别事件背景下造成顾客购买意愿受损的主要原因或关键因素。虽然现有文献对负面曝光事件后顾客购买意愿受损问题进行了一定探索，但是这些探索大体呈现出三个局限：第一，目前，文献检索尚未发现有关品牌原产地虚假背景下的顾客购买意愿受损问题的研究；第二，负面曝光事件后的顾客购买意愿受损研究匮乏，其原因也散见于稀少的文献之中，缺乏系统化研究；第三，在上述文献中，除了少数论文做了购买意愿受损原因的实证研究外，大多数购买意愿受损原因没有经过实证研究的验证。因此，本章主要探讨品牌原产地虚假背景下顾客购买意愿受损的主要原因或关键因素。

　　基于本研究的逻辑严谨性和表述方便性的考虑，本章只是论述品牌原产地虚假背景下顾客购买意愿受损原因的因子分析过程，至于修复策略和购买意愿的测量将在第五章论述。

第一节　量表构建

一、深度访谈

　　在测项以及量表构建的过程中，特别是初始测项生成中，考虑到本研究的开创性属性及研究对象的敏感性等问题，我们采用了深度访谈的定性研究方法。

所谓深度访谈① (Depth Interview)，是通过深入交谈来获取有关个人的经历、动机和情感方面的信息。该方法最初常用于对精神病人等特殊个体的调查与诊断，后来被广泛用于对一般人的行为、态度和动机的深入调查。深度访谈通常由有经验的调查员对单个调查对象进行一对一的面谈，访谈时间一般在 30 ~ 60 分钟。

1. 访谈目的及访谈方式

本研究的访谈目的：从顾客访谈中，直接寻求获取品牌原产地虚假背景下的顾客购买意愿受损的主要原因或影响因素；分析现有相关的研究文献中提到的顾客购买意愿受损原因或影响因素是否存在中西文化背景的差异；探索在现有的研究文献中的顾客购买意愿受损原因之外，是否存在新的导致顾客购买意愿受损的原因因素，为后续的测项设计提供有针对性的一手资料信息。

本研究的访谈方式：由于研究者既是博士研究生又是高校教师的特殊身份，所以，本研究以上海交通大学城市消费者行为课题组、四川大学品牌危机管理课题组和西南石油大学管理科学课题组的三个名义分头、分区域（即分社会系统和石油系统）、分时段（2007 ~ 2012 年）进行，采取现场访谈和远程访谈方式。具体由访谈员（事先经过培训的在校市场营销专业大学生及企业管理专业硕士研究生，以大学生访谈员为主）负责实施。为了达到预期访谈效果，实际访谈中特提出以下要求：一是访谈员务必熟悉访谈提纲（见附录）一对一深度访谈，保证不低于 60 分钟；二是访谈必须做好文字记录，不断归纳整理和总结，并持续改进访谈技巧；三是访谈结束后，访谈员尽可能留下他们的联系方式，并给予纪念品以示谢意。

2. 访谈时空及样本结构

本研究访谈工作分两个时段进行：2008 年汶川特大地震前，我们在2007 年五一期间和国庆期间分别就地板和服装两类不同产品进行访谈；2008 年汶川特大地震后，我们在 2009 年五一期间和暑假期间分别对奶粉及化妆品两类不同产品进行访谈。所有的访谈素材都基于现实生活中真实的案例，它们分别是欧典地板事件、假洋品牌服装事件、施恩洋奶粉事件和丸美化妆品事件。至于访谈具体地点分实地现场访谈和远程在线访谈，受访人

---

① 涂平：《营销研究方法与应用》，北京大学出版社 2008 年版。

群分别属于成都和成都以外的区域。访谈的样本结构如表 4 – 1、表 4 – 2、表 4 – 3 和表 4 – 4 所示。

表 4 – 1 样本基本资料（地板事件 50 人）

基本资料	项目	人数	百分比（%）
性别	男	26	52
	女	24	48
	合计	50	100
年龄	20 岁以下	2	4
	20 ~ 29 岁	29	58
	30 ~ 39 岁	9	18
	40 ~ 49 岁	6	12
	50 ~ 59 岁	4	8
	60 岁及以上	0	0
	合计	50	100
学历	小学及以下	3	6
	中学中专	12	24
	大专	14	28
	本科	17	34
	研究生及以上	4	8
	合计	50	100
职业	政府机关或事业单位职工	9	18
	企业职工	24	48
	个体工商户	10	20
	农民	2	4
	学生	2	4
	其他	3	6
	合计	50	100
家庭月收入	1500 元以下	5	10
	1500 ~ 3000 元	18	36
	3001 ~ 4500 元	11	22
	4501 ~ 6000 元	8	16

续表

基本资料	项目	人数	百分比（%）
家庭月收入	6001~7500 元	4	8
	7500 元以上	4	8
	合计	50	100
受访人所在地	成都	17	34
	外地	33	66
	合计	50	100

表 4 - 2　样本基本资料（服装事件 39 人）

基本资料	项目	人数	百分比（%）
性别	男	17	43.59
	女	22	56.41
	合计	39	100
年龄	20 岁以下	1	2.56
	20~29 岁	24	61.54
	30~39 岁	8	20.51
	40~49 岁	4	10.26
	50~59 岁	2	5.13
	60 岁及以上	0	0.00
	合计	39	100
学历	小学及以下	1	2.56
	中学中专	6	15.38
	大专	8	20.51
	本科	17	43.60
	研究生及以上	7	17.95
	合计	39	100
职业	政府机关或事业单位职工	9	23.08
	企业职工	15	38.46
	个体工商户	7	17.95
	农民	2	5.13

基本资料	项目	人数	百分比（%）
职业	学生	4	10.26
	其他	2	5.12
	合计	39	100
家庭月收入	1500 元以下	3	7.69
	1500~3000 元	11	28.21
	3001~4500 元	11	28.21
	4501~6000 元	9	23.08
	6001~7500 元	3	7.69
	7500 元以上	2	5.12
	合计	39	100
受访人所在地	成都	19	48.7
	外地	20	51.3
	合计	39	100

表 4 - 3　样本基本资料（奶粉事件 29 人）

基本资料	项目	人数	百分比（%）
性别	男	14	48.2
	女	15	51.8
	合计	29	100
年龄	20 岁以下	0	0
	20~29 岁	17	58.6
	30~39 岁	7	24.1
	40~49 岁	3	10.3
	50~59 岁	2	7
	60 岁及以上	0	0
	合计	29	100
学历	小学及以下	1	3.4
	中学中专	4	13.9
	大专	2	6.9

基本资料	项目	人数	百分比（%）
学历	本科	19	65.5
	研究生及以上	3	10.3
	合计	29	100
职业	政府机关或事业单位职工	11	37.9
	企业职工	7	24.1
	个体工商户	5	17.3
	农民	1	3.4
	学生	4	13.9
	其他	1	3.4
	合计	29	100
家庭月收入	1500 元以下	2	6.8
	1500～3000 元	5	17.3
	3001～4500 元	10	34.5
	4501～6000 元	9	31.1
	6001～7500 元	3	10.3
	7500 元以上	0	0
	合计	29	100
受访人所在地	成都	19	65.5
	外地	10	34.5
	合计	29	100

表4-4　样本基本资料（化妆品事件38人）

基本资料	项目	人数	百分比（%）
性别	男	12	31.58
	女	26	68.42
	合计	38	100
年龄	20 岁以下	2	5.26
	20～29 岁	25	63.16
	30～39 岁	8	21.05

基本资料	项目	人数	百分比（%）
年龄	40~49 岁	2	7.89
	50~59 岁	1	2.64
	60 岁及以上	0	0
	合计	38	100
学历	小学及以下	0	0
	中学中专	1	2.63
	大专	8	21.05
	本科	25	65.79
	研究生及以上	4	10.53
	合计	38	100
职业	政府机关或事业单位职工	7	18.42
	企业职工	12	31.58
	个体工商户	5	13.16
	农民	4	10.53
	学生	7	18.42
	其他	3	7.89
	合计	38	100
家庭月收入	1500 元以下	2	5.26
	1500~3000 元	11	28.95
	3001~4500 元	12	31.58
	4501~6000 元	9	23.68
	6001~7500 元	3	7.89
	7500 元以上	1	2.64
	合计	38	100
受访人所在地	成都	20	52.63
	外地	18	47.37
	合计	38	100

3. 数据收集及访谈结果

本研究采用 Gutman 提出的软式阶梯方法，依据访谈提纲对被访者进行一对一的深度访谈以获取数据。访谈的主要话题是"您如何看待品牌原产地虚假事件？品牌原产地虚假事件发生后，您认为有哪些因素导致您的购买意愿受损，比如说您原本打算购买，但是得知此虚假事件后，您不打算购买该品牌或者说你准备减少购买该品牌？"

本研究共访谈了156人，主要采用内容分析法（Content Analysis）对定性访谈的结果进行分析。内容分析法的具体步骤如下：首先，从深度访谈记录中提取反复出现的关键语句；其次，对这些语句进行编码；再次，采用计词法计算这些语句出现的频次；最后，利用概念组分析法将这些关键语句归类到相应的概念组中。依据上述方法，本研究对深度访谈结果进行专门分析、汇总，最终形成表4-5。

表4-5　品牌原产地虚假背景下顾客购买意愿受损原因

原因	编号	地板频次（总数50）	比例（%）	服装频次（总数39）	比例（%）	奶粉频次（总数29）	比例（%）	化妆品频次（总数38）	比例（%）
信任损坏	1	45	90	31	79.49	27	93.1	34	89.47
形象冲突	2	46	92	22	56.41	25	86.21	29	76.32
负面情感	3	45	90	25	64.10	29	100	31	81.58
质量疑虑	4	44	88	19	48.72	26	89.66	33	86.84
价格担心	5	35	70	24	61.54	19	65.52	27	71.05
社会规范	6	28	56	15	38.46	16	55.17	20	52.63
企业责任	7	30	60	16	41.03	21	72.41	20	52.63
媒体报道	8	17	34	9	23.08	10	34.48	12	31.58
企业惩罚信念	9	18	36	12	30.77	11	37.93	13	34.12
事件严重感知	10	25	50	19	48.72	24	82.76	17	44.74

二、测项发展

本研究参考 Churchill（1979）、Gerbing 和 Anderson（1988）及 Iacobuci（2002）等关于测项建立的原则，从文献研究、深度访谈及专家咨询等方面获得测项，如图 4 - 1 所示。

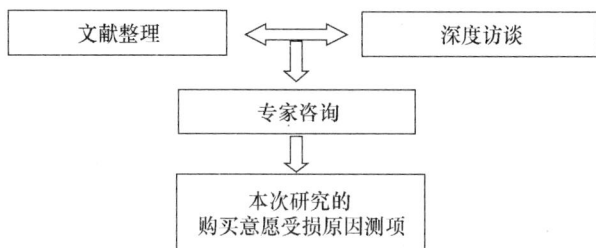

图 4 - 1　品牌原产地虚假背景下顾客购买意愿受损原因测项发展思路

（1）文献整理。鉴于品牌原产地虚假属于负面事件，它具有负面事件的一般特征。因此，对于虚假背景下的顾客购买意愿受损的原因应该首先取自于现有相关文献。例如：负面情感，Brian K. Jorgensen（1994，1996）；事件归因，Weinberger、Romeo 和 Antes（1994），Kaman（2004）；公司声誉，Weinberger、Romeo 和 Antes（1994），Dwane Hal Dean（2004）；媒体报道，Siomkos 和 Malliars（1992）；事件严重性，Siomkos、George 和 Gary Kurzbarrd（1994），Griffin、Babin 和 Attsway（1991），Coombs（2002），Lori（2003），Dowling（2004），Lee（2005）；情感，Holbrook 和 Westwood（1997），Robert（2004）；企业形象受损，Hans Hoeken 和 Jan Renkema（1998），Dwane Hal Dean（2004）。这些人对负面事件发生后顾客购买意愿受损问题进行了研究。访谈的具体测项主要来自 Brian K. Jorgensen（1994，1996），Weinberger、Romeo 和 Antes（1994），Coombs（2002），Dowling（2004），Lee（2005）等的研究。

（2）深度访谈。开展针对顾客的深度访谈，其主要目的是探索品牌原产地虚假背景下顾客购买意愿受损的关键因素，检测初步形成的题项的可靠性。为了确保深度访谈的预期效果，我们对研究生及大学生调查员进行有针对性的指导和训练，并要求一对一的面谈，访谈时间一般在 60 分钟左右。通过深度访谈，我们发现，除负面情感因素之外，还有其他9个导致顾客购买意愿受损的原因，特别是发现了3个重要原因——信任损害、形象冲突及质量疑虑。按照频次低于40%的标准，本研究将那些频次较低的原因（如"媒体报道"及"企业惩罚信念"）给予删除。另外，根据反馈情况，对量表的语言表达方式进行相应调整。

（3）专家调查。这种方法是访问员针对特定命题，对具有相当资历及代表性的专家进行调查咨询，综合分析访谈内容后，得出研究结论。由于专家的意见一般具有权威性、针对性，不同专家的意见往往相互印证或补充，还能提供多种视角和多个层面的观点及看法，最终结论往往较为权威、可靠。基于此，结合本研究需要，先设计出初始量表测项，然后针对量表和上海交通大学中国企业发展研究院及四川大学营销研究所的3位博士生导师、9位博士、3位博士后进行探讨，对量表中的各项指标和测试语句进行多次讨论，获得初步测项，如表4-6所示。

表4-6　品牌原产地虚假背景下顾客购买意愿受损原因测项量表

影响因素	题　　项	来　源
品牌信任损害	事件发生后，该品牌总给我一种不安全感	借鉴 Ganesan（1994）；Delgado（2001~2002）；Sirdeshmukh（2002）；Dowling（2004）；Lee（2005）；何佳讯（2006）的研究成果，进行修正
	我觉得该企业没有诚信，该品牌不可信赖	
	我觉得该品牌不诚实不可靠，不值得信任	
形象匹配冲突	我觉得购买或拥有该品牌，不符合自我形象	借鉴 Sirgy（1997）；郝静宜（1998）；何佳讯（2006）的研究成果，进行修正
	我觉得购买或拥有该品牌，不能显示我的风格	
	我觉得购买或拥有该品牌，让我很没有面子	访谈产生，专家审核
产品质量疑虑	说真的，我很担心该品牌的产品质量差	借鉴 Dodds（1991）；Erevelles 等（1999）的研究成果，进行修正
	说真的，我很担心该品牌的产品质量不可靠	
	说真的，我很担心该品牌的产品质量不稳定	访谈产生，专家审核
负面情感体验	对于该品牌，我感到很失望	借鉴 Jorgensen（1994，1996）；Holbrook、Westwood（1997）；Robert（2004）的研究成果，进行修正
	对于该品牌，我感到很不满	
	对于该品牌，我感到很生气	
	对于该品牌，我感到很气愤	

影响因素	题　项	来　源
社会规范压力	我的家人认为不应该购买该品牌	Venkatesh 和 Davis（2000）
	我的朋友们不赞同我购买该品牌	
	我周围的人认为购买该品牌不明智	
事件严重感知	我觉得该事件的严重程度很高	Weiner（1994）；James Robbins（2002）；黄静、王新刚（2009）
	我觉得该事件的影响范围很广	
企业责任归因	我认为该事件是该公司内部的原因	借鉴 Weiner（1980）；Coombs（2002）；Lee（2005）；Lori（2003）的研究成果，进行修正
	我认为该事件是该公司可以控制的	
	我认为该事件是该公司可以避免的	
产品价格担心	说真的，我担心该品牌产品价格不合理	借鉴 Erevelles Sunil、Vargo 等（1999）；Srivastava（1999）；Vaidyanathan R. 和 Aggarwal P.（2003）的研究成果，结合访谈，进行修正
	说真的，我担心品牌产品价格不公平或欺诈	
	说真的，我担心购该品牌产品不划算	
	说真的，我担心购买该品牌产品物非所值	

本研究中的变量均采用多指标量表测量，各变量的测量题项语句都来自国外文献中的成熟量表，并在此基础上结合中国的实际和本研究的情境对量表进行了修改，确保每个潜在变量至少有三个题项（Bollen，1989）。

目前社会科学研究中，变量测量常见的方式为主观感知方法即 Likert 5 级量表和 Likert 7 级量表，但是 Bollen（1989）建议量表最好为七点尺度，因此本书采用 Likert 7 级量表来进行测量，其中 1 表示完全不同意，7 表示完全同意，2~6 介于其间，2 表示不同意，3 表示有点不同意，4 表示不确定或说不清，5 表示有点同意，6 表示同意。

三、测项纯化

测项纯化（Item Purification）即通过一系列的标准和方法将量表中初始的测项进行筛选，去掉部分测项，以确定合适的测项进入最后的计算量表。Churchill（1979）特别强调，因子分析前需要净化和消除"垃圾测量项目"（Garbage Items），否则可能导致多维度现象，从而更加难以解释每个因子的含义。

本测项纯化的具体方法和步骤如下：

（1）删除无法应答测项。这是测项纯化的最基本方法。根据 Oliver（1994）的观点，如果测项无法应答水平超过 10%，则表明该测项不可靠，应该予以淘汰。由于本次研究的量表经过文献研究、深度访谈、专家意见、初测等程序最终确定，各测项应答率达到 100%，没有无法应答测项，也没有需要剔除项。

（2）使用修正后总体相关系数（Corrected – Item Total Correlation，CITC）净化测项；利用克朗巴哈 a 信度系数法（The Cronbach Alpha）即 Cronbach's α 系数检验问卷的信度。一般标准是总体相关系数小于 0.4，而且删除项目后 Cronbach's α 值会增加者即可以提高整体信度的应给予删除（Yoo 和 Donthu，2001；Aaker、Fournier 和 Brasel，2001；卢纹岱，2002）。依据此标准，删除"我认为该事件是 A 公司内部的原因"、"我认为该事件是 A 公司可以控制的"、"我认为该事件是 A 公司可以避免的" 3 个测项。

（3）进行因子负荷检测。按照一般的规则，旋转后的因子负荷值小于 0.4 或者两个因子的负荷值同时都大于 0.4 的测项应该删除（Nunnally，1978；黄胜兵，2002；周志民，2003）。根据此标准，本研究删除"我的家人认为不应该购买该品牌"、"我的朋友们不赞同我购买该品牌"、"我周围的人认为购买该品牌不明智" 3 个测项。

（4）进行双因子负荷值临界点检验。如果一个测项同时在 A 因子和 B 因子上的负荷值都高于临界点，则应考虑删除（张绍勋，2001），但如果删除该项后，两个因子又合并了，则不应删除。在本量表中"事件严重感知"的 2 个测项由于负荷值高于临界点，因此被删除。

2009 年 8 月下旬，本研究首先在成都克拉玛依酒店企业文化培训课上，对来自全国各地的中国石油、中国石化系统 193 名学员——企业干部职工中开展初步测试，然后根据问卷填写和初步信度等方面，对问卷的语言表达、测项顺序进行了测项纯化，构建了最终量表，如表 4-7 所示。

表 4-7 纯化后的测项量表

题号	题 项
1	事件发生后，该品牌总给我一种不安全感
2	我觉得该企业没有诚信，该品牌不可信赖
3	我觉得该品牌不诚实不可靠，不值得信任
4	我觉得购买或拥有该品牌，不符合自我形象

题号	题　项
5	我觉得购买或拥有该品牌，不能显示我的风格
6	我觉得购买或拥有该品牌，让我很没有面子
7	说真的，我很担心该品牌的产品质量差
8	说真的，我很担心该品牌的产品质量不可靠
9	说真的，我很担心该品牌的产品质量不稳定
10	对于该品牌，我感到很失望
11	对于该品牌，我感到很不满
12	对于该品牌，我感到很生气
13	对于该品牌，我感到很气愤
14	说真的，我担心该品牌产品价格不合理
15	说真的，我担心该品牌产品价格不公平或欺诈
16	说真的，我担心购买该品牌产品不划算
17	说真的，我担心购买该品牌产品物非所值

第二节　正式调查

一、调查品牌

本研究以 2006 年 3 月发生的"欧典地板事件"为调查的目标品牌，具体原因有五个：第一，该行业竞争激烈，各大企业无法获得突出的垄断地位，这不会干扰消费者的评价。第二，该品牌曝光前的知名度、影响力很大。该事件的影响范围大，是品牌原产地虚假事件中最具有代表性的，因为它是该行业唯一一个连续 6 年使用"3·15"标志的品牌，也是北京消费者最喜爱的品牌。第三，样本获取的便捷性。买房装修购买地板的消费者数量比较大，样本获取比较容易。第四，相对于其他产品而言，大多数消费者对地板知识了解不多或者不熟悉，这样可避免此类因素对本研究结果的干扰。第五，参照以往的研究传统①，为了避免市场上某一品牌给消费者带来的行为倾向性问题，或者一些消费者不了解相应品牌等问题，也考虑到因原产地虚假而沦为污点品牌且被曝光这个敏感性问题，因此本研究在正式研究的问卷（见附录）中虚构了一个 A 品牌以替代现实原型——欧典地板。

二、调查对象

本研究的调查对象是对于给定的目标品牌，品牌原产地虚假事件发生前有明确的购买意愿，但是在阅读完品牌原产地虚假事件材料后，购买意愿受损（或表现为推迟购买、取消购买、不愿意购买等行为）的顾客，即是本研究所定位的合格的受访人群。考虑到家居建材超市、开始大量入住的楼盘或小区是地板产品的主力消费市场，这里人员集中，易于调查，同时，这里的顾客来自全国各地，具有抽样代表性。因此本调查首先选择成都市区/县家居建材超市、开始大量入住的楼盘或小区作为主要调查点。调查时以上海交通大学城市消费者行为课题组以及四川大学品牌危机管理课题组的名义，在不影响顾客的前提下由访问员采取随机抽样的方法，发放问卷，请求顾客填写问卷，等到答卷结束后，对审查符合要求的问卷，作为答谢一律给予该问卷填答人以精美纪念品。

同时，依托在校大学生（四川大学、西南石油大学），他们来自全国各地，具有抽样代表性，请他们作为调研员利用暑假寻找满足调查对象的人群进行调查（滚雪球的方法）以及由他们联系其同学，主要涉及陕西师范大学、太原理工大学、北京大学、上海财经大学、华南理工大学等。学生包括已经毕业的大学生、在职及已经毕业的研究生，诸如 MBA、工程硕士、统招研究生和博士研究生等。我们按照地域（西安、太原、郑州、北京、上海、广州以及四川省内包括成都、绵阳、德阳、乐山、南充、达州等）分布，采取随机抽样（Random Sampling）与配额抽样（Quote Sampling）相结合的方式进行调查。采用配额抽样的方法，如果在严格控制调查员和调查过程的条件下，可使配额抽样获得与某些概率抽样非常接近的结果（迈

---

① Dwane Hal Dean, "Consumer Recation To Negative Publicity", Journal of Business Communication, 2004, p. 192.

克·丹尼尔，2002）。

本研究的合格样本选取标准为：品牌原产地虚假事件发生前对目标品牌有购买意愿，但是事件发生后对目标品牌的购买意愿受损且没有听说过该事件的顾客。具体调查问卷包括网络版问卷和纸质版问卷。对于纸质版问卷，针对符合条件的顾客，主要借助暑期培训机会对企事业单位职工进行现场问卷调查以及到符合条件的各类超市或居民小区发放问卷。为了保证样本来源的多样性，还通过以下方式获取本研究所需的合格问卷：针对符合条件的受访人，采取电子邮件、QQ、MSN、飞信等方式进行问卷调查，并让这些符合条件的受访人给我们推荐更适合的调查人群即采取滚雪球方式推荐填写，要求尽可能即时发送问卷、即时收回问卷。

三、样本情况

以 Roscoe（1975）所提出的四项原则中的两项为参考标准：①适合做研究的样本数目以 30~500 个为较恰当；②在进行多变量研究时，样本数至少要大于研究中变量数倍以上，并且以 10 倍或以上为最佳。根据简单抽样原则，本研究样本大小的估计方法如下：

$$n \geqslant \left[\frac{Z_{\frac{\alpha}{2}}\sqrt{P \times (1 - P)}}{E}\right]^2 = \left[\frac{1.96\sqrt{0.5 \times (1 - 0.5)}}{0.05}\right]^2$$

式中，n 代表应抽取的样本数，E 代表可容许误差，$Z_{(\alpha/2)} = 1.96$ 为标准常态随机变数，P 为样本比率，α 为显著水平。若对 P 值一无所知，可以采取较保守的态度，将其设定为 0.5，使得 n 值为最大。当显著水平 α 为 0.05 时，有效样本数至少应为 385（颜月珠，1996）。

参照上述原则，本研究共计发放问卷约 1000 份，希望回收有效样本数 600 份，实际有效问卷为 576 份，占总的访问人数的 57.6%。样本分布如表 4-8 所示。

表4-8 样本基本资料

基本资料	项目	人数	百分比（%）
	男	304	52.78
性别	女	272	47.22
	合计	576	100

续表

基本资料	项目	人数	百分比（%）
年龄	20 岁以下	10	1.74
	20～29 岁	112	19.44
	30～39 岁	277	48.09
	40～49 岁	144	25
	50～59 岁	21	3.65
	60 岁及以上	12	2.08
	合计	576	100
教育	小学及以下	35	6.08
	中学中专	72	12.50
	大专	127	22.05
	本科	233	40.45
	研究生及以上	109	18.92
	合计	576	100
家庭月收入	1500 元以下	30	5.21
	1500～3000 元	114	19.79
	3001～4500 元	237	41.15
	4501～6000 元	161	27.95
	6001～7500 元	23	3.99
	7500 元以上	11	1.91
	合计	576	100
职业	政府机关或事业单位职工	170	29.51
	企业职工	203	35.24
	个体工商户	77	13.37
	农民	82	14.24
	学生	31	5.38
	其他	13	2.26
	合计	576	100
受访人所在地	四川省内	285	49.48
	四川省外	291	50.52
	合计	576	100

第三节　数据分析

一、信度检验

所谓信度（Reliability），又称可靠性，是关于一种现象的测度（Scale）的稳定性和一致性结果的程度。这种一致性和稳定性，是指同一群受测者在同一份测验上测验多次的分数应有一致性；以同样的测量工具重复测量某特质，而得到相同结果（风笑天，2001）。一般来说，信度越高，表示测量结果越可靠。目前，信度检验的方法很多，包括"再测信度"（Test - retest Reliability）、"折半信度"（Split - half Reliability）和"Cronbach's α"系数。

在市场营销研究中，一般使用"Cronbach's α"系数（Cronbach，1951）检验信度。Cronbach's α 值现在并无确定的标准。美国统计学家Joseph F. Hairjr、Jr. Rolph E. Anderson、Ronald L. Tathan 和 William C. Blaek（1998）指出：Cronbach's α 值大于 0.7，表明数据可靠性较高；计量尺度或测项小于 6 个时，Cronbach's α 值大于 0.60，表明数据是可靠的；在探索性研究中，Cronbach's α 值可以小于 0.7，但是应大于 0.5。李怀祖（2004）认为，有些探索性研究，Cronbach's α 值在 0.5 ~ 0.6 也是可以接受的。Gay（1992）认为，任何测量量表信度如果在 0.9 以上，表示测量和量表的信度甚佳。De Vellis（1991）认为，Cronbach's α 值在 0.7 以上是可以接受的最低限度，如果低于 0.6，则需要重新编制量表。Nuannally（1978）的标准是 0.7。由于本项研究的测项大于 6 个，所以可以以 0.6 为标准。应当强调：用哪种方法估计信度取决于测量的种类、目的及计算信度工具的可利用性（黄芳铭，2005）。

表 4 - 9　量表信度分析

潜在变量	测项问题	校正后的总相关系数	删除该问题项后的 α 值	整体 α 值
XSH	XSH1	0.840	0.900	0.923
	XSH2	0.725	0.821	
	XSH3	0.787	0.943	

续表

潜在变量	测项问题	校正后的总相关系数	删除该问题项后的 α 值	整体 α 值
XCT	XCT1	0.812	0.814	0.888
	XCT2	0.755	0.863	
	XCT3	0.776	0.845	
CZY	CZY1	0.829	0.920	0.930
	CZY2	0.880	0.879	
	CZY3	0.860	0.895	
FQT	FQT1	0.663	0.941	0.914
	FQT2	0.873	0.865	
	FQT3	0.851	0.873	
	FQT4	0.852	0.874	
CJD	CJD1	0.803	0.829	0.884
	CJD2	0.703	0.868	
	CJD3	0.703	0.868	
	CJD4	0.785	0.837	

通过 SPSS18.0 软件计算，数据分析结果显示，5 个维度子量表或计量尺度的内部一致性系数 Cronbach's α 值几乎均在 0.7~0.9（见表 4-9），大于 0.7 的通用标准，而且校正后的内部相关系数（Corrected - Item Total Correlation，CITC）都在 0.4 以上，由此可见本研究的量表具有较好的内部一致性，即本研究量表的信度很好或各计量尺度很可靠。

二、效度检验

所谓效度（Validity），是指量表测量的结果能够真正反映调研人员所要了解对象特征的程度，也即测量结果的准确性或有效性程度，这是对测验工具的质量进行评价的一个非常重要的指标，是科学的测量工具所必须具备的最重要的条件（风笑天，2001）。效度检验主要包括内容效度（Content Validity）、结构效度（Construct Validity）和效标关联效度（Criterion - related Validity）。

内容效度指的是测量内容或指标与测量目标之间的适合性和逻辑相符

性。一般来说，确定内容效度的方法有专家判断法、再测法和经验法。专家判断法是由专家对测验项目与所涉及的内容范围进行符合性的判断；再测法是前后两次对同一批人进行测试，中间进行与测试内容有关的培训，如果第二次测试的成绩显著高于第一次，说明测验的内容与目的是比较一致的；经验法指的是不同群体在同一测试中的表现应该有所不同，如果测试结果反映出了这种不同，则可以推断出测试是可行的。

在内容效度检验方面，本研究主要采用专家访谈法。问卷内容是根据国内外学者的研究成果，将相关测量量表进行整理，并通过与动感地带用户和移动服务人员进行访谈形成的。最后，经过导师、市场营销系相关的老师、企业管理专业的硕士和博士进行讨论确定。因此本研究的量表具有较高的内容效度。在结构效度检验方面，本书通过建构概念模型，应用验证性因子分析的方法，通过检验聚合效度、判别效度进一步检验此次研究量表的结构效度和数据质量。

本研究在内容效度方面，首先，请1位四川大学工商管理学院营销博导教授、1位清华大学营销博士后副教授、2位北京大学营销博士后、1位西安交通大学博士后副教授、3位西南石油大学经济管理学院管理专业教授就问卷内容进行反复交流，从专家的角度检查内容是否合适。其次，本研究将量表多次交由四川大学营销工程研究所的6位博士和西南石油大学工商管理专业、管理科学与工程专业、技术经济及管理类专业市场营销方向的研究生讨论，就测项的表述反复沟通和讨论，分别就地板、化妆品、奶粉、服装4类产品进行了焦点座谈、深度访谈及多次小规模的前测（Pilot Test），约有200多位有购买意愿的（包括有消费经验和无消费经验的）被访者参与了调查活动。由于本研究采用的问卷主要以前人的理论研究为基础，在参考大量以往该研究领域内的研究量表和项目指标的基础上，进行的问卷设计，而且本研究在问卷设计过程中采纳了专家的意见，并进行了反复修改，最终确定而成。因此，可认定本研究是具有较好的内容效度的。

结构效度又称建构效度，是指量表能够测量概念的程度。建构效度包括收敛效度（Convergent Validity）和区分效度（Discriminant Validity）。根据Kerlinger（1986）的建议，本研究采用因子分析法中的主成分分析法（Principle Component Analysis）验证问卷的建构效度，因子的旋转方式利用直交旋转即方差最大旋转方式，并将特征值（Eigen Value）大于1作为因子提取的标准，具体如表4-10、表4-11、表4-12、表4-13、表4-14所示。

表 4 – 10　品牌信任损坏的单维度和效度分析

测量项目	旋转后因子载荷
XSH1	0.912
XSH2	0.872
XSH3	0.899
解释方差百分比（%）	87.355
KMO	0.668
Bartlett 检验卡方值	548.822
显著性概率	0.000

表 4 – 11　形象匹配冲突的单维度和效度分析

测量项目	旋转后因子载荷
XCT1	0.920
XCT2	0.890
XCT3	0.902
解释方差百分比（%）	81.733
KMO	0.741
Bartlett 检验卡方值	338.559
显著性概率	0.000

表 4 – 12　负面情感体验的单维度和效度分析

测量项目	旋转后因子载荷
FQT1	0.788
FQT2	0.930
FQT3	0.931
FQT4	0.931
解释方差百分比（%）	80.441
KMO	0.748
Bartlett 检验卡方值	802.235
显著性概率	0.000

表4-13 产品质量疑虑的单维度和效度分析

测量项目	旋转后因子载荷
CZY1	0.922
CZY2	0.948
CZY3	0.939
解释方差百分比（%）	87.699
KMO	0.758
Bartlett 检验卡方值	484.750
显著性概率	0.000

表4-14 产品价格担心的单维度和效度分析

测量项目	旋转后因子载荷
CJD1	0.897
CJD2	0.831
CJD3	0.831
CJD4	0.886
解释方差百分比（%）	74.278
KMO	0.819
Bartlett 检验卡方值	438.450
显著性概率	0.000

从以上各表可以看出，同属一个变量的测量项目，其最大载荷具有聚积性，即同一变量的测量项目有对应的变量，相对于其他因子而言，具有最大载荷（超过0.5），且不存在横跨因子现象。此外，累计百分比解释度（Cumulative）都大于60%，说明量表的结构效度良好。另外，对样本开展探索性因子分析，通过主成分分析，提取特征根大于1的因子共5个，且方差的累计百分比为82.564%，如表4-16所示。经过 Varimax 旋转后，5因子载荷如表4-17所示。可以看出，本研究量表具有较好的收敛效度。因此，可以说问卷设计科学严谨，可进行假说检验。

效标关联度表现的是测量分数与外在标准的相关程度，即对个体行为表现进行预测的有效性程度。效标关联度包括同时效度和预测效度。同时效度指测试分数与外在效标取得在同一时间内连续完成，二者之间的相关系数即为同时效度。预测效度是指测试分数与外在效标取得相隔一段时间，计算此二者之间的相关系数，即为预测效度。由于每个顾客的购买意愿受损原因并不是相同且不是受固定的某一个或几个因素限制，因此只可能存在某一类的人效标关联度高。比如：女性对品质疑虑的感知程度更高，而收入相对高的一类人对价格担忧的分数普遍偏低等。从人群的分类来看，量表具有较高的效标关联度。

三、因子分析

1. 探索性因子分析（EFA）

对于探索性因子分析（Exploratory Factor Analysis，EFA），本研究采用统计软件 SPSS18.0 中的因子分析命令进行处理。Nunnally（1978）认为，探索性因子分析的样本量应至少是量表测项数目的 10 倍。顾客购买意愿受损原因量表共包含 17 个题项，也就是说，本部分的研究样本量最少为 170份。本项测试所收集样本量为 576 个，任意选取其中的 200 个样本进行分析，符合此要求。

在因子分析之前，还需要对样本进行 KMO 样本测度（Kaiser – Meyer – Olykin Measure of Sampling Adequacy）和巴特莱特球体检验（Bartlett Test of Sphericity），判断是否适合作因子分析。一般认为，KMO 在 0.9 以上，非常适合；0.8 ~ 0.9，很适合；0.7 ~ 0.8，适合；0.6 ~ 0.7，不太适合；0.5 ~ 0.6，很勉强；0.5 以下，不适合。巴特莱特球体检验的统计值显著性概率小于等于显著性水平时，可以做因子分析（Kaiser，1974；马庆国，2002）。

本项测试 17 个测项的 KMO 值为 0.825，根据上述判断标准，当 KMO 值大于 0.7 时很适合做因子分析；Bartlett 球体检验的显著性水平为 0.000，小于显著性水平 0.05，说明很适合作因子分析，具体如表 4 – 15 所示。

表 4 – 15　KMO 和 Bartlett's 检验

KMO 值		0.825
Bartlett's Test of Sphericity	Approx. Chi – Square	2917.813
	df	136
	Sig.	0.000

从特征值来看，前5个因子的特征值都大于1，说明应该存在5个因子。由方差解释贡献来看，前5个因子累计为82.564%，超过60%的指标（Malhotra，1999），具体如表4-16所示。

表4-16　检验解释的总方差

成分	初始特征值			提取平方和载入			旋转平方和载入		
	合计	方差的百分比	累计百分比	合计	方差的百分比	累计百分比	合计	方差的百分比	累计百分比
1	6.720	39.529	39.529	6.720	39.529	39.529	3.265	19.203	19.203
2	2.469	14.523	54.052	2.469	14.523	54.052	3.032	17.835	37.038
3	2.243	13.197	67.249	2.243	13.197	67.249	2.644	15.552	52.590
4	1.483	8.725	75.975	1.483	8.725	75.975	2.548	14.988	67.578
5	1.120	6.590	82.564	1.120	6.590	82.564	2.548	14.987	82.564
6	0.541	3.181	85.745						
7	0.480	2.826	88.571						
8	0.334	1.964	90.535						
9	0.299	1.759	92.294						
10	0.274	1.609	93.903						
11	0.263	1.545	95.447						
12	0.207	1.219	96.667						
13	0.179	1.054	97.721						
14	0.140	0.825	98.546						
15	0.127	0.749	99.295						
16	0.073	0.429	99.724						
17	0.047	0.276	100.000						

从碎石图走势来看，前5个因子的变动较大，从第6个因子开始变动趋于平缓，也说明了应该取5个因子，具体如图4-2所示。

从定性来看，这5个因子之间有可能相关，用四次最大方差方法处理（卢纹岱，2000），结果17个测项很好地归属为5个因子，并且所有的测项因子负荷值都大于 0.6（见表 4 - 17），说明汇聚得很好。

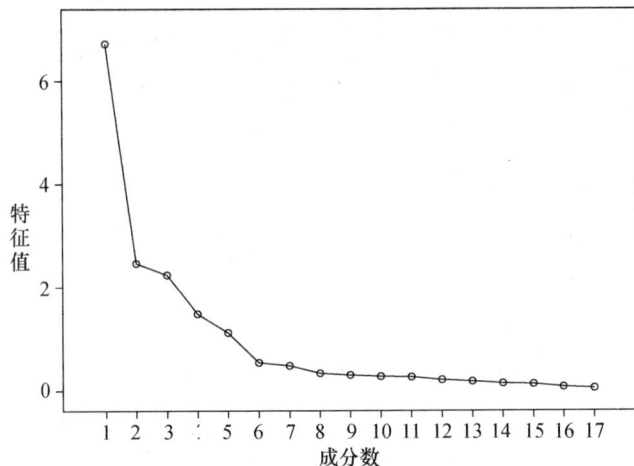

图 4 - 2　碎石图

表 4 - 17　探索性因子分析结果

因子 测项	1	2	3	4	5
XSH1	0.176	0.173	0.868	0.177	0.133
XSH2	0.171	0.202	0.813	0.163	0.081
XSH3	0.298	0.160	0.835	0.123	0.012
XCT1	0.125	0.038	0.069	0.247	0.871
XCT2	0.070	0.112	0.072	0.161	0.866
XCT3	0.009	-0.004	0.064	0.164	0.893
FQT1	0.684	0.006	0.324	0.229	0.133
FQT2	0.870	0.097	0.194	0.213	0.078
FQT3	0.918	0.146	0.116	0.128	0.039
FQT4	0.920	0.128	0.128	0.114	0.026
CZY1	0.246	0.181	0.143	0.823	0.240
CZY2	0.211	0.124	0.184	0.870	0.222
CZY3	0.189	0.173	0.177	0.852	0.243

测项\因子	1	2	3	4	5
CJD1	0.104	0.861	0.169	0.102	0.112
CJD2	0.150	0.755	0.192	0.234	0.113
CJD3	0.049	0.841	0.060	0.070	-0.036
CJD4	0.072	0.882	0.117	0.063	0.010

注：提取方法为主成分分析法。

2. 验证性因子分析（CFA）

本项研究在探索性因子分析完成后，进入验证性因子分析（Confirmatory Factor Analysis，CFA）阶段。在此主要应用结构方程模型软件 LISREL 8.70 进行操作。目前，学术界对验证性因子分析中的样本量存在着分歧。有学者认为，大部分结构方程模型研究样本数量为 200~500（Shumacker、Lomax，1996），Marsh（1998）也认为 N 越大越好。但是，样本量带来的问题是样本越大，模型被接受的机会越小。所以 Bentler 和 Chou（1987）建议：如果观测变量符合正态或椭圆分布，每个变量 5 个样本就够了；如果是其他分配，每个变量 10 个样本就足够了。本项分析中，综合以上两种观点，在 576 个样本中随机取样 200 个，以在样本数和拟合度之间取得平衡。本研究在分析中将 17 个测项作为观测变量（x），5 个因子变量作为潜在变量（§），由此构建一个购买意愿受损原因的测量模型。现在通行的测量模型的评价方法是依据各种拟合指数。

学术界对模型的拟合指数要求是，χ^2/df 为 1.0~5.0，RMSEA 低于 0.08[1]，NFI、NNFI、CFI、IFI、GFI、AGFI 和 RFI 均在 0.9 以上（韩小芸、汪纯孝，2003）。本模型的拟合指数分别是：$\chi^2/df = 2.458$，RMSEA = 0.067，CFI = 0.90，NFI = 0.93，NNFI = 0.95。另外，标准化因子负载均大于 0.70，并高度显著；各因子所属变量的 t 值大于 2，表明各因子之间路径关系显著，这意味着，通过探索性因子分析所得出的 5 个因子和 17 个测项的关系如预期存在，并且两者之间存在稳定的关联性。

---

[1] Hairs Joseph F. Jr. Rolph E. Anderson, Ronald L. Tatham and William C. Black, "Multivariate Data Analysis. Fifth Edition", Upper Saddle River, NJ: Prentice Hall, 1998, pp. 490-494.

3. 受损原因因子命名

经过探索性因子分析和验证性因子分析，依据测项在各因子上的分布情况，本研究对 5 个导致购买意愿受损的原因因子进行了归纳、分类及命名。

第一个因子所包含的测量项目或测项主要与品牌信任损害有关，如：事件发生后，该品牌总给我一种不安全感；我觉得该企业没有诚信，该品牌不可信赖；我觉得该品牌不诚实不可靠，不值得信任。这些指标都属于信任损坏的范畴。因此，这个因子可以命名为"品牌信任损坏"，简称为"信任损坏"。其特征值为 6.720，大于 1 的标准，方差贡献率为 39.529%。"信任损害"因子是本研究的一个重要发现，也是受访人群即消费者普遍感知到的一个重要变量。

第二个因子所包含的测量项目或测项主要与形象冲突有关，如：我觉得购买或拥有该品牌，不符合自我形象；我觉得购买或拥有该品牌，不能显示我的风格；我觉得购买或拥有该品牌，让我很没有面子。这些指标都属于形象冲突的范畴。因此，这个因子可以命名为"形象匹配冲突"，简称为"形象冲突"。其特征值为 2.469，大于 1 的标准，方差贡献率为 14.523%。"形象冲突"因子是本研究的又一个重要发现。

第三个因子所包含的测量项目或测项主要与负面情感体验有关，如：对于该品牌，我感到很失望；对于该品牌，我感到很不满；对于该品牌，我感到很生气；对于该品牌，我感到很气愤。这些指标都属于负面情感体验的范畴。因此，这个因子可以命名为"负面情感体验"，简称为"情感体验"。其特征值为 2.243，大于 1 的标准，方差贡献率为 13.197%。

第四个因子所包含的测量项目或测项主要与产品质量有关，如：担心该品牌的产品质量差；担心该品牌的产品质量不可靠，担心该品牌的产品质量不稳定。这些指标都属于产品质量的范畴。虽然客观事实是，该品牌产品质量在虚假曝光事件发生前后检测均符合国家标准，甚至还优于国家标准，但是顾客在品牌原产地虚假曝光事件的背景下，还是倾向于认为购买该品牌存在着相当的甚至严重的质量风险或疑虑。因此，这个因子可以命名为"产品质量疑虑"，简称为"质量疑虑"。其特征值为 1.483，大于 1 的标准，方差贡献率为 8.725%。"质量疑虑"因子是本研究一个有趣的发现，也是本研究一个主要的困惑（本书第六章将予以讨论）。

第五个因子是顾客担心在品牌原产地虚假背景下去购买该品牌，可能由于种种因素会增加其购买成本或货币成本，比如担心该品牌产品价格不合理，担心该品牌产品价格不公平或欺诈，担心购买该品牌产品不划算，担心购买该品牌产品物非所值，因此可以命名为"产品价格担心"，简称为"价格担心"。该特征值为1.120，大于1的标准，方差贡献率为6.590%。

命名后的因子与测项如表4-18所示。

表4-18 品牌原产地虚假背景下的购买意愿受损原因因子名称及测项

影响因素	题 项
信任损坏	事件发生后，该品牌总给我一种不安全感
	我觉得该企业没有诚信，该品牌不可信赖
	我觉得该品牌不诚实不可靠，不值得信任
形象冲突	我觉得购买或拥有该品牌，不符合自我形象
	我觉得购买或拥有该品牌，不能显示我的风格
	我觉得购买或拥有该品牌，让我很没有面子
质量疑虑	说真的，我很担心该品牌的产品质量差
	说真的，我很担心该品牌的产品质量不可靠
	说真的，我很担心该品牌的产品质量不稳定
负面情感	对于该品牌，我感到很失望
	对于该品牌，我感到很不满
	对于该品牌，我感到很生气
	对于该品牌，我感到很气愤
价格担心	说真的，我担心该品牌产品价格不合理
	说真的，我担心该品牌产品价格不公平或欺诈
	说真的，我担心购买该品牌产品不划算
	说真的，我担心购买该品牌产品物非所值

第四节 本章小结

本章论述了品牌原产地虚假背景下的顾客购买意愿受损原因的探索性研究过程。从深度访谈开始，发现了现有文献中没有论及的负面曝光事件背景下的顾客购买意愿受损的新原因：信任损坏、形象冲突、质量疑虑。

随后在借鉴已有研究成果的基础上结合专家意见，初步拟定 25 个测项，在经过试测后，根据试测数据处理，去掉 8 个测项，17 个测项进入正式调研。然后通过数据处理，将虚假背景下购买意愿受损原因很好的归为 5 个因子。最后对 5 个因子进行信度和效度检验，证明了 5 个因子的合理性。

应当指出：本章所述的探索性因子分析的测项设计和问卷调查工作在实际操作中，是与第五章修复策略刺激物设计及修复策略测量、购买意愿测量一起建立的，并安排在同一张问卷上，由训练有素的调研员对消费者统一实施调查。

第五章 修复策略调节下的模型建立、问卷开发及假设提出

第一节 模型构建

模型①（Model）是对客观世界的某方面进行一定简化后的描述，常通过勾画有关变量及其之间的相互关系，反映实际系统或过程的整体或局部。模型可以有不同的表现形式，最常见的是图示模型（Graphical Model，就是可视化的模型，通过图示说明某种现象、过程或变量之间的关系，例如本研究中的研究思路图等）和数学模型（Mathematical Model，就是用方程的形式说明变量之间的关系，如本研究第六章中的数学公式等）。

应当指出的是：不论是哪一类模型，建立模型或者是模型构建的目的在于厘清有关变量及其之间的相互关系，为下一步的研究做准备。因此模型构建是研究工作的基础。

一、研究模型的建立

本研究的实证部分主要解决两个问题：第一，品牌原产地虚假背景下顾客购买意愿受损原因（或影响因素）与购买意愿之间的关系，即研究各个受损原因（或影响因素）与顾客购买意愿的关系及影响权重。第二，研究各个修复策略对受损原因与顾客购买意愿之间关系的影响，即研究犯错

---

① 涂平：《营销研究方法与应用》，北京大学出版社 2008 年版。

品牌企业采取修复策略的情况下，顾客购买意愿的改变及某种受损原因与购买意愿之间的关系，识别品牌原产地虚假背景下哪类修复策略最有效以及哪类修复策略对何种受损原因或者影响因素的调节作用最为显著。

基于上述分析，本研究主要涉及三大变量：受损原因、修复策略以及购买意愿。应当指出，这三者中，受损原因是导致购买意愿受损的原因因子或者影响因素，因此受损原因和购买意愿之间构成因变量和自变量关系，而购买意愿是影响因素的函数。品牌原产地虚假背景下犯错企业采取修复策略并不能改变受损原因与购买意愿的基本关系，但是可以调节自变量和因变量之间关系，减弱其影响，因此，犯错企业修复策略是受损原因与购买意愿之间的调节变量。

文献综述表明，消费者的态度对购买意愿构成直接关系。这意味着消费者对修复策略的接受态度将直接影响到顾客的购买意愿。因此，本研究目的主要在于测试消费者对修复策略的认可程度和情感倾向性，以及这种认知和情感对受损原因与购买意愿之间关系的调节作用。因此，本书选择修复策略态度，即消费者对修复策略的认知和情感倾向作为中间变量修复策略的测量工具。

基于此，可提出本书的基本研究模型，如图 5 - 1 所示。

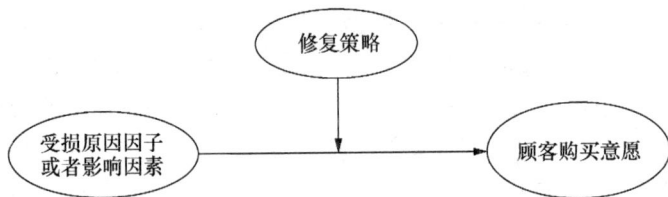

图 5 - 1　本书的基本研究模型

二、分析方法的选择

（1）SEM 即结构方程模型方法[①]。传统的回归分析变量仅被划分为被解

---

① 李怀祖：《管理研究方法论》，西安交通大学出版社 2004 年版。

释变量和解释变量，并且这些变量都是无误差的测量变量。但在本研究中，由于品牌原产地虚假背景下的购买意愿受损原因存在不确定性，需要通过若干个测项进行因子分析得出，因此测量过程中会存在误差。SEM 在处理多组回归方程估计时，可利用潜在变量进行观察值的残差估计，使本研究结果更趋准确。另外，利用 SEM 可分析各种受损原因与购买意愿之间的路径关系，通过路径系数可以直观定量的反映受损原因与购买意愿之间的关系。因此，本研究在第六章第一部分采用 SEM 方法。

（2）RA 回归分析方法。本研究中所涉及的调节变量、消费者的修复策略态度、自变量—受损原因或影响因素都是潜变量。目前，通过 SEM 处理调节变量是 SEM 应用的新方法，但是检索现有的国内外文献可以发现，涉及用 SEM 解决调节变量的文章很少。然而回归分析方法由于比较直观、成熟，因此国内现有很多文献都采用因子得分回归分析方法处理调节变量。因此，本研究沿袭这一研究传统，在第六章第二部分采用 RA 分析方法。

第二节　问卷开发

一、修复策略及刺激物

相关研究发现，企业在负面曝光事件发生后，通常会采取应对措施以削弱或减少负面事件所产生的负面效应。然而，现有应对策略，基本上是基于西方消费者的角度，主要付诸于公关手段，大多站在危机管理视角的企业形象修复（Image Restoration Strategies、Dwane Hal Dean，2004）策略层面。深入研究，不难发现，这是一种以企业思维为导向的修复策略。受制于思维导向的错误，难免导致企业的应对策略效果有限（Dwane Hal Dean，2004）。

文献检索同样发现，包括从本研究掌握的资料看，国内外目前还没有人探讨品牌原产地虚假背景下的顾客购买意愿问题，基于此，可以认为，本研究属于开创性研究，应当跳出现有的相关研究思维的局限，另辟蹊径开展科学研究。鉴于相关研究中的企业思维导向的限制，考虑到买方市场条件下企业依存于顾客的客观现实，正如管理大师德鲁克说："企业成功的关键不在于厂商，而决定于顾客。"因此，本研究决定从顾客角度入手，寻觅顾客导向的修复策略，这可能比传统的以企业思维为导向的修复策略更为有效，但这还有待于实证检验。

在借鉴现有的企业形象修复理论（Benoit, 1997）、顾客满意理论（赵平、莫亚琳, 2001；赵平, 2003）、服务失误补救理论（范秀成、刘建华, 2004；杜建刚、范秀成, 2007）、顾客流失赢回策略（吕巍、李玉峰, 2008；徐伟青, 2009）及犯错品牌投入策略（黄静、熊巍, 2009）等理论的基础上，基于顾客导向，结合文献研究、现实观察、案例分析，特别是深度访谈，本研究提出如下修复策略：情感策略、质量策略、信誉策略和价格策略。

1. 情感策略选择及刺激物设计

（1）情感策略的选择。英国心理学家 William McDougall 认为，人们所有的有目的的行为都受到复杂情感的影响，消费行为也不例外。美国心理学家 Nice Frijda（1986）也认为情感影响人们的行为意向。正面情感对人们的行为具有促进和推动作用，负面情感对人们的行为具有干扰和破坏作用。许多学者的研究结果支持上述观点。

品牌原产地虚假事件发生后，消费者往往产生以下情感体验，诸如：对于该品牌感到失望；对于该品牌感到不满；对于该品牌感到生气；对于该品牌感到气愤；等等。这些指标都属于负面情感体验的范畴。受这些负面情感的影响，一些消费者特别是已购买者纷纷投诉诸如香武仕、欧典等犯错品牌[①]。

另外，来自深度访谈的调查数据表明，在品牌原产地虚假的背景下，消费者存在显著的负面情感体验，如表5–1、表5–2、表5–3及表5–4所示。

表5–1　品牌原产地虚假背景下的顾客情感体验（地板产品犯错品牌）

情感表现	是		否	
	人数	百分比（%）	人数	百分比（%）
生气	41	82	9	18
气愤	43	86	7	14

---

① http：//finance. sina. com. cn/focus/orderlies/1. shtml.

情感表现	是		否	
	人数	百分比（%）	人数	百分比（%）
不满	45	90	5	10
失望	35	70	15	30
有兴趣	10	20	40	80
有点喜欢	12	24	38	76

表5－1表明，品牌原产地虚假事件发生后，消费者对犯错品牌的情感体验受到严重负面影响，具体表现为：消费者中有82%的受访者感到生气，有86%的受访者感到气愤，有90%的受访者感到不满，有70%的受访者感到失望，有80%的受访者对该品牌没有兴趣，有76%的受访者表示不喜欢该品牌。

表5－2 品牌原产地虚假背景下的顾客情感体验（服装产品犯错品牌）

情感表现	是		否	
	人数	百分比（%）	人数	百分比（%）
生气	32	82	7	18
气愤	35	89.7	4	10.3
不满	34	87.2	5	12.8
失望	31	79.5	8	20.5
有兴趣	9	23.1	30	76.9
有点喜欢	10	25.6	29	74.4

表5－2表明，品牌原产地虚假事件发生后，消费者对犯错品牌的情感体验受到严重负面影响，具体表现为：消费者中有82%的受访者感到生气，有89.7%的受访者感到气愤，有87.2%的受访者感到不满，有79.5%的受访者感到失望，有76.9%的受访者对该品牌没有兴趣，有74.4%的受访者表示不喜欢该品牌。

表5－3表明，品牌原产地虚假事件发生后，消费者对犯错品牌的情感体验受到严重负面影响，具体表现为：消费者中有75.9%的受访者感到生气，有90%的受访者感到气愤，有96.6%的受访者感到不满，有96.6%的

受访者感到失望，有82.8%的受访者对该品牌没有兴趣，有79.3%的受访者表示不喜欢该品牌。

表5-3　品牌原产地虚假背景下的顾客情感体验（奶粉产品犯错品牌）

情感表现	是		否	
	人数	百分比（%）	人数	百分比（%）
生气	22	75.9	7	24.1
气愤	26	90	3	10
不满	28	96.6	1	3.4
失望	28	96.6	1	3.4
有兴趣	5	17.2	24	82.8
有点喜欢	6	20.7	23	79.3

表5-4　品牌原产地虚假背景下的顾客情感体验（化妆品犯错品牌）

情感表现	是		否	
	人数	百分比（%）	人数	百分比（%）
生气	22	57.89	16	42.11
气愤	30	78.68	8	21.32
不满	30	80.15	8	19.85
失望	29	76.32	9	23.68
有兴趣	8	21.03	30	78.97
有点喜欢	3	7.89	35	92.11

表5-4表明，品牌原产地虚假事件发生后，消费者对犯错品牌的情感体验受到严重负面影响，具体表现为：消费者中有57.89%的受访者感到生气，有78.68%的受访者感到气愤，有80.15%的受访者感到不满，有76.32%的受访者感到失望，有78.97%的受访者对该品牌没有兴趣，有92.11%的受访者表示不喜欢该品牌。此外，调查显示，事后消费者大多要求企业道歉赔偿，如表5-5所示。

表5-5　品牌原产地虚假背景下，顾客要求企业道歉赔偿情况统计

要求企业道歉赔偿（包括精神补偿）	是		否	
	人数	百分比（%）	人数	百分比（%）
地板（犯错品牌）	41	82	9	18
服装（犯错品牌）	31	79.5	8	20.5
奶粉（犯错品牌）	17	58.6	12	41.4
化妆品（犯错品牌）	26	68.4	12	31.58

基于此，本研究认为品牌原产地虚假事件发生后，犯错品牌应正视消费者的情感伤害，采取情感策略，满足其情感诉求，将有助于改变负面情感，赢得顾客宽容（McCullough，1997），修复购买意愿，因此犯错企业可选择情感修复策略。

（2）情感刺激物设计。基于文献综述、上述分析及现实客观需要，本研究将认错道歉、感恩赔偿、情感抚慰、顾客满意①作为情感刺激物设计的重点。经过调查访谈消费者，并与专家讨论后，将情感刺激物最终设计如下：

事件发生后，A公司召开新闻发布会：一是向消费者正式认错道歉。二是表达感恩之情，请求原谅。三是承担责任，做好善后工作。四是在赔偿问题上，公司本着对消费者负责的态度，对于出现质量问题的产品给予消费者补偿，包括交通费、医疗费、精神损害赔偿费等一切费用；对于已购者一律给予原价5%～10%的精神抚慰，即使是赔得倾家荡产也要让消费者满意。

2. 质量策略选择及刺激物设计

（1）质量策略的选择。邓小平同志曾经说过：质量在一个重要方面反映了一个民族的素质。但是对于普通消费者而言，质量更是涉及其对商品根本性利益需求能否得以有效满足的大问题。基于此，ISO给出了质量的定义：一组固有属性满足要求的程度。这个定义表明：在买方市场条件下，质量不再是纯粹的单一的技术型指标，更重要的是一种顾客主观化的

---

① 南剑飞：《顾客满意度实施体系研究》，《现代管理科学》2008年第3期。

感知产物。这也表明呈现在普通消费者面前的是客观的产品质量，但是真正被消费者加工提炼出来的信息是主观质量。一句话，影响消费者购买意愿的重要因素——质量包括客观质量与主观质量两类；真正产生决定性影响的是消费者所感知到的产品质量即感知质量或主观质量。在此方面，国内外很多学者都已经证实：消费者的感知质量越高，其购买意愿越强（Zeithaml，1988；Garretson 和 Clow，1999；符国群，2002；江明华，2003）。

依据消费者行为学中的感知风险理论（Raymond Bauer，1960），消费活动都存在着风险，这种风险来自消费者对消费结果的不确定性感知。品牌原产地虚假事件的发生，伴随着负面信息的传播扩散，消费者的感知风险无形增加了。由于消费者的学习机制，特别是刺激泛化及晕轮效应机制的作用，消费者难免容易把单一的来源国虚假扩展到包括质量虚假在内的各个方面。

另外，访谈中，消费者最关心、最担心的是犯错品牌质量有没有问题。特别是已经购买了的消费者，他们更担心品质问题，因为这涉及其能否从该商品中获得最基本的功能性利益的满足问题。虽然背景材料显示犯错品牌产品被国家质检部门事后检测质量合格，但消费者仍然存在质量疑虑（见第一章）。

此外，调查数据还显示，事后消费者大多要求企业提高质量，如表5-6所示。

表5-6　品牌原产地虚假背景下，顾客要求企业提高质量情况统计

要求企业提高质量	是		否	
	人数	百分比（%）	人数	百分比（%）
地板（犯错品牌）	39	78	11	22
服装（犯错品牌）	33	84.6	6	15.4
奶粉（犯错品牌）	26	90.26	3	9.74
化妆品（犯错品牌）	29	76.32	9	23.68

由表5-6可知，伴随着虚假事件的发生，一方面，消费者产生了很多质量疑虑，把没有问题的产品误认为有问题；另一方面，消费者事后又存在很多质量期望。这里的质量，既包括提高产品实体质量，也包括提高产

品服务质量①。由于消费者产生了质量疑虑（尽管国家质量质检部门事后检测质量合格），因此，质量策略首先是向包括消费者在内的社会大众、新闻媒体公开展示，消除疑虑与误解；其次是加强售后服务质量；最后是依据顾客需求，持续改进质量。

基于此，本研究认为在品牌原产地虚假事件发生后，面对消费者质量疑虑问题，犯错品牌采取质量修复策略，合理满足质量诉求，将有助于消除消费者的质量疑虑，修复消费者购买意愿，因此犯错企业可以选择质量修复策略。

（2）质量刺激物设计。基于文献综述、上述分析及现实客观需要，本研究将质量公开、质量保证、质量承诺、质量改进作为质量刺激物设计的重点。经过调查访谈消费者，并与专家讨论后，将质量刺激物最终设计如下：

事件发生后，A 公司邀请国家质检部门对产品质量进行定期检测，邀请媒体、消费者和社会公众参与到检测的全过程，并将质检报告进行网上公示，接受社会各界的监督；公司延长服务保修年限 2 年，特别对已购买的消费者，开展跟踪服务，如果有质量问题，公司承诺劣 1 赔 10；公司将继续依据客户意见，持续改进产品和服务质量，实现顾客满意。

3. 信誉策略选择及刺激物设计

（1）信誉策略的选择。信誉在英语中翻译为"Reputation"，牛津词典解释为"The General Opinion About the Character, Qualities, ect of sb or sth"。信誉是对经济组织的信用和名誉的总体评价；企业信誉是企业行为能力的一种表现，是企业能否履行其诺言的一种标识度（徐鸿，2001）。企业信誉是指企业在市场经济运行中所获得的社会评价，是企业在社会上公认的信用和名声，企业信誉是企业的一种无形资产和生产力，也是企业在市场经济中获得竞争优势的法宝。经济学认为，信誉是"诚实交易、信守合约"所获得的声誉（夏瑞霞，2006）。因而，企业信誉被看作是形成稳定的彼此合作关系最直接的前因（Dwyer 等，1987）。有了信誉，才能赢得品牌信任，因为品牌信任是借助于信誉机制维持的（Macauley，1963；Greif，1993）。

---

① 南剑飞等：《论顾客满意度评价体系的构建》，《世界标准化与质量管理》2002 年第 6 期。

张维迎（2001）认为，"企业品牌＋信誉"就是企业的核心竞争力。然而频繁的品牌失信，导致企业信誉危机随之发生。品牌原产地虚假事件，无疑引发了信誉危机并最终导致品牌危机。这迫切要求犯错企业重建信誉并加强信誉管理。

本研究来自实际访谈的数据，支持上述观点，具体如表5-7、表5-8所示。

表5-7　品牌原产地虚假背景下的品牌信誉损坏—顾客响应情况统计

品牌信誉损坏	是		否	
	人数	百分比（%）	人数	百分比（%）
地板（犯错品牌）	45	90	5	10
服装（犯错品牌）	31	79.49	8	20.51
奶粉（犯错品牌）	27	93.1	2	6.9
化妆品（犯错品牌）	34	89.47	4	10.53

表5-8　品牌原产地虚假背景下的顾客要求企业重建信誉情况统计

要求企业重建信誉（诚信经营、做公益事业，提高品牌声誉）	是		否	
	人数	百分比（%）	人数	百分比（%）
地板（犯错品牌）	41	82	9	18
服装（犯错品牌）	37	94.9	2	5.1
奶粉（犯错品牌）	24	82.8	5	17.2
化妆品（犯错品牌）	22	57.9	16	42.1

由表5-7和表5-8不难看出，品牌原产地虚假事件发生后，四类犯错品牌信誉扫地，事后消费者充满了信誉重建的高度期望。

基于此，本研究认为在品牌原产地虚假事件发生后，面对消费者信任危机，犯错品牌应采取信誉修复策略，合理满足信誉诉求，将有助于消除消费者的不信任感，修复客户关系，修复购买意愿，因此犯错企业可选择信誉修复策略。

（2）信誉刺激物设计。基于文献综述、上述分析及现实客观需要，本研究将诚信经营、赞助公益事业、履行社会责任、培育品牌声誉[①]作为信誉刺激物设计的重点。经过调查访谈消费者，并与专家讨论后，将信誉刺激物最终设计如下：

事件发生后，A 公司启动品牌诚信 10 年规划，对内加强诚信教育，对外开展"品牌诚信从我做起"等宣传活动，推出"实在的质量、实在的价格、实在的服务和实在的宣传"等诚信措施，开通 24 小时诚信服务热线。与此同时，A 公司决定实施社会责任战略，积极赞助文体、教育、卫生等公益事业及慈善事业，每年为下岗职工、贫困学生、老弱病残、老少边穷地区以及地震灾区同胞捐款近 100 万元。

4. 价格策略选择及刺激物设计

（1）价格策略的选择。Kotler（1999）认为，价格是顾客购买产品或服务时所支付的金钱数目。Michel 等（2001）认为，价格促销是企业促进销售增长的重要手段，其通过提供短期性的价格减让刺激（如打折、现金返还、特价、优惠券等），促使消费者更快、更多地购买特定产品或服务。国内价格促销研究权威韩睿和田志龙（2005）认为，"价格促销是厂商通过价格削减、打折和现金返还等形式刺激产品更快销售、顾客更多购买，从而使销售增长的一种短期性的重要营销手段。"

现有研究所达成的共识是：价格促销影响顾客对产品的价格感知而起作用（Manjit，1998），价格促销都是设法影响顾客的心理感知，让顾客觉得可以节省支出，从而引发顾客购买冲动的。一方面，价格作为资源分配工具，一个理性的消费者在消费时会尽量在同等成本下获得更多的资源，价格降低，消费者的购买成本降低，购买能力增强，可以获得更多的消费资源；另一方面，价格促销可以使顾客认同和形成一个高于销售价的内部参考价，让消费者感觉获得更大价值。因此，价格促销的实质是降低消费者感知成本，提高其感知价值。

品牌原产地虚假事件发生后，消费者往往试着归因，消费者认为犯错品牌无非是想假借发达国家的品牌来源国形象抬高自身公司形象，进而营造出质量卓越、技术领先、时尚而前沿的品牌形象，以此卖个好价、高价。

---

① 南剑飞、赵丽丽：《顾客流失诊断分析及对策》，《经济管理》2002 年第 11 期。

至于地板每平方米 2008 元，简直就是天价，很多人觉得不可思议和不满，而且对犯错品牌形成了固有印象——价格欺诈形象、损害顾客利益。开展价格促销策略，从理论上判断，有利于缓解消费者的不满情绪，有利于还利于客，使得消费者在短期内的感知价值和感知收益增加，降低其风险，这无疑有助于修复其购买意愿。事实上，从企业营销实践看，犯错品牌企业事后大都采取了价格促销策略。

另外，来自深度访谈的调查数据表明，在品牌原产地虚假的背景下，消费者事后表达了对价格促销的期望与诉求，也表明了其对价格的担心，如表 5 -9 所示。

表 5 -9　品牌原产地虚假背景下，顾客要求企业降价促销情况统计

要求企业降价促销	是		否	
	人数	百分比（%）	人数	百分比（%）
地板（犯错品牌）	36	82	14	18
服装（犯错品牌）	27	69.2	12	30.8
奶粉（犯错品牌）	23	79.3	6	20.7
化妆品（犯错品牌）	28	73.7	10	26.3

基于此，本研究认为在品牌原产地虚假事件发生后，面对消费者价格质疑，犯错品牌采取价格修复策略，合理满足价格诉求，将有助于减少消费者的感知成本，增加感知价值，修复购买意愿，因此犯错企业可选择价格修复策略。

（2）价格刺激物设计。基于文献综述、上述分析及现实客观需要，本研究将价格折扣、低价优惠、延期付款、让利社会①作为价格刺激物设计的重点。经过调查访谈消费者，并与专家讨论后，将价格刺激物最终设计如下：

事件发生后，A 公司不久推出了"回报顾客、感恩有礼、低价优惠"促销活动。凡公司新客户，一律"6 折优惠"，还送 50 元手机充值卡；老客

---

① 南剑飞：《顾客满意度实施体系研究》，《现代管理科学》2008 年第 3 期。

户除了"6 折优惠"外，还可以享受"延期付款"等待遇；对于城乡困难户，凭相关证件，还可享受更低的价格优惠。

5. 刺激物前测

（1）专家调查。为了考察刺激物的有效性，2009 年 6～7 月研究人员先后在四川大学工商院、西南石油大学经管院、陕西科技大学经管院及山西大学进行了 4 次专家调查。每组调查 5 位高级职称专家[1]，学历以研究生为主，职称包括副教授和教授，专业以市场营销、工商管理为主。将不同策略刺激物（未分类）呈送专家，咨询其是否存在文字及理解歧义。之后，请专家对以上的刺激物分别归类，结果如表 5－10 所示。

表 5－10　修复策略前测专家调查情况

修复策略刺激物	编号	响应频次	响应频率（%）
情感修复	1	18	90
质量修复	2	20	100
信誉修复	3	17	85
价格修复	4	20	100

（2）问卷调查。为了准确了解不同的被试（消费者）对刺激物的反应，本研究进行了小规模的问卷调查。具体由西南石油大学市场营销专业本科生及管理类研究生负责，选择校内消费者及校外消费者，将这些被试随机分成四组，每组 50 人。被试学历以本科为主，职业以上班族为主，目标人群以家庭为主，问卷设定四个选项：①犯错品牌公司想通过打动顾客情感的方式来修复顾客购买意愿；②犯错品牌公司想通过消除顾客质量疑虑来修复顾客购买意愿；③犯错品牌想通过恢复品牌信誉形象来修复顾客购买意愿；④犯错品牌公司想通过降低价格来修复顾客购买意愿。由被试读完刺激物后分别归类，结果如表5－11所示。

---

① 涂平：《营销研究方法与应用》，北京大学出版社 2008 年版。

表5-11　修复策略前测消费者调查情况

修复策略刺激物	编号	响应频次	响应频率（%）
情感修复	1	46	92
质量修复	2	50	100
信誉修复	3	45	90
价格修复	4	50	100

专家调查与问卷调查结果说明：本研究修复策略刺激物设计有效、准确。

6. 修复策略调节下的最终研究模型

基于上述分析，本研究提出了修复策略调节下的最终研究模型，如图5-2所示。

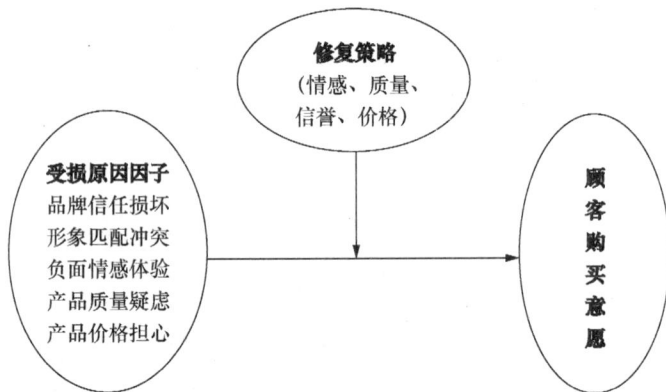

图5-2　本书的最终研究模型

二、量表以及问卷设计

应当指出：在实际调查中，第四章受损原因分析和本节设计的策略态度与购买意愿测量属于同一问卷。为便于表述，已在第四章探索性因子分析部分中单独阐述了购买意愿受损原因，而把修复策略态度和购买意愿测量放到本节。

1. 修复策略测量设计

基于文献回顾，本研究尚未发现针对不同修复策略所使用统一的测量量表。借鉴消费者态度理论，本研究对策略态度的测量主要借鉴 Graceand O'Cass（2005），Jill Klein、Nriaj Dawar（2004）等研究中常见测量方法，区分了态度的认知和情感成分，采用李克特 7 级量表测量消费者对修复策略的认知接受程度和情感倾向程度。具体是先让消费者阅读关于四种策略的文字描述段落，然后让其在 1~7 的数字中选择 1 个数字来评价。数字越大代表消费者对这种策略的态度越积极或越正面。具体如表 5-12 所示。

表 5-12 修复策略测量

测量维度	测 项	文献来源
策略认知态度	如果有这项措施或活动，我会觉得很好	Graceand O'Cass（2005）；
策略情感态度	如果有这项措施或活动，我感到很满意	Jill Klein、Nriaj Dawar（2004）

2. 消费者购买意愿测量设计

现有文献中对购买意愿的测项，主要是购买可能性和推荐可能性（Gallarza 和 Saura，2006），以及 Dodds（1991）提出的购买意愿的测量，包括考虑购买的可能性、购买的可能性、购买产品的意愿等题项。本研究借鉴了 Fishbein（1980），Dodds（1991），Zeithaml、Parasuraman、Berry（1996），Grewal、Monroe 和 Krishnan（1998），Baker、Crompton（2000），Jaeki Song（2001）等的量表测项，但考虑到品牌原产地虚假的特殊情况，因此，舍弃"推荐的可能性"测项，主要从"考虑购买的可能性"和"购买的可能性"两方面测量品牌原产地虚假背景下的顾客购买意愿问题。同样采用 Bollen（1989）建议的李克特 7 级量表，具体如表 5-13 所示。

表 5-13 购买意愿测量

测量维度	测 项	文献来源
考虑的可能性（考虑购买）	如果有这项措施活动，我会考虑购买该品牌	借鉴 Michael（1982）；Dodds、Grewal、Monroe（1991）的研究成果，进行修正
购买的可能性（购买几率）	如果有这项措施活动，我购买该品牌的可能性很大	

3. 调查问卷构成

Vincent（1976）认为，问卷的开头若能安排简单易答的问题，不但能使调查顺畅，而且会提高受访者对问卷的兴趣；但是人口统计变量等这些涉及个人问题的敏感性项目应该尽量放在问卷的末尾。基于此，结合现实情况，本研究的调查问卷（包括受损原因探索性因子分析部分内容），共由六大部分组成。第一部分是问卷导入，包括对调查的主办单位、调查目的及意义、问卷填写和回收的要求进行必要的说明，对调查对象的合作表示感谢。第二部分为事前背景材料下的购买意愿测量。第三部分为事后背景材料下的购买意愿测量。背景材料来自新闻媒体，是对虚假的原产地品牌即目标品牌虚假事件的描述，但本研究进行了适当修改。甄别问题用于甄别出虚假背景下购买意愿受损的顾客。第四部分为事后购买意愿受损原因因素调查。第五部分为事后犯错企业采取修复策略下的购买意愿测量。第六部分为调查对象的基本信息情况及致谢。

问卷形成后，为了检验问卷的信度问题，本研究请了 20 位家庭消费者进行了预测试，修改了问卷中的含糊问题。然后又找了 10 名本科毕业设计学生，分成两组，请他们分别从省内外各寻找 50 位受访者进行预测试，听取了受访者的建议，将那些非通俗易懂的题项进行了反复修改，最终形成了本调查问卷（见附录）。

第三节 假设提出

一、自变量与因变量的假设

本研究的因变量只有一个，即购买意愿，是顾客在品牌原产地虚假事件发生后（以下简称事后）对犯错品牌的购买意愿。本研究的自变量有 5 个，即购买意愿受损的原因因素（以下简称受损原因），它们分别是品牌信任损坏、形象匹配冲突、产品质量疑虑、负面情感体验、产品价格担心（见第四章）。依据消费者行为理论，购买意愿是消费者购买产品的可能性。购买意愿直接与购买行为相关，可以用来预测消费者购买行为。当然，顾客购买意愿受多种因素的影响，并且每一个影响因素的影响强度间存在差异。基于此，本研究认为，品牌原产地虚假背景下购买意愿受损原因对购买意愿的影响可能存在差异。

1. 品牌信任损坏与购买意愿之间关系假设

信任是社会交换关系的基础（Morgan 和 Hunt，1994），现代企业品牌关系的焦点和核心是信任（Lewicki R. J.、Bunker B.，1996；段淳林，2006）。许多学者认为，品牌信任对顾客的购买决策有重大影响。Howard 和 Sheth（1969）认为，信任是消费者购买意向的决定因素之一，信任与购买意向呈正相关。Bennett 和 Harrell（1975）也证明信任在预测购买意向时发挥着主要作用。Bowen 和 Shoemaker（1980）认为，顾客信任是竞争对手难以模仿的竞争优势；顾客愿意为其信任的企业做出有利的口头宣传，愿意再次购买。Doney（1997）认为，如果顾客信任企业，就会与企业继续合作。林振旭（2007）认为，消费者消费经验中的品牌信任对其购买意愿的影响最为显著。另外，学者们普遍认为信任是忠诚的基础。

品牌原产地虚假事件显然损坏了品牌信任，改变了消费者信任信念及倾向，从而减少消费者的购买意向（Wang S. J.、Huff L. C.，2007）。顾客认为这些企业不诚实、不可靠、不安全，更担心企业会欺骗自己，损害自己的利益。犯错品牌虽然进行了整改，但首因效应所形成的品牌不诚信印象短期内不可能消除。因此，品牌信任损坏可能是品牌原产地虚假背景下顾客购买意愿受损的最重要原因，也是制约犯错企业市场恢复的重要因素。基于此，本研究提出以下假设：

H1：品牌原产地虚假背景下，品牌信任损坏和顾客购买意愿直接负相关。

H2：品牌原产地虚假背景下，品牌信任损坏对顾客购买意愿的影响最大。

2. 形象匹配冲突与顾客购买意愿之间关系假设

Sirgy 等（1997）把在消费过程中，产品使用者的形象与顾客自我概念相互作用产生的主观体验称为自我形象一致性。Onkvisit 和 Shaw（1987）指出，消费者的许多购买行为都是在他们对自身所拥有的形象直接影响下做出的。这一观点也得到了许多其他的研究者的证实（如：Sirgy，1981，1982，1997；Ericksen，1996）。消费者自我概念与品牌形象一致性在品牌消费与决策过程中扮演决定性角色，并形成了"自我概念和品牌形象一致性理论"，简称为自我一致性理论。国外已有的研究表明，由于产品/品牌的象征意义，自我一致性在引导消费者的偏好、满意度（Jamal，2007）、购买意愿（Ericksen，1996；Mehta，1999）、产品拥有、产品使用和忠诚度等方面是一个非常重要的因素（Onkvisit 和 Shaw，1987）。消费者购买产品时，自我一致性对其进行产品评估存在着正影响（Graeff，1996）。

品牌原产地虚假曝光事件发生后，犯错品牌从知名品牌还原为假洋品牌，从外国品牌回到了本土品牌，并由丑闻品牌最终沦为污点品牌，可谓品牌形象一落千丈。消费者是社会人，处在特定的环境中，并拥有自己的社会身份、地位角色、生活方式、价值观等。由于消费者常会选购与自己形象一致的品牌（Kassarjian，1971；Sirgy，1982），许多购买行为都是在他们对自身所拥有的形象直接影响下做出的（Onkvisit 和 Shaw，1987）。这就意味着，在品牌原产地虚假的背景下，自我形象与品牌形象不可避免地出现了不一致或形象匹配冲突，这可能会减少消费者的购买意愿或意向。基于此，本研究提出以下假设：

H3：品牌原产地虚假背景下，形象匹配冲突和顾客购买意愿直接负相关。

3. 负面情感体验与顾客购买意愿之间关系假设

英国心理学家 William McDougall（1980）认为，人们所有的有目的的行为都受到复杂情感的影响，消费行为也不例外。美国心理学家 Nice Frijda（1986）也认为情感影响人们的行为意向。正面情感对人们的行为具有促进和推动作用，负面情感对人们的行为具有干扰和破坏作用。许多学者的研究结果支持他们的观点。美国学者 Valerie S. Folkes（1987）等的研究发现，航班延误后，乘客的负面情感对乘客的再购意向和投诉意向有显著的影响。美国学者 Nyer Prashanth U.（1997）实证研究结果表明，顾客的正面消费情感对顾客的再购意向和口头宣传意向有显著的正向影响。美国营销学教授 Chris T. Allen（1992）等的研究发现，企业管理者可以根据顾客的消费情感判断顾客的再购意向和对企业的口碑宣传意向。综上所述，正面情感对购买意愿有正向影响，负面情感则相反。

现有负面事件研究（Jorgensen，1994，1996；田玲、李蔚，2007）实证发现，负面情感不仅客观存在，也是导致顾客购买意愿受损的主要原因。考虑到负面曝光事件的共性，结合现实观察及深度访谈，本研究认为，品牌原产地虚假事件发生后，消费者难免会产生负面情感，这会导致顾客购买意愿减少。

基于此，本研究提出以下假设：

H4：品牌原产地虚假背景下，负面情感体验和顾客购买意愿直接负相关。

4. 产品质量疑虑与顾客购买意愿之间关系假设

质量包括客观质量与主观质量两类，前者是产品真实的质量，是用于描述产品整体上是否品质优良、技术领先的术语；后者指消费者主观感知到的质量水平即感知质量。对于感知质量通常被定义为：对产品质量的主观"评价判断"。Zeithaml（1988）认为，消费者的感知质量类似于态度评价，是一种主观判断，而非客观质量。对于感知质量与购买意愿之间的关系，国内外很多学者（Monroe 和 Krihnan，1985；Zeithaml，1988；Carman 等，1990；Cronin 等，1992；Garretson 和 Clow，1999；Baker 和 Crompton，2000；符国群，2002；江明华，2003）都已证实感知质量与购买意愿之间的显著的直接正向关系，认为感知质量是影响其行为意向的一个重要决定因素，并且直接影响了购买行为和向他人推荐意愿的产生。

依据消费者行为学中的感知风险理论（Raymond Bauer，1960），如何消费都存在着风险，这种风险来自消费者对消费结果的不确定性感知。品牌原产地虚假事件的发生，伴随着负面信息的传播扩散，消费者的感知风险无形增加了。不仅如此，由于消费者的学习机制，特别是刺激泛化及晕轮效应机制的作用，消费者难免把单一的来源国虚假扩展到包括质量虚假在内的各个方面。当然，访谈中、问卷中，消费者最关心、最担心的是犯错品牌质量有没有问题。特别是已经购买了的消费者，他们更担心品质问题，因为这涉及其能否从该商品中获得最基本的功能性利益满足的问题。虽然背景材料中显示国家质检部门事后检测犯错品牌质量合格，但仍然有不少的消费者存在质量疑虑，这难免会减少消费者的购买意愿或意向，基于此，本研究提出以下假设：

H5：品牌原产地虚假背景下，产品质量疑虑和顾客购买意愿直接负相关。

5. 产品价格担心与购买意愿之间关系假设

价格是购买产品或服务时所支付的金钱数目（Kotler，1999），也是消费者为获得产品或服务所带来的利益必须做的货币牺牲（Erickson 和 Johansson，1985）。因此，当消费者感知到的产品价格偏高时，消费者必须放弃的金额越多，代表所做的货币牺牲（Teas 和 Agarwal，2000）越大，也就是消费者感知的财务风险或经济风险越大，消费者购买意愿越低（Jacoby 和 Kaplan，1972；Gupta，1988；Blattberg、Neslin，1990）。

在品牌原产地虚假的背景下，消费者通过各信息源的刺激，特别是来自权威媒体的曝光与频繁报道，久而久之在心目中形成了犯错品牌＝价格欺诈的固有印象以及偏见，事后消费者难免对犯错品牌的价格产生担忧，诸如担心产品定价过高或不合理而使得顾客感知价值受损，因而导致消费者的感知风险增加，这可能会对消费者的购买意愿产生负面影响。基于此，本研究提出以下假设：

H6：品牌原产地虚假背景下，产品价格担心和顾客购买意愿直接负相关。

6. 受损原因与购买意愿之间影响差异假设

消费者行为理论认为，消费者之所以购买某个品牌或产品，之所以对企业的营销刺激有着这样而非那样的反应，在很大程度上是与消费者的需要和购买动机紧密联系在一起的（Engel J. F. 、R. D. Blackwell、P. W. Miniard，1986）。由于消费者需求的多样性、多层次性，消费动机的多重性、内隐性及复杂性，意味着消费者面对同样的营销刺激或者诱因，可能会产生有差异的消费行为和影响效果（符国群，2004）。因此，本研究提出以下假设：

H7：品牌原产地虚假背景下，各个受损原因对顾客购买意愿的影响程度存在差异。

二、修复策略调节变量假设

1. 情感修复策略之调节假设

美国心理学家 Nice 和 Frijda（1986）都认为情感影响人们的行为意向。正面情感对人们的行为具有促进和推动作用，负面情感对人们的行为具有干扰和破坏作用。许多学者的研究结果支持他们的观点。在品牌原产地虚假背景下，受负面事件的直接影响，社会大众包括消费者在内通常会产生普遍的负面情绪，诸如对犯错品牌感到失望、感到不满、感到生气、感到气愤等负面情感。在此情况下，犯错品牌企业当务之急是，如何安抚消费者的负面情感，减少其负面影响。

　　基于危机公关理论与消费情感理论，犯错品牌在事后应该采取以顾客满意为导向的，主要付诸认错道歉、感恩赔偿、真诚沟通等在内的情感修复策略。现有的研究表明：当犯人道歉时，受害者一般都会对犯人有一种更好的印象，产生更加正面的情感，并且会减少对罪犯猛烈的攻击（Ohbuchi、Kameda 和 Agarie，1989）。印象管理的实验研究表明：犯罪之后，如果罪犯表示自责或懊悔，将会减少处罚（Schwartz、Kane、Joseph 和 Tedesch，1978）。而且道歉能够更有效地重新建立合作关系（Bottom 等，2002），这将会提升消费者对品牌的信任度。另外，宽恕理论认为，宽恕是一种人格特质，每个人都有宽恕他人的一面。所谓宽恕是对于冒犯者的伤害行为，受害者一系列动机的改变，其中报复对方的动机降低、疏远对方的动机降低、和解和善意的动机增加（McCullough，1997），宽恕可以最小化不好的感觉，出现建设性行为。当个体宽恕时，在认知方面，不再做出负面的判断和报复念头，而表现出积极的思维活动，尊重和理解对方；在情感方面，愤怒、憎恶、怨恨、悲伤等消极情绪逐渐被中性情绪取代，最终转化为积极情感，表现出同情；在行为方面，不再采取报复性的行动，而是以善意的举动对待冒犯者。总之，宽恕者认为冒犯已经结束，并且与积极的后果相联系（Zechmeister J. S.、Romero C.，2002）。基于此，提出以下假设：

　　H8：品牌原产地虚假背景下，情感修复策略能显著提高消费者购买意愿。

　　H9：品牌原产地虚假背景下，情感修复策略对各个受损原因与购买意愿之间的关系有正向调节作用。

　　H9a：品牌原产地虚假背景下，情感修复策略对品牌信任损坏与购买意愿之间的关系有正向调节作用；

　　H9b：品牌原产地虚假背景下，情感修复策略对品牌形象冲突与购买意愿之间的关系有正向调节作用；

　　H9c：品牌原产地虚假背景下，情感修复策略对负面情感与购买意愿之间的关系有正向调节作用；

　　H9d：品牌原产地虚假背景下，情感修复策略对质量疑虑与购买意愿之间的关系有正向调节作用；

　　H9e：品牌原产地虚假背景下，情感修复策略对价格担心与购买意愿之间的关系有正向调节作用；

　　H9f：品牌原产地虚假背景下，情感修复策略对各个受损原因与购买意愿之间的负向关系调节作用存在差异。

2. 质量修复策略之调节假设

消费者缺少度量客观质量的标准，而客观质量本身，也很难有统一的度量维度。营销研究者从市场和消费者的角度看待质量，提出了感知质量的概念。Zeithaml（1988）提出了运用于服务产品的感知质量的概念，认为感知质量是顾客对服务产品整体优良性的判断。Monroe 和 Krihnan（1985）提出了感知质量、感知价格、感知付出和购买意向之间的关系模型。这个模型中，感知价值由消费者对感知质量与感知付出之间的衡量决定，当感知质量大于感知付出时，表明消费者对此产品或服务有正面的感知价值，因此感知质量会直接影响消费者的购买意向。同时 Carman（1990）等也证实了感知质量与购买意愿间的直接正向关系，而 Cronin（1992）等则证明感知质量与购买意愿间既有直接的正向关系，同时还有通过满意度等起作用的间接关系。

消费者行为学理论，特别是理性购买行动理论（RAT）告诉我们，消费者的购买决策通常由其感知利得和感知利失或感知风险所决定，当感知利得大于感知利失或感知风险的时候，消费者会采取购买行为。因此，虚假曝光后的质量修复策略旨在增加消费者的感知质量，降低消费者的感知疑虑。因此，把质量作为顾客修复策略来研究也有其理论和实践的依据。基于此，提出以下假设：

H10：品牌原产地虚假背景下，质量修复策略能显著提高顾客购买意愿。

H11：品牌原产地虚假背景下，质量修复策略对各个受损原因与购买意愿之间的关系有正向调节作用。

H11a：品牌原产地虚假背景下，质量修复策略对品牌信任损坏与购买意愿之间的关系有正向调节作用；

H11b：品牌原产地虚假背景下，质量修复策略对品牌形象冲突与购买意愿之间的关系有正向调节作用；

H11c：品牌原产地虚假背景下，质量修复策略对负面情感与购买意愿之间的关系有正向调节作用；

H11d：品牌原产地虚假背景下，质量修复策略对质量疑虑与购买意愿之间的关系有正向调节作用；

H11e：品牌原产地虚假背景下，质量修复策略对价格担心与购买意愿之间的关系有正向调节作用；

H11f：品牌原产地虚假背景下，质量修复策略对各个受损原因与购买意愿之间的负向关系调节作用存在差异。

3. 信誉修复策略之调节假设

信誉在英语中翻译为"Reputation"，牛津词典解释为"the General Opinion about the Character, Qualities, ect of sb or sth"。信誉是对经济组织的信用和名誉的总体评价，企业信誉是企业行为能力的一种表现，是企业能否履行其诺言的一种标识度（徐鸿，2001）。经济学认为，信誉是"诚实交易、信守合约"所获得的声誉（夏瑞霞，2006）。因而，企业信誉被看作是形成稳定的、彼此合作关系的最直接的前因（Dwyer 等，1987）。有了信誉，才能赢得品牌信任，因为品牌信任是借助于信誉机制维持的（Macauley，1963；Greif，1993）。有信用才能建立起信誉，当主体建立起自身的信誉后，就更容易得到别人的信任，因为在信息不对称的环境下，信誉是反映信誉主体可信任度的信号显示，使有交易与合作意愿者节约了信任的搜寻与甄别成本，能够降低不确定性和人们信任的风险。好的信誉能赢得人们的信任甚至忠诚，而不好的信誉只能让人们产生不信任感，使失信者失去当期的和未来潜在的交易机会。所以，信誉能够影响购买意愿。

品牌原产地虚假事件，引发了企业信誉危机并最终导致品牌危机。这迫切要求犯错企业事后应该从诚信和声誉两方面重建企业信誉，重建品牌信任。

由此，提出以下假设：

H12：品牌原产地虚假背景下，信誉修复策略能显著提高顾客购买意愿。

H13：品牌原产地虚假背景下，信誉修复策略对各个受损原因与购买意愿之间的关系有正向调节作用。

H13a：品牌原产地虚假背景下，信誉修复策略对品牌信任损坏与购买意愿之间的关系有正向调节作用；

H13b：品牌原产地虚假背景下，信誉修复策略对品牌形象冲突与购买意愿之间的关系有正向调节作用；

H13c：品牌原产地虚假背景下，信誉修复策略对负面情感与购买意愿之间的关系有正向调节作用；

H13d：品牌原产地虚假背景下，信誉修复策略对质量疑虑与购买意愿之间的关系有正向调节作用；

H13e：品牌原产地虚假背景下，信誉修复策略对价格担心与购买意愿之间的关系有正向调节作用；

H13f：品牌原产地虚假背景下，信誉修复策略对各个受损原因与购买意愿之间的负向关系调节作用存在差异。

4. 价格修复策略之调节假设

Raghubir 等（1999）认为，价格促销是营销组合的重要部分，它是指厂商或渠道参与者在某个特定的时期通过降低某种品牌的产品价格，或增加单价品牌数量去提高客户价值，增加客户购买刺激的一种营销手段。韩睿和田龙志（2005）认为，价格促销是厂商通过价格削减、打折和现金返还等形式刺激产品更快销售、顾客更多购买，从而使销售增长的一种短期性的重要营销手段。现有研究所达成的共识是：价格促销通过影响顾客对产品的价格感知而起作用（Manjit，1998），价格促销都是设法影响顾客的心理感知，让顾客觉得可以节省支出，从而引发顾客购买冲动的。因此，价格促销的实质就是降低消费者感知成本，提高其感知价值。不过，Shoe-maker（1999）认为，对市场策划人员来说，没有什么工具能比价格更有力，没有什么工具能比价格对消费者的购买行为和公司利润产生更大影响。一般而言，价格下降，需求就会增加，这也是现代营销中价格促销的理论基础。众多学者的研究证明，价格对消费者的购买决策有重大影响（Gupta，1999；Blattberg、Neslin，1990）。

因此把价格作为购买意愿修复策略来研究也有其理论和实践的依据。基于此，提出以下假设：

H14：品牌原产地虚假背景下，价格修复策略能显著提高顾客购买意愿。

H15：品牌原产地虚假背景下，价格修复策略对各个受损原因与购买意愿之间的关系有正向调节作用。

H15a：品牌原产地虚假背景下，价格修复策略对品牌信任损坏与购买意愿之间的关系有正向调节作用；

H15b：品牌原产地虚假背景下，价格修复策略对品牌形象冲突与购买意愿之间的关系有正向调节作用；

H15c：品牌原产地虚假背景下，价格修复策略对负面情感与购买意愿之间的关系有正向调节作用；

H15d：品牌原产地虚假背景下，价格修复策略对质量疑虑与购买意愿之间的关系有正向调节作用；

H15e：品牌原产地虚假背景下，价格修复策略对价格担心与购买意愿之间的关系有正向调节作用；

H15f：品牌原产地虚假背景下，价格修复策略对各个受损原因与购买意愿之间的负向关系调节作用存在差异。

5. 各个修复策略对购买意愿影响差异假设

由于消费者需求的多样性、多层次性，消费动机的多重性、内隐性及复杂性，意味着不同的消费者面对同样的营销刺激或者诱因，可能会产生有差异的消费行为和反应效果（符国群，2004）。因此，本研究提出如下假设：

H16：品牌原产地虚假背景下，各个修复策略对顾客购买意愿的影响程度存在差异。

第四节 本章小结

以模型构建为基础，本章主要对修复策略选择、修复策略刺激物的设计，修复策略及顾客购买意愿测量问题进行了探讨，开发了调查问卷，并依据相关理论与营销实践，最终提出了如下假设，如表5-14所示。

表5-14 研究假设汇总

研 究 假 设
H1：品牌原产地虚假背景下，品牌信任损坏和顾客购买意愿直接负相关
H2：品牌原产地虚假背景下，品牌信任损坏对顾客购买意愿的影响最大
H3：品牌原产地虚假背景下，品牌形象冲突和顾客购买意愿直接负相关
H4：品牌原产地虚假背景下，负面情感体验和顾客购买意愿直接负相关
H5：品牌原产地虚假背景下，产品质量疑虑和顾客购买意愿直接负相关
H6：品牌原产地虚假背景下，产品价格担心和顾客购买意愿直接负相关
H7：品牌原产地虚假背景下，各个受损原因对顾客购买意愿的影响程度存在差异

研 究 假 设
H8：品牌原产地虚假背景下，情感修复策略能显著提高顾客购买意愿
H9：品牌原产地虚假背景下，情感修复策略对各个受损原因与购买意愿之间的关系有正向调节作用
H9a：品牌原产地虚假背景下，情感修复策略对品牌信任损坏与购买意愿之间的关系有正向调节作用
H9b：品牌原产地虚假背景下，情感修复策略对品牌形象冲突与购买意愿之间的关系有正向调节作用
H9c：品牌原产地虚假背景下，情感修复策略对负面情感与购买意愿之间的关系有正向调节作用
H9d：品牌原产地虚假背景下，情感修复策略对质量疑虑与购买意愿之间的关系有正向调节作用
H9e：品牌原产地虚假背景下，情感修复策略对价格担心与购买意愿之间的关系有正向调节作用
H9f：品牌原产地虚假背景下，情感修复策略对各个受损原因与购买意愿之间的负向关系调节作用存在差异
H10：品牌原产地虚假背景下，质量修复策略能显著提高顾客购买意愿
H11：品牌原产地虚假背景下，质量修复策略对各个受损原因与购买意愿之间的关系有正向调节作用
H11a：品牌原产地虚假背景下，质量修复策略对品牌信任损坏与购买意愿之间的关系有正向调节作用
H11b：品牌原产地虚假背景下，质量修复策略对品牌形象冲突与购买意愿之间的关系有正向调节作用
H11c：品牌原产地虚假背景下，质量修复策略对负面情感与购买意愿之间的关系有正向调节作用
H11d：品牌原产地虚假背景下，质量修复策略对质量疑虑与购买意愿之间的关系有正向调节作用
H11e：品牌原产地虚假背景下，质量修复策略对价格担心与购买意愿之间的关系有正向调节作用
H11f：品牌原产地虚假背景下，质量修复策略对各个受损原因与购买意愿之间的负向关系调节作用存在差异
H12：品牌原产地虚假背景下，信誉修复策略能显著提高顾客购买意愿
H13：品牌原产地虚假背景下，信誉修复策略对各个受损原因与购买意愿之间的关系有正向调节作用
H13a：品牌原产地虚假背景下，信誉修复策略对品牌信任损坏与购买意愿之间的关系有正向调节作用
H13b：品牌原产地虚假背景下，信誉修复策略对品牌形象冲突与购买意愿之间的关系有正向调节作用

研　究　假　设
H13c：品牌原产地虚假背景下，信誉修复策略对负面情感与购买意愿之间的关系有正向调节作用
H13d：品牌原产地虚假背景下，信誉修复策略对质量疑虑与购买意愿之间的关系有正向调节作用
H13e：品牌原产地虚假背景下，信誉修复策略对价格担心与购买意愿之间的关系有正向调节作用
H13f：品牌原产地虚假背景下，信誉修复策略对各个受损原因与购买意愿之间的负向关系调节作用存在差异
H14：品牌原产地虚假背景下，价格修复策略能显著提高顾客购买意愿
H15：品牌原产地虚假背景下，价格修复策略对各个受损原因与购买意愿之间的关系有正向调节作用
H15a：品牌原产地虚假背景下，价格修复策略对品牌信任损坏与购买意愿之间的关系有正向调节作用
H15b：品牌原产地虚假背景下，价格修复策略对品牌形象冲突与购买意愿之间的关系有正向调节作用
H15c：品牌原产地虚假背景下，价格修复策略对负面情感与购买意愿之间的关系有正向调节作用
H15d：品牌原产地虚假背景下，价格修复策略对质量疑虑与购买意愿之间的关系有正向调节作用
H15e：品牌原产地虚假背景下，价格修复策略对价格担心与购买意愿之间的关系有正向调节作用
H15f：品牌原产地虚假背景下，价格修复策略对各个受损原因与购买意愿之间的负向关系调节作用存在差异
H16：品牌原产地虚假背景下，各个修复策略对顾客购买意愿的影响程度存在差异

第六章 修复策略调节的实证检验

基于第五章品牌原产地虚假背景下受损原因对购买意愿的影响及修复策略的调节假设的分析,本研究在本章实证检验第五章假设。

第一节 数据描述

一、数据来源分析

本研究的调查对象是对于给定的目标品牌,品牌原产地虚假事件发生前有明确的购买意愿,但是在阅读完品牌原产地虚假事件材料后,购买意愿受损(表现为推迟购买或取消购买或不愿意购买等行为)且没听说过该事件的顾客,就是本研究所定位的合格的受访人群。这些顾客群就地域而言,有四川省内的,也有省外的,大体能反映全国。就职业而言,有政府及事业单位职工,在职及离退休企业单位员工、个体户、农民、学生(包括 MBA、工程硕士、其他专业学位硕士及企业管理培训学员)等各类人群。调查时间为 2009 年 9~10 月。

本研究采取随机抽样(Random Sampling)与配额抽样(Quote Sampling)相结合的调查方式,通过问卷中的甄别问题获取合格客户样本,实证检验数据与受损原因探索性因子分析数据在同一问卷中一同调查测试。

本研究从研究者日常指导的研究生和大学生中,按照地域分布,挑选合格的能够胜任市场调查工作的调查员若干,在事先培训指导的前提下,由其利用暑期时间完成调查工作。具体调查问卷包括网络版问卷和纸质版问卷。对于纸质版问卷，针对符合条件的顾客，主要借助暑期培训机会对企事业单位职工进行现场问卷调查以及到符合条件的各类超市或居民小区发放问卷。对于网络版问卷，针对符合条件的顾客，主要采取电子邮件、QQ、MSN、飞信等方式发放问卷，并让这些符合条件的顾客给我们推荐更适合的调查人群即采取滚雪球方式推荐填写，要求尽可能即时发送问卷、即时收回问卷。

本研究的合格样本，选取标准为品牌原产地虚假事件发生前对目标品牌有购买意愿，但是事件发生后对目标品牌的购买意愿受损且没有听说过该事件的顾客。经过数据整理，本研究最终获得在品牌原产地虚假背景下购买意愿受损的有效客户样本量576份，具体见表4-8。

二、信度、效度检验

鉴于顾客购买意愿受损原因的信度和效度已在第五章中进行了检验，因此，本章主要检验修复策略采用前的顾客购买意愿、修复策略本身及修复策略采用后的顾客购买意愿三大量表的信度和效度，结果如表6-1所示。

表6-1　基于修复策略前后的顾客购买意愿量表的信度与效度检验

潜在变量	测项	校正后的内部总相关系数	Cronbach's α	解释方差百分比（%）
策略前购买意愿	CPI01	0.787	0.881	89.363
	CPI02	0.787		
情感修复策略	CA11	0.769	0.868	88.437
	CA12	0.769		
购买意愿	CPI11	0.681	0.810	84.035
	CPI12	0.681		
质量修复策略	CA21	0.838	0.911	91.879
	CA22	0.838		
购买意愿	CPI21	0.759	0.863	87.930
	CPI22	0.759		
信誉修复策略	CA31	0.844	0.915	92.176
	CA32	0.844		

潜在变量	测项	校正后的内部 总相关系数	Cronbach's α	解释方差百分比 （%）
购买意愿	CPI31	0.741	0.851	87.059
	CPI32	0.741		
价格修复策略	CA41	0.867	0.929	93.366
	CA42	0.867		
购买意愿	CPI41	0.730	0.843	86.494
	CPI42	0.730		
	CPI52	0.794		

由表 6 – 1 可知，校正后的内部总相关系数（Corrected – Item Total Cor-relation，CITC）总体上介于 0.7 ~ 0.8，只有情感修复策略采取之后的顾客购买意愿的两个测项 CPI11 和 CPI12 的 CITC 值为 0.681，远远大于 0.4 的最低水平；Cronbach's α 值都介于 0.8 ~ 0.9，超过了 0.7 标准，完全符合要求，说明本测项量表的信度很高。另外，被解释的方差百分比介于 80% ~ 90%，超过了大于 60% 的标准，说明量表的结构效度很高。因此，本研究所开发的新量表是合适的、科学的、严谨的，用其测量所获得的数据，可以进入下一步分析。

第二节　受损原因与购买意愿关系假设检验

一、SEM 引入

结构方程模型（Structural Equation Model，SEM）是被包括管理学界在内所接受的一种成熟的、验证性多元统计技术。SEM 主要用于验证变量与变量之间的相互关系。它的主要功能在于对一些变量之间的关系理论模型做出评价。结构方程建立在潜变量之间，存在于因果关系的假设之上，而每个无法观测的潜变量又通过多个可观测的外测变量反映，其中潜变量是其对应的外测变量的线性组合。从技术层面上讲，通过计算外测变量之间的协方差，估计出线性回归模型的系数，进而检验模型在统计意义上是否显著，即验证外测变量的协方差矩阵与模型拟合后的引申方程矩阵的拟合程度。如果 SEM 被证实是显著的，那么就可以认为先前假设的潜变量之间的关系是成立的。

SEM 的基本原理可以概括为"三个两"：两类变量即外测变量和潜变量；两个模型即测量模型和结构模型；两条路径即外测变量与潜变量之间的路径及潜变量之间的路径。社会科学领域中的许多变量都是不能直接测量的，若采用一些可观测的变量代替潜变量的话，会产生较大的测量误差，许多方法都无法妥善解决这个问题，而正因为结构方程具有以上"三个两"的特点，因此它能妥善解决测量误差的问题，分析潜变量之间的路径关系。

与传统的回归分析不同的是，SEM 能够同时处理多组回归方程的估计。在回归分析中，变量仅被划分为被解释变量和解释变量，同时这些变量都是无误差的测量变量，然而 SEM 却可以利用潜在变量进行观察值的残差估计。由于本章要验证的是作为潜在变量的受损原因和作为潜在变量的购买意愿之间的关系，因此，与回归分析相比，采用 SEM 效果更优。

一个完整的 SEM 包括结构模型和测量模型，可描述如下：

$$y = \Lambda_y \eta + \varepsilon \qquad (6-1)$$

$$x = \Lambda_x \xi + \delta \qquad (6-2)$$

$$\eta = B\eta + \Gamma\xi + \zeta \qquad (6-3)$$

其中，式（6-1）和式（6-2）是测量方程。y 表示内生测量变量；x 表示外生测量变量；Λ_y 表示对潜变量 η 的因子载荷；Λ_x 表示对潜变量 ξ 的因子载荷；η 表示内生潜在变量，即购买意愿；ξ 表示外生潜在变量，即 5 种受损原因；ε 和 δ 表示测量残差；ζ 表示估计误差。

SEM 分析的一般步骤[1]如下：

（1）建立理论模型。明确本研究中，哪些变量是外测变量，哪些变量是潜变量，以及彼此之间可能存在的因果关系。

（2）建构因果关系路径图。借助路径图对各变量之间的因果关系进行描述。SEM 的分析结果及其相应的评价指标也直观地反映在路径图上，从而可以看出各潜在变量之间的路径关系及各外测变量对潜在变量的影响程度。

---

[1] 李怀祖：《管理研究方法论》，西安交通大学出版社 2004 年版。

（3）构建模型方程式。将路径图中的结构模型转化为结构方程式，同时在方程式中将测量误差表达出来。

（4）参数估计及模型识别。参数估计是结构方程模型分析中最核心的部分，一般都是通过一些软件来计算的，常用的结构方程分析软件有 LIS-REL、AMOS 和 Mplus，本研究中采用 LISREL8.7 作为参数估计和模型分析的软件。结构方程模型被顺利估计的前提条件是可识别的，因此，必须保证模型具有统计与方法上的可识别性。

（5）进行模型拟合评价。有多种指标可以用于模型拟合评价，针对不同的目的可以选择不同的指标加以评价，一般来说要对测量模型、结构模型和整体模型分别进行拟合优度评价。

（6）进行模型修正。如果模型的参数估计结果不理想，即无法通过理论模型和观测数据的拟合度检验时，研究者可以利用不同的程序、不同的方法改进模型，以提高模型的拟合优度和参数估计的质量。

二、假设验证

本研究在第五章针对自变量和因变量，提出了七个假设，具体如下：

H1：品牌原产地虚假背景下，品牌信任损坏和顾客购买意愿直接负相关；

H2：品牌原产地虚假背景下，品牌信任损坏对顾客购买意愿的影响最大；

H3：品牌原产地虚假背景下，品牌形象冲突和顾客购买意愿直接负相关；

H4：品牌原产地虚假背景下，负面情感体验和顾客购买意愿直接负相关；

H5：品牌原产地虚假背景下，产品质量疑虑和顾客购买意愿直接负相关；

H6：品牌原产地虚假背景下，产品价格担心和顾客购买意愿直接负相关；

H7：品牌原产地虚假背景下，各个受损原因对购买意愿影响程度存在差异。

采用 LISREL8.7 软件，输入相关数据后得到如下结果，如图 6 - 1

所示。

就拟合度所涉及的主要指标看，Weighted Least Squares Chi - Square 即 WLS 卡方值为 807.20，Degrees of Freedom 即 df 自由度为 219，χ^2/df 即卡方自由度比为 3.68，远远小于 5，完全符合美国社会统计学家威顿（Blair Wheaton，

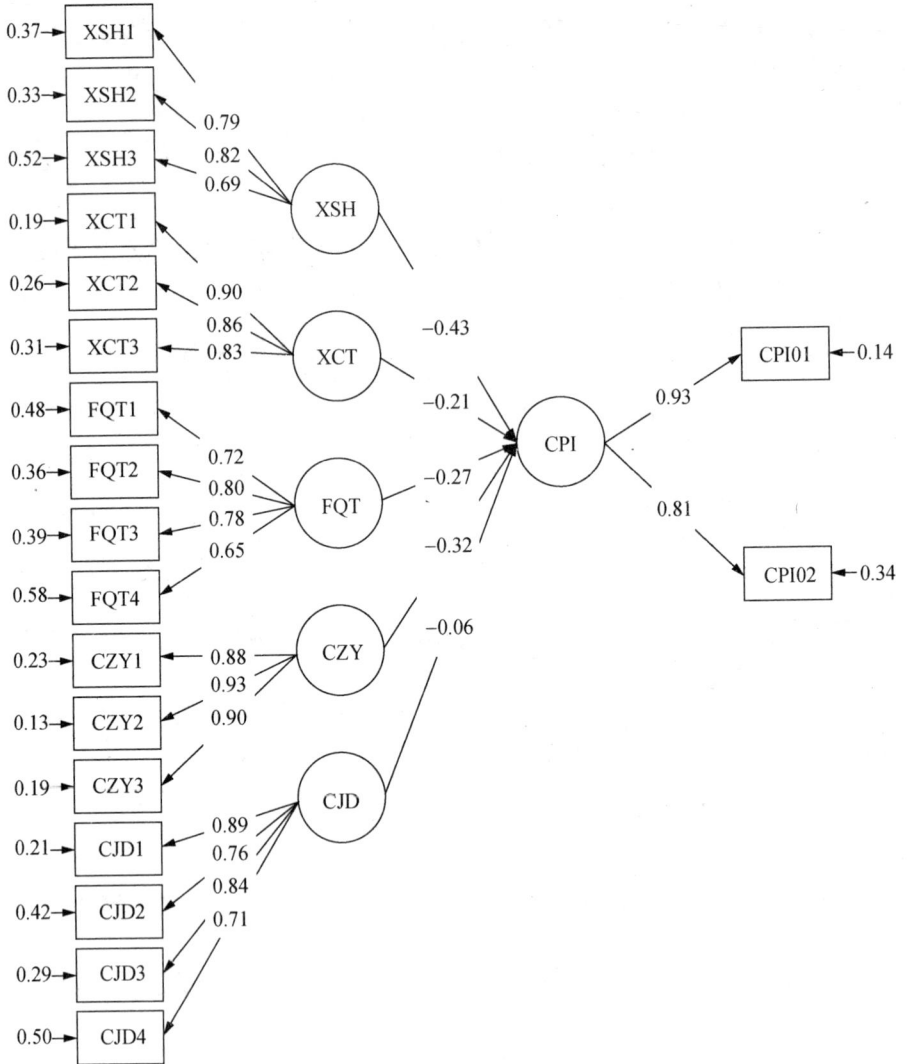

图 6 - 1 结构方程模型 SEM 的估计结果

注：Chi - Square = 807.20，df = 219，P - value = 0.00000，RMSEA = 0.072。

1977）等提出的观点——卡方值 χ^2 与自由度 df 之比在 5：1 左右，这表明模型与数据的拟合程度是可以接受的；Root Mean Square Error of Approximation 即近似均方根残差 RMSEA 值为 0.072，小于 0.08，这表明模型与数据的拟合程度还是可以的；拟合优度指数 GFI = 0.89，调整后的拟合优度指数 AG-FI = 0.87，CFI = 0.95，NFI = 0.94，NNFI = 0.94，IFI = 0.95，RFI = 0.92，符合学术界标准要求[①]。这表明本研究的 SEM 模型拟合优度尚可，适合进一步分析。

基于 LISREL 的路径计算结果，如图 6 - 2 所示。

GAMMA

	XSH	XCT	FQT	CZY	CJD
CPI	−0.43	−0.21	−0.27	−0.32	−0.06
	(0.05)	(0.05)	(0.05)	(0.05)	(0.04)
	−7.30	−3.12	−5.10	−6.70	−1.40

图 6 - 2　基于 LISREL 的路径计算结果

表 6 - 2 是各路径系数所对应的 t 值，通过 t 值就可以反映出各变量的显著性。

表 6 - 2　各路径系数的 t 值

因变量	自变量				
	信任损坏	形象冲突	负面情感	质量疑虑	价格担心
购买意愿	− 7.30**	− 3.12**	− 5.10**	− 6.70**	− 1.40

注：** 表示在 α = 0.05 的水平显著。

从表 6 - 2 可知，信任损坏与购买意愿之间的 t 值为 - 7.30，在 5% 的水平下显著，两者之间的路径系数为 - 0.43，即两者之间存在负相关关系，H1 得到验证。

形象冲突与购买意愿之间的 t 值为 - 3.12，在 5% 的水平下显著，两者之间

---

① Hairs Joseph F. Jr. Rolph E. Anderson, Ronald L. Tatham and William C. Black, "Multivariate Data Analysis. Fifth Edition", Upper Saddle River, NJ: Prentice Hall, 1998, pp. 490 - 494.

的路径系数为 -0.21，表明两者之间存在显著的负相关关系，H3 得到验证。

负面情感与购买意愿之间的 t 值为 -5.10，在 5% 的水平下显著，两者之间的路径系数为 -0.27，表明两者之间存在显著的负相关关系，H4 得到验证。

质量疑虑与购买意愿之间的 t 值为 -6.70，在 5% 的水平下显著，两者之间的路径系数为 -0.32，表明两者之间存在显著的负相关关系，H5 得到验证。

价格担心与购买意愿之间的 t 值为 -1.40，两者之间的关系不显著。即价格因素并非购买意愿发生改变的显著性因素，H6 不成立。这可能是由于事后消费者对于该品牌价格促销的预期有所增强，故对购买意愿未构成显著影响。

由表 6 - 2 可知，信任损坏与购买意愿之间的路径系数的绝对值最大，质量疑虑与购买意愿之间的路径系数次之，依次是负面情感、形象冲突与购买意愿之间的路径系数。因此，H2 和 H7 均成立。

第三节　修复策略之调节假设检验

一、调节效应验证方法的选择

如果变量 Y 与变量 X 之间的关系是变量 M 的函数，那么，我们称 M 为调节变量（温忠麟、侯杰泰、张雷，2005）。换句话说，Y 与 X 的关系受到第三个变量的影响，其关系可以简单地表述，如图 6 - 3 所示。

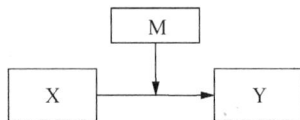

图 6 - 3　调节作用示意图

根据学者的观点（温忠麟、侯杰泰、张雷，2005），为了验证调节效应是否存在，通常情况下需要引入一个交叉项，即：

$$Y = \beta_0 + \beta_1 X + \beta_2 M + \beta_3 (X \times M) + e \qquad (6-4)$$

对上式稍加变形有：

$$Y = \beta_0 + (\beta_1 + \beta_3 M)X + \beta_2 M + e \qquad (6-5)$$

其中，方程（6-4）或方程（6-5）中的 β_3 刻画了调节效应的大小。在实际使用过程中，只需验证 β_3 是否显著，如果显著则表明调节效应存在，通过 β_3 的正负还可以观察出调节效应是正向的还是负向的。

作为调节变量的 M 可能是显变量也可能是潜变量，在不同情况下的调节效应验证方法有所不同。

（1）当调节变量为显变量时的计算。当 M 为显变量时，可以分为类别变量和连续变量两种情况。在调节变量为类别变量的情况下，只需按照调节变量的类别将样本划分为两组，然后通过恒等性检验就可验证出是否存在调节作用；在调节变量为连续变量的情况下，将自变量和调节变量作中心化处理（变量观测值减去其均值），然后进行层次回归：

第一步：作 Y 对 X 和 M 的回归，得判定系数 R_1^2。也就是说，对方程（6-4）进行回归，得到判定系数。

$$Y = \beta_0 + \beta_1 X + \beta_2 M + e \qquad (6-6)$$

第二步：作 Y 对 X、M 和 X×M 的回归，得判定系数 R_2^2。即对方程（6-4）进行回归，得到判定系数。若 R_2^2 显著大于 R_1^2，或者在给定显著水平下，X×M 的系数显著不为零的话，则调节效应显著。

（2）当调节变量为潜变量时的计算。当 M 为潜在变量时，用结构方程验证调节效应就变得较为困难，因而一般采用 Yang（1998）提出的化隐为显的方法，即采用 Anderson 和 Rubin（1956）推出的因子得分代替潜变量的观测值，然后进行回归分析，验证交叉项的显著水平。这种方法的显著优点是，因子得分是一种标准分（均值为零，方差为1），具备验证调节效应的条件。

参照 Yang（1998）的观点和做法，国内学者黄静等（2006）在演算调节作用时将演算过程分为两步：第一步，先做自变量、调节变量和因变量之间的回归，看调节变量和因变量之间是否显著；第二步，如果调节变量与因变量之间关系显著，做自变量、调节变量、自变量×调节变量的回归，重点观察自变量×调节变量显著水平，如果显著，则证明调节作用确实存在[①]。

本研究中，X 为自变量——受损原因，Y 为因变量——购买意愿，M 为调节变量——修复策略，三者的关系，如图 6 - 3 所示。借鉴上述学者的观点和做法，首先，进行自变量、调节变量与因变量之间回归，判断修复策略与购买意愿间的关系是否显著；其次，进行自变量、调节变量以及自变量×调节变量之间的回归，观测受损原因×修复策略的显著水平。如显著，则证明修复策略确有调节作用。在显著水平下，系数为正则存在正向调节作用，反之，则存在负向调节作用。

二、修复策略之调节作用验证

1. 情感修复策略调节结果验证

为了验证情感修复策略的效果，本研究在第五章提出了如下假设：

H8：品牌原产地虚假背景下，情感修复策略能显著提高顾客购买意愿。

H9：品牌原产地虚假背景下，情感修复策略对各种受损原因与购买意愿之间的关系有正向调节作用。

H9a：品牌原产地虚假背景下，情感修复策略对品牌信任损坏与购买意愿之间的关系有正向调节作用；

H9b：品牌原产地虚假背景下，情感修复策略对品牌形象冲突与购买意愿之间的关系有正向调节作用；

H9c：品牌原产地虚假背景下，情感修复策略对负面情感与购买意愿之间的关系有正向调节作用；

H9d：品牌原产地虚假背景下，情感修复策略对质量疑虑与购买意愿之间的关系有正向调节作用；

H9e：品牌原产地虚假背景下，情感修复策略对价格担心与购买意愿之间的关系有正向调节作用；

H9f：品牌原产地虚假背景下，情感修复策略对各个受损原因与购买意愿之间的负向关系调节作用存在差异。

---

① 黄静、熊巍：《再给我一次机会：犯错品牌的投入对消费者再续关系意愿的影响研究》，《JMS 学术年会论文集》，2006 年。

（1）H8 的验证。为了验证 H8，本书构造多元回归模型：

$$Y_i = \beta_0 + \beta_1 X_{1i} + \beta_2 X_{2i} + \cdots + \beta_6 X_{6i} + \mu_i \qquad (6-7)$$

式中，X_1 表示信任损坏，X_2 表示形象冲突，X_3 表示负面情感，X_4 表示质量疑虑，X_5 表示价格担心，X_6 表示情感修复策略，μ_i 表示随机干扰项。

本研究使用 SPSS18.0，回归结果如表 6-3 所示。

表 6-3　情感修复策略对购买意愿的影响

模型	非标准化系数		标准化系数	t	Sig.
	B	Std. Error	Beta		
常数项	3.010	0.335		8.989	0.000
信任损坏	-0.117	0.045	-0.091	-2.588	0.010
形象冲突	-0.027	0.043	-0.021	-0.632	0.528
负面情感	-0.212	0.043	-0.174	-4.969	0.000
质量疑虑	0.026	0.037	0.024	0.724	0.469
价格担心	-0.038	0.038	-0.038	-1.016	0.310
情感修复策略	0.664	0.033	0.612	20.133	0.000

由表 6-3 可知，情感修复策略态度的显著水平为 0.000，远小于 0.1，说明情感修复策略本身与购买意愿之间存在显著的正相关关系。因此，H8 得到验证。同时，也说明可以进行下一步调节效用的分析。

（2）H9a 的验证。为了验证 H9a，本研究构造多元回归模型：

$$Y_i = \beta_0 + \beta_1 X_{1i} + \beta_2 X_{2i} + \cdots + \beta_6 X_{6i} + \beta_7 X_{1i} X_{6i} + \mu_i \qquad (6-8)$$

式中，X_1 表示信任损坏，X_2 表示形象冲突，X_3 表示负面情感，X_4 表示质量疑虑，X_5 表示价格担心，X_6 表示情感修复策略，$X_1 X_6$ 表示交叉项，μ_i 表示随机干扰项。

回归结果如表 6-4 所示。

表 6-4　情感修复策略对信任损坏的调节作用

模型	非标准化系数		标准化系数	t	Sig.
	B	Std. Error	Beta		
常数项	3.076	0.800		3.844	0.000
信任损坏	-0.128	0.134	-0.099	-0.958	0.339

模型	非标准化系数		标准化系数	t	Sig.
	B	Std. Error	Beta		
形象冲突	− 0.027	0.043	− 0.021	− 0.619	0.536
负面情感	− 0.212	0.043	− 0.173	− 4.881	0.000
质量疑虑	0.026	0.037	0.023	0.718	0.473
价格担心	− 0.039	0.038	− 0.039	− 1.017	0.310
情感修复策略	0.650	0.160	0.599	4.068	0.000
信任损坏 × 情感修复策略	0.002	0.027	0.014	0.090	0.928

从表 6 - 4 可知, 交叉项系数为 0.014, 显著性水平大于 0.1, 超过了标准。这表明情感修复策略对信任损坏与购买意愿间的路径关系不具有显著的调节作用, 即该修复策略未改变信任损坏与购买意愿之间原来的负相关关系, 因此, H9a 不成立。

（3）H9b 的验证。为了验证 H9b, 本书构造多元回归模型:

$$Y_i = \beta_0 + \beta_1 X_{1i} + \beta_2 X_{2i} + \cdots + \beta_6 X_{6i} + \beta_7 X_{2i} X_{6i} + \mu_i \qquad (6-9)$$

式中, X_1 表示信任损坏, X_2 表示形象冲突, X_3 表示负面情感, X_4 表示质量疑虑, X_5 表示价格担心, X_6 表示情感修复策略, $X_2 X_6$ 表示交叉项, μ_i 表示随机干扰项。

回归结果如表 6 - 5 所示。

表 6 - 5　情感修复策略对形象冲突的调节作用

模型	非标准化系数		标准化系数	t	Sig.
	B	Std. Error	Beta		
常数项	2.630	0.544		4.833	0.000
信任损坏	− 0.113	0.045	− 0.087	− 2.488	0.013
形象冲突	0.056	0.103	0.045	0.546	0.585
负面情感	− 0.211	0.043	− 0.173	− 4.931	0.000
质量疑虑	0.018	0.038	0.016	0.486	0.627
价格担心	− 0.035	0.038	− 0.035	− 0.931	0.352
情感修复策略	0.759	0.111	0.699	6.805	0.000
形象冲突 × 情感修复策略	− 0.021	0.024	− 0.110	− 0.886	0.376

从表 6 - 5 可知，交叉项系数为 - 0.110，其显著性水平大于 0.1，超过了标准。这表明情感修复策略对形象冲突与购买意愿间的路径关系不具有显著的调节作用，即该修复策略未改变形象冲突与购买意愿之间原来的负相关关系，因此，H9b 不成立。

（4）H9c 的验证。为了验证 H9c，本书构造多元回归模型：

$$Y_i = \beta_0 + \beta_1 X_{1i} + \beta_2 X_{2i} + \cdots + \beta_6 X_{6i} + \beta_7 X_{3i} X_{6i} + \mu_i \qquad (6-10)$$

式中，X_1 表示信任损坏，X_2 表示形象冲突，X_3 表示负面情感，X_4 表示质量疑虑，X_5 表示价格担心，X_6 表示情感修复策略，$X_3 X_6$ 表示交叉项，μ_i 表示随机干扰项。

回归结果如表 6 - 6 所示。

表 6 - 6　情感修复策略对负面情感的调节作用

模型	非标准化系数		标准化系数	t	Sig.
	B	Std. Error	Beta		
常数项	4.504	0.683		6.593	0.000
信任损坏	- 0.113	0.045	- 0.088	- 2.523	0.012
形象冲突	- 0.021	0.042	- 0.017	- 0.498	0.619
负面情感	- 0.468	0.111	- 0.383	- 4.234	0.000
质量疑虑	0.015	0.037	0.014	0.419	0.675
价格担心	- 0.046	0.038	- 0.045	- 1.214	0.225
情感修复策略	0.333	0.136	0.307	2.441	0.015
负面情感 × 情感修复策略	0.060	0.024	0.340	2.506	0.012

由表 6 - 6 可知，交叉项系数为 0.340，显著水平为 0.012，符合 5% 标准。这表明情感修复策略对负面情感与购买意愿间的路径关系具有显著的正向调节作用，即该修复策略可削弱负面情感与购买意愿间原来的负相关关系，因此 H9c 成立。

（5）H9d 的验证。为了验证 H9d，本书构造多元回归模型：

$$Y_i = \beta_0 + \beta_1 X_{1i} + \beta_2 X_{2i} + \cdots + \beta_6 X_{6i} + \beta_7 X_{4i} X_{6i} + \mu_i \qquad (6-11)$$

式中，X_1 表示信任损坏，X_2 表示形象冲突，X_3 表示负面情感，X_4 表示质量疑虑，X_5 表示价格担心，X_6 表示情感修复策略，$X_4 X_6$ 表示交叉项，

μ_i 表示随机干扰项。

回归结果如表 6－7 所示。

表 6－7　情感修复策略对质量疑虑的调节作用

模型	非标准化系数		标准化系数	t	Sig.
	B	Std. Error	Beta		
常数项	3.538	0.571		6.193	0.000
信任损坏	− 0.124	0.046	− 0.096	− 2.719	0.007
形象冲突	− 0.020	0.043	− 0.016	− 0.471	0.638
负面情感	− 0.212	0.043	− 0.174	− 4.968	0.000
质量疑虑	0.025	0.037	0.023	0.693	0.489
价格担心	− 0.139	0.096	− 0.138	− 1.449	0.148
情感修复策略	0.552	0.104	0.509	5.333	0.000
质量疑虑×情感修复策略	0.323	0.136	0.317	2.341	0.016

由表 6－7 可知，交叉项系数为 0.317，显著水平为 0.016，符合 5% 的水平。表明情感修复策略对质量疑虑与购买意愿之间路径关系具有显著的正向调节作用，即该修复策略可削弱质量疑虑与购买意愿间原来的负相关关系，因此，H9d 成立。

（6）H9e 的验证。为了验证 H9e，本书构造多元回归模型：

$$Y_i = \beta_0 + \beta_1 X_{1i} + \beta_2 X_{2i} + \cdots + \beta_6 X_{6i} + \beta_7 X_{5i} X_{6i} + \mu_i \qquad (6-12)$$

式中，X_1 表示信任损坏，X_2 表示形象冲突，X_3 表示负面情感，X_4 表示质量疑虑，X_5 表示价格担心，X_6 表示情感修复策略，$X_5 X_6$ 表示交叉项，μ_i 表示随机干扰项。

回归结果如表 6－8 所示。

表 6－8　情感修复策略对价格担心的调节作用

模型	非标准化系数		标准化系数	t	Sig.
	B	Std. Error	Beta		
常数项	1.943	0.573		3.393	0.001
信任损坏	− 0.104	0.045	− 0.080	− 2.290	0.022
形象冲突	− 0.060	0.045	− 0.047	− 1.338	0.182

模型	非标准化系数		标准化系数	t	Sig.
	B	Std. Error	Beta		
负面情感	-0.204	0.043	-0.167	-4.781	0.000
质量疑虑	0.223	0.093	0.199	2.395	0.017
价格担心	-0.019	0.038	-0.019	-0.490	0.624
情感修复策略	0.918	0.115	0.846	7.961	0.000
价格担心×情感修复策略	0.245	0.022	0.259	2.294	0.022

由表 6-8 可知，交叉项系数为 0.259，其显著水平为 0.022，在 5% 的水平下显著。这表明情感修复策略对价格担心与购买意愿之间的路径关系具有显著正向调节作用，即该修复策略可削弱价格担心与购买意愿间原来的负相关关系，因此，H9f 成立。

2. 质量修复策略调节结果验证

为了验证质量修复策略的效果，本研究在第五章提出了如下假设：

H10：品牌原产地虚假背景下，质量修复策略能显著提高顾客购买意愿。

H11：品牌原产地虚假背景下，质量修复策略对各个受损原因与购买意愿之间的关系有正向调节作用。

H11a：品牌原产地虚假背景下，质量修复策略对品牌信任损坏与购买意愿之间的关系有正向调节作用；

H11b：品牌原产地虚假背景下，质量修复策略对品牌形象冲突与购买意愿之间的关系有正向调节作用；

H11c：品牌原产地虚假背景下，质量修复策略对负面情感与购买意愿之间的关系有正向调节作用；

H11d：品牌原产地虚假背景下，质量修复策略对质量疑虑与购买意愿之间的关系有正向调节作用；

H11e：品牌原产地虚假背景下，质量修复策略对价格担心与购买意愿之间的关系有正向调节作用；

H11f：品牌原产地虚假背景下，质量修复策略对各个受损原因与购买意愿之间的负向关系调节作用存在差异。

（1）H10 的验证。为了验证 H10，本书构造多元回归模型：

$$Y_i = \beta_0 + \beta_1 X_{1i} + \beta_2 X_{2i} + \cdots + \beta_5 X_{5i} + \beta_6 X_{7i} + \mu_i \qquad (6-13)$$

式中，X_1 表示信任损坏，X_2 表示形象冲突，X_3 表示负面情感，X_4 表示质量疑虑，X_5 表示价格担心，X_7 表示质量修复策略，μ_i 表示随机干扰项。

本研究使用 SPSS18.0，回归结果如表 6-9 所示。

表 6-9　质量修复策略对购买意愿的影响

模型	非标准化系数		标准化系数	t	Sig.
	B	Std. Error	Beta		
常数项	2.694	0.404		6.672	0.000
信任损坏	-0.155	0.054	-0.121	-2.899	0.004
形象冲突	-0.006	0.051	-0.005	-0.122	0.903
负面情感	-0.012	0.051	-0.010	-0.233	0.816
质量疑虑	-0.098	0.045	-0.099	-2.175	0.030
价格担心	0.160	0.044	0.144	3.680	0.000
质量修复策略	0.511	0.039	0.485	13.282	0.000

从表 6-9 可知，质量修复策略态度的显著水平为 0.000，小于 0.1，说明本身与购买意愿之间存在显著的正相关关系。因此，H10 得到验证。同时，也说明可以进行下一步调节效用的分析。

（2）H11a 的验证。为了验证 H11a，本书构造多元回归模型：

$$Y_i = \beta_0 + \beta_1 X_{1i} + \beta_2 X_{2i} + \cdots + \beta_5 X_{5i} + \beta_6 X_{7i} + \beta_7 X_{1i} X_{7i} + \mu_i \qquad (6-14)$$

式中，X_1 表示信任损坏，X_2 表示形象冲突，X_3 表示负面情感，X_4 表示质量疑虑，X_5 表示价格担心，X_7 表示质量修复策略，$X_1 X_7$ 表示交叉项，μ_i 表示随机干扰项。

回归结果如表 6-10 所示。

表 6-10　质量修复策略对信任损坏的调节作用

模型	非标准化系数		标准化系数	t	Sig.
	B	Std. Error	Beta		
常数项	3.379	1.001		3.376	0.001
信任损坏	-0.273	0.166	-0.213	-1.645	0.101

模型	非标准化系数		标准化系数	t	Sig.
	B	Std. Error	Beta		
形象冲突	− 0.004	0.051	− 0.003	− 0.075	0.941
负面情感	− 0.005	0.052	− 0.004	− 0.097	0.923
质量疑虑	− 0.104	0.046	− 0.105	− 2.273	0.023
价格担心	0.158	0.044	0.142	3.605	0.000
质量修复策略	0.369	0.194	0.350	1.898	0.058
信任损坏×质量修复策略	0.025	0.033	0.151	0.748	0.455

从表 6 - 10 可知，交叉项系数为 0.151，显著性水平大于 0.1，超过了标准。表明质量修复策略对信任损坏与购买意愿之间的路径关系不具有显著的调节作用，即该修复策略未改变信任损坏与购买意愿之间原来的负相关关系，因此，H11a 不成立。

（3）H11b 的验证。为了验证 H11b，本书构造多元回归模型：

$$Y_i = \beta_0 + \beta_1 X_{1i} + \beta_2 X_{2i} + \cdots + \beta_5 X_{5i} + \beta_6 X_{7i} + \beta_7 X_{2i} X_{7i} + \mu_i \qquad (6-15)$$

式中，X_1 表示信任损坏，X_2 表示形象冲突，X_3 表示负面情感，X_4 表示质量疑虑，X_5 表示价格担心，X_7 表示质量修复策略，$X_2 X_7$ 表示交叉项，μ_i 表示随机干扰项。

回归结果如表 6 - 11 所示。

表 6 - 11　质量修复策略对形象冲突的调节作用

模型	非标准化系数		标准化系数	t	Sig.
	B	Std. Error	Beta		
常数项	2.701	0.706		3.825	0.000
信任损坏	− 0.155	0.054	− 0.121	− 2.879	0.004
形象冲突	− 0.008	0.129	− 0.006	− 0.059	0.953
负面情感	− 0.012	0.051	− 0.010	− 0.233	0.816
质量疑虑	− 0.098	0.045	− 0.099	− 2.170	0.030
价格担心	0.160	0.044	0.144	3.658	0.000
质量修复策略	0.510	0.137	0.483	3.722	0.000
形象冲突×质量修复策略	0.000	0.029	0.002	0.012	0.990

从表6-11可知，交叉项系数为0.002，显著性水平大于0.1，超过了标准。表明质量修复策略对形象冲突与购买意愿之间的路径关系不具有显著的调节作用，即该修复策略未改变形象冲突与购买意愿之间原来的负相关关系，因此，H11b不成立。

（4）H11c的验证。为了验证H11c，本书构造多元回归模型：

$$Y_i = \beta_0 + \beta_1 X_{1i} + \beta_2 X_{2i} + \cdots + \beta_5 X_{5i} + \beta_6 X_{7i} + \beta_7 X_{3i} X_{7i} + \mu_i \qquad (6-16)$$

式中，X_1表示信任损坏，X_2表示形象冲突，X_3表示负面情感，X_4表示质量疑虑，X_5表示价格担心，X_7表示质量修复策略，$X_3 X_7$表示交叉项，μ_i表示随机干扰项。

回归结果如表6-12所示。

表6-12　质量修复策略对负面情感的调节作用

模型	非标准化系数		标准化系数	t	Sig.
	B	Std. Error	Beta		
常数项	3.330	0.917		3.632	0.000
信任损坏	-0.155	0.054	-0.121	-2.894	0.004
形象冲突	-0.003	0.051	-0.002	-0.056	0.956
负面情感	-0.115	0.143	-0.095	-0.805	0.421
质量疑虑	-0.104	0.046	-0.105	-2.277	0.023
价格担心	0.156	0.044	0.141	3.563	0.000
质量修复策略	0.374	0.181	0.355	2.066	0.039
负面情感×质量修复策略	0.024	0.031	0.192	2.043	0.041

由表6-12可知，交叉项系数为0.192，其显著水平为0.041，在5%的水平下显著。这表明质量修复策略对负面情感与购买意愿之间的路径关系具有显著正向调节作用，即该修复策略可削弱负面情感与购买意愿原来的负相关关系，因此，H11c成立。

（5）H11d的验证。为了验证H11d，本书构造多元回归模型：

$$Y_i = \beta_0 + \beta_1 X_{1i} + \beta_2 X_{2i} + \cdots + \beta_5 X_{5i} + \beta_6 X_{7i} + \beta_7 X_{4i} X_{7i} + \mu_i \qquad (6-17)$$

式中，X_1表示信任损坏，X_2表示形象冲突，X_3表示负面情感，X_4表示质量疑虑，X_5表示价格担心，X_7表示质量修复策略，$X_4 X_7$表示交叉项，

μ_i 表示随机干扰项。

回归结果如表 6 – 13 所示。

表 6 – 13 质量修复策略对质量疑虑的调节作用

模型	非标准化系数		标准化系数	t	Sig.
	B	Std. Error	Beta		
常数项	3.557	0.719		4.944	0.000
信任损坏	– 0.164	0.054	– 0.128	– 3.049	0.002
形象冲突	0.003	0.051	0.002	0.054	0.957
负面情感	– 0.014	0.051	– 0.012	– 0.280	0.780
质量疑虑	– 0.246	0.111	– 0.247	– 2.207	0.028
价格担心	0.146	0.045	0.131	3.268	0.001
质量修复策略	0.344	0.122	0.326	2.829	0.005
质量疑虑×质量修复策略	0.033	0.023	0.307	3.449	0.038

由表 6 – 13 可知，交叉项系数为 0.307，其显著水平为 0.038，在 5% 的水平下显著。这表明质量修复策略对质量疑虑与购买意愿之间的路径关系具有显著正向调节作用，即该修复策略可削弱质量疑虑与购买意愿原来的负相关关系，因此，H11d 成立。

（6）H11e 的验证。为了验证 H11e，本书构造多元回归模型：

$$Y_i = \beta_0 + \beta_1 X_{1i} + \beta_2 X_{2i} + \cdots + \beta_5 X_{5i} + \beta_6 X_{7i} + \beta_7 X_{5i} X_{7i} + \mu_i \qquad (6 – 18)$$

式中，X_1 表示信任损坏，X_2 表示形象冲突，X_3 表示负面情感，X_4 表示质量疑虑，X_5 表示价格担心，X_7 表示质量修复策略，$X_5 X_7$ 表示交叉项，μ_i 表示随机干扰项。

回归结果如表 6 – 14 所示。

表 6 – 14 质量修复策略对价格担心的调节作用

模型	非标准化系数		标准化系数	t	Sig.
	B	Std. Error	Beta		
常数项	1.057	0.779		1.357	0.175
信任损坏	– 0.142	0.054	– 0.111	– 2.645	0.008

续表

模型	非标准化系数		标准化系数	t	Sig.
	B	Std. Error	Beta		
形象冲突	−0.043	0.053	−0.034	−0.809	0.419
负面情感	−0.013	0.051	−0.011	−0.252	0.801
质量疑虑	−0.059	0.048	−0.059	−1.231	0.219
价格担心	0.447	0.125	0.403	3.587	0.000
质量修复策略	0.858	0.147	0.813	5.857	0.000
价格担心×质量修复策略	−0.066	0.027	−0.408	−2.453	0.014

由表 6−14 可知，交叉项系数为 −0.408，其显著水平为 0.014，在 5% 的水平下显著。表明质量修复策略对价格担心与购买意愿之间的路径关系具有显著负向调节作用，即该策略加强了价格担心与购买意愿原来的负相关关系，因此，H11e 不成立。

3. 信誉修复策略调节结果验证

为了验证信誉修复策略的效果，本研究曾经在第五章提出了如下假设：

H12：品牌原产地虚假背景下，信誉修复策略能显著提高顾客购买意愿。

H13：品牌原产地虚假背景下，信誉修复策略对各个受损原因与购买意愿之间的关系有正向调节作用。

H13a：品牌原产地虚假背景下，信誉修复策略对品牌信任损坏与购买意愿之间的关系有正向调节作用；

H13b：品牌原产地虚假背景下，信誉修复策略对品牌形象冲突与购买意愿之间的关系有正向调节作用；

H13c：品牌原产地虚假背景下，信誉修复策略对负面情感与购买意愿之间的关系有正向调节作用；

H13d：品牌原产地虚假背景下，信誉修复策略对质量疑虑与购买意愿之间的关系有正向调节作用；

H13e：品牌原产地虚假背景下，信誉修复策略对价格担心与购买意愿之间的关系有正向调节作用；

H13f：品牌原产地虚假背景下，信誉修复策略对各个受损原因与购买意愿之间的负向关系调节作用存在差异。

（1）H12 的验证。为了验证 H12，构造多元回归模型：

$$Y_i = \beta_0 + \beta_1 X_{1i} + \beta_2 X_{2i} + \cdots + \beta_5 X_{5i} + \beta_6 X_{8i} + \mu_i \qquad (6-19)$$

式中，X_1 表示信任损坏，X_2 表示形象冲突，X_3 表示负面情感，X_4 表示质量疑虑，X_5 表示价格担心，X_8 表示信誉修复策略，μ_i 表示随机干扰项。

本研究使用 SPSS18.0，回归结果如表 6-15 所示。

表 6-15　信誉修复策略对购买意愿的影响

模型	非标准化系数		标准化系数	t	Sig.
	B	Std. Error	Beta		
常数项	0.966	0.288		3.353	0.001
信任损坏	−0.089	0.039	−0.073	−2.257	0.024
形象冲突	0.044	0.038	0.037	1.156	0.248
负面情感	−0.062	0.037	−0.054	−1.645	0.101
质量疑虑	−0.006	0.034	−0.007	−0.183	0.855
价格担心	0.147	0.032	0.139	4.554	0.000
信誉修复策略	0.709	0.028	0.724	25.260	0.000

由表 6-15 可知，信誉修复策略态度的显著水平为 0.000，小于 0.1，这说明信誉修复策略本身与购买意愿之间存在显著的正相关关系。因此，H12 得到验证。同时，也说明可以进行下一步调节效用的分析。

（2）H13a 的验证。为了验证 H13a，本书构造多元回归模型：

$$Y_i = \beta_0 + \beta_1 X_{1i} + \beta_2 X_{2i} + \cdots + \beta_5 X_{5i} + \beta_6 X_{8i} + \beta_7 X_{1i} X_{8i} + \mu_i \qquad (6-20)$$

式中，X_1 表示信任损坏，X_2 表示形象冲突，X_3 表示负面情感，X_4 表示质量疑虑，X_5 表示价格担心，X_8 表示信誉修复策略，$X_1 X_8$ 表示交叉项，μ_i 表示随机干扰项。

回归结果如表 6-16 所示。

表 6 - 16 信誉修复策略对信任损坏的调节作用

模型	非标准化系数		标准化系数	t	Sig.
	B	Std. Error	Beta		
常数项	0.861	0.680		1.266	0.206
信任损坏	-0.071	0.110	-0.059	-0.647	0.518
形象冲突	0.044	0.038	0.037	1.166	0.244
负面情感	-0.062	0.037	-0.054	-1.646	0.100
质量疑虑	-0.006	0.034	-0.007	-0.184	0.854
价格担心	0.146	0.032	0.139	4.548	0.000
信誉修复策略	0.731	0.130	0.746	5.631	0.000
信任损坏×信誉修复策略	-0.004	0.022	-0.025	-0.171	0.864

从表 6 - 16 可知, 交叉项系数为 - 0.025, 显著性水平大于 0.1, 超过了标准。表明信誉修复策略对信任损坏与购买意愿之间的路径关系不具有显著的调节作用, 即该策略未改变信任损坏与购买意愿之间原来的负相关关系, 因此, H13a 不成立。

(3) H13b 的验证。为了验证 H13b, 本书构造多元回归模型:

$$Y_i = \beta_0 + \beta_1 X_{1i} + \beta_2 X_{2i} + \cdots + \beta_5 X_{5i} + \beta_6 X_{8i} + \beta_7 X_{2i} X_{8i} + \mu_i \qquad (6-21)$$

式中, X_1 表示信任损坏, X_2 表示形象冲突, X_3 表示负面情感, X_4 表示质量疑虑, X_5 表示价格担心, X_8 表示信誉修复策略, $X_2 X_8$ 表示交叉项, μ_i 表示随机干扰项。

回归结果如表 6 - 17 所示。

表 6 - 17 信誉修复策略对形象冲突的调节作用

模型	非标准化系数		标准化系数	t	Sig.
	B	Std. Error	Beta		
常数项	1.150	0.507		2.265	0.024
信任损坏	-0.092	0.040	-0.076	-2.297	0.022
形象冲突	0.006	0.093	0.005	0.066	0.947
负面情感	-0.062	0.037	-0.054	-1.661	0.097

续表

模型	非标准化系数		标准化系数	t	Sig.
	B	Std. Error	Beta		
质量疑虑	− 0.007	0.034	− 0.007	− 0.206	0.837
价格担心	0.149	0.033	0.141	4.567	0.000
信誉修复策略	0.669	0.095	0.683	7.016	0.000
形象冲突×信誉修复策略	0.374	0.182	0.256	2.076	0.053

由表 6 – 17 可知，交叉项系数为 0.256，显著性水平为 0.053，小于 0.1，符合检验标准。表明信誉修复策略对形象冲突与购买意愿的关系具有显著的正向调节作用，即该策略削弱了形象冲突与购买意愿之间原来的负相关关系，因此，H13b 成立。

（4）H13c 的验证。为了验证 H13c，本书构造多元回归模型：

$$Y_i = \beta_0 + \beta_1 X_{1i} + \beta_2 X_{2i} + \cdots + \beta_5 X_{5i} + \beta_6 X_{8i} + \beta_7 X_{3i} X_{8i} + \mu_i \qquad (6-22)$$

式中，X_1 表示信任损坏，X_2 表示形象冲突，X_3 表示负面情感，X_4 表示质量疑虑，X_5 表示价格担心，X_8 表示信誉修复策略，$X_3 X_8$ 表示交叉项，μ_i 表示随机干扰项。

回归结果如表 6 – 18 所示。

表 6 – 18　信誉修复策略对负面情感的调节作用

模型	非标准化系数		标准化系数	t	Sig.
	B	Std. Error	Beta		
常数项	0.794	0.614		1.292	0.197
信任损坏	− 0.089	0.039	− 0.073	− 2.248	0.025
形象冲突	0.044	0.038	0.037	1.160	0.247
负面情感	− 0.032	0.099	− 0.028	− 0.328	0.743
质量疑虑	− 0.006	0.034	− 0.006	− 0.167	0.867
价格担心	0.148	0.032	0.140	4.560	0.000
信誉修复策略	0.745	0.116	0.761	6.413	0.000
负面情感×信誉修复策略	0.343	0.121	0.327	2.821	0.042

由表 6 - 18 可知，交叉项系数为 0.327，显著性水平为 0.042，小于 0.1，符合检验标准。表明信誉修复策略对负面情感与购买意愿的关系具有显著的正向调节作用，即该策略削弱了负面情感与购买意愿之间原来的负相关关系，因此，H13c 成立。

（5）H13d 的验证。为了验证 H13d，本书构造多元回归模型：

$$Y_i = \beta_0 + \beta_1 X_{1i} + \beta_2 X_{2i} + \cdots + \beta_5 X_{5i} + \beta_6 X_{8i} + \beta_7 X_{4i} X_{8i} + \mu_i \qquad (6-23)$$

式中，X_1 表示信任损坏，X_2 表示形象冲突，X_3 表示负面情感，X_4 表示质量疑虑，X_5 表示价格担心，X_8 表示信誉修复策略，$X_4 X_8$ 表示交叉项，μ_i 表示随机干扰项。

回归结果如表 6 - 19 所示。

表 6 - 19　信誉修复策略对质量疑虑的调节作用

模型	非标准化系数		标准化系数	t	Sig.
	B	Std. Error	Beta		
常数项	0.810	0.486		1.666	0.096
信任损坏	-0.089	0.039	-0.073	-2.251	0.025
形象冲突	0.043	0.038	0.036	1.127	0.260
负面情感	-0.061	0.037	-0.053	-1.628	0.104
质量疑虑	0.023	0.081	0.025	0.288	0.773
价格担心	0.148	0.032	0.141	4.565	0.000
信誉修复策略	0.741	0.084	0.757	8.810	0.000
质量疑虑×信誉修复策略	-0.006	0.016	-0.041	-0.401	0.688

由表 6 - 19 可知，交叉项系数为 -0.041，显著性水平大于 0.1，超过了标准。表明信誉修复策略对质量疑虑与购买意愿之间的路径关系不具有显著的调节作用，即该修复策略未改变质量疑虑与购买意愿之间原来的负相关关系，因此，H13d 不成立。

（6）H13e 的验证。为了验证 H13e，本书构造多元回归模型：

$$Y_i = \beta_0 + \beta_1 X_{1i} + \beta_2 X_{2i} + \cdots + \beta_5 X_{5i} + \beta_6 X_{8i} + \beta_7 X_{5i} X_{8i} + \mu_i \qquad (6-24)$$

式中，X_1 表示信任损坏，X_2 表示形象冲突，X_3 表示负面情感，X_4 表示质量疑虑，X_5 表示价格担心，X_8 表示信誉修复策略，$X_5 X_8$ 表示交叉项，

μ_i 表示随机干扰项。

回归结果如表6-20所示。

表6-20 信誉修复策略对价格担心的调节作用

模型	非标准化系数		标准化系数	t	Sig.
	B	Std. Error	Beta		
常数项	0.084	0.528		0.158	0.874
信任损坏	-0.091	0.039	-0.075	-2.320	0.021
形象冲突	0.028	0.038	0.024	0.731	0.465
负面情感	-0.055	0.037	-0.048	-1.463	0.144
质量疑虑	0.007	0.034	0.007	0.195	0.846
价格担心	0.313	0.089	0.298	3.497	0.001
信誉修复策略	0.900	0.100	0.919	9.006	0.000
价格担心×信誉修复策略	-0.037	0.018	-0.254	-1.992	0.047

由表6-20可知,交叉项系数为-0.254,其显著水平为0.047,在5%的水平下显著。表明信誉修复策略对价格担心与购买意愿之间的路径关系具有显著的负向调节作用,即该修复策略加强了价格担心与购买意愿之间原来的负相关关系,因此,H13e不成立。

4. 价格修复策略调节结果验证

为了验证价格修复策略的效果,本研究在第五章提出了如下假设:

H14:品牌原产地虚假背景下,价格修复策略能显著提高顾客购买意愿。

H15:品牌原产地虚假背景下,价格修复策略对各个受损原因与购买意愿之间的关系有正向调节作用。

H15a:品牌原产地虚假背景下,价格修复策略对品牌信任损坏与购买意愿之间的关系有正向调节作用;

H15b:品牌原产地虚假背景下,价格修复策略对品牌形象冲突与购买意愿之间的关系有正向调节作用;

H15c:品牌原产地虚假背景下,价格修复策略对负面情感与购买意愿之间的关系有正向调节作用;

H15d：品牌原产地虚假背景下，价格修复策略对质量疑虑与购买意愿之间的关系有正向调节作用；

H15e：品牌原产地虚假背景下，价格修复策略对价格担心与购买意愿之间的关系有正向调节作用；

H15f：品牌原产地虚假背景下，价格修复策略对各个受损原因与购买意愿之间的负向关系调节作用存在差异。

（1）H14 的验证。为了验证 H14，本书构造多元回归模型：

$$Y_i = \beta_0 + \beta_1 X_{1i} + \beta_2 X_{2i} + \cdots + \beta_5 X_{5i} + \beta_6 X_{9i} + \mu_i \qquad (6-25)$$

式中，X_1 表示信任损坏，X_2 表示形象冲突，X_3 表示负面情感，X_4 表示质量疑虑，X_5 表示价格担心，X_9 表示价格修复策略，μ_i 表示随机干扰项。

本研究使用 SPSS18.0，回归结果如表 6 - 21 所示。

表 6 - 21　价格修复策略对购买意愿的影响

模型	非标准化系数		标准化系数	t	Sig.
	B	Std. Error	Beta		
常数项	4.966	0.372		13.349	0.000
信任损坏	-0.218	0.053	-0.169	-4.093	0.000
形象冲突	-0.016	0.051	-0.013	-0.320	0.749
负面情感	-0.259	0.051	-0.212	-5.084	0.000
质量疑虑	0.028	0.044	0.025	0.630	0.529
价格担心	-0.045	0.045	-0.045	-1.005	0.315
价格修复策略	0.387	0.036	0.385	10.794	0.000

由表 6 - 21 可知，价格修复策略的显著水平为 0.000，小于 0.01，这表明价格修复策略本身与购买意愿之间存在显著的正相关关系。因此，H14 得到验证。同时，也说明可以进行下一步调节效用的分析。

（2）H15a 的验证。为了验证 H15a，本书构造多元回归模型：

$$Y_i = \beta_0 + \beta_1 X_{1i} + \beta_2 X_{2i} + \cdots + \beta_5 X_{5i} + \beta_6 X_{9i} + \beta_7 X_{1i} X_{9i} + \mu_i \qquad (6-26)$$

式中，X_1 表示信任损坏，X_2 表示形象冲突，X_3 表示负面情感，X_4 表示质量疑虑，X_5 表示价格担心，X_9 表示价格修复策略，$X_1 X_9$ 表示交叉项，μ_i 表示随机干扰项。

回归结果如表 6 - 22 所示。

表 6 – 22　价格修复策略对信任损坏的调节作用

模型	非标准化系数		标准化系数	t	Sig.
	B	Std. Error	Beta		
常数项	4.645	0.381		12.199	0.000
信任损坏	– 0.102	0.063	– 0.079	– 1.628	0.104
形象冲突	0.005	0.051	0.004	0.098	0.922
负面情感	– 0.261	0.050	– 0.213	– 5.173	0.000
质量疑虑	0.029	0.043	0.026	0.675	0.500
价格担心	– 0.076	0.045	– 0.076	– 1.675	0.094
价格修复策略	0.475	0.044	0.473	10.761	0.000
信任损坏 × 价格修复策略	– 0.026	0.008	– 0.164	– 3.362	0.001

由表 6 – 22 可知，交叉项系数为 – 0.164，其显著水平为 0.001。这表明价格修复策略对信任损坏与购买意愿之间的路径关系具有显著的负向调节作用，即该策略加强了信任损坏与购买意愿原来的负相关关系，因此，H15a 不成立。

（3）H15b 的验证。为了验证 H15b，本书构造多元回归模型：

$$Y_i = \beta_0 + \beta_1 X_{1i} + \beta_2 X_{2i} + \cdots + \beta_5 X_{5i} + \beta_6 X_{9i} + \beta_7 X_{2i} X_{9i} + \mu_i \qquad (6-27)$$

式中，X_1 表示信任损坏，X_2 表示形象冲突，X_3 表示负面情感，X_4 表示质量疑虑，X_5 表示价格担心，X_9 表示价格修复策略，$X_2 X_9$ 表示交叉项，μ_i 表示随机干扰项。

回归结果如表 6 – 23 所示。

表 6 – 23　价格修复策略对形象冲突的调节作用

模型	非标准化系数		标准化系数	t	Sig.
	B	Std. Error	Beta		
常数项	4.591	0.378		12.160	0.000
信任损坏	– 0.215	0.052	– 0.167	– 4.092	0.000
形象冲突	0.181	0.069	0.144	2.637	0.009
负面情感	– 0.256	0.050	– 0.209	– 5.105	0.000

续表

模型	非标准化系数		标准化系数	t	Sig.
	B	Std. Error	Beta		
质量疑虑	0.019	0.043	0.017	0.450	0.653
价格担心	−0.079	0.045	−0.079	−1.757	0.080
价格修复策略	0.502	0.045	0.500	11.208	0.000
形象冲突×价格修复策略	−0.042	0.010	−0.233	−4.185	0.000

由表 6-23 可知，交叉项系数为 −0.233，其显著水平为 0.000，远小于 0.1 的标准。表明价格修复策略对形象冲突与购买意愿之间的路径关系具有显著的负向调节作用，即该修复策略加强了形象冲突与购买意愿原来的负相关关系，因此，H15b 不成立。

（4）H15c 的验证。为了验证 H15c，本书构造多元回归模型：

$$Y_i = \beta_0 + \beta_1 X_{1i} + \beta_2 X_{2i} + \cdots + \beta_5 X_{5i} + \beta_6 X_{9i} + \beta_7 X_{3i} X_{9i} + \mu_i \qquad (6-28)$$

式中，X_1 表示信任损坏，X_2 表示形象冲突，X_3 表示负面情感，X_4 表示质量疑虑，X_5 表示价格担心，X_9 表示价格修复策略，$X_3 X_9$ 表示交叉项，μ_i 表示随机干扰项。

回归结果如表 6-24 所示。

表 6-24　价格修复策略对负面情感的调节作用

模型	非标准化系数		标准化系数	t	Sig.
	B	Std. Error	Beta		
常数项	4.730	0.381		12.408	0.000
信任损坏	−0.224	0.053	−0.174	−4.226	0.000
形象冲突	−0.003	0.051	−0.002	−0.057	0.955
负面情感	−0.164	0.062	−0.135	−2.641	0.008
质量疑虑	0.033	0.044	0.029	0.753	0.452
价格担心	−0.067	0.045	−0.067	−1.475	0.141
价格修复策略	0.454	0.044	0.451	10.315	0.000
负面情感×价格修复策略	0.191	0.079	0.354	2.217	0.034

由表6-24可知，交叉项系数为0.354，其显著水平为0.034，在5%的水平下显著。这表明价格修复策略对负面情感与购买意愿之间的路径关系具有显著的正向调节作用，即该修复策略可削弱负面情感与购买意愿原来的负相关关系，因此，H15c成立。

（5）H15d的验证。为了验证H15d，本书构造多元回归模型：

$$Y_i = \beta_0 + \beta_1 X_{1i} + \beta_2 X_{2i} + \cdots + \beta_5 X_{5i} + \beta_6 X_{9i} + \beta_7 X_{4i} X_{9i} + \mu_i \qquad (6-29)$$

式中，X_1表示信任损坏，X_2表示形象冲突，X_3表示负面情感，X_4表示质量疑虑，X_5表示价格担心，X_9表示价格修复策略，$X_4 X_9$表示交叉项，μ_i表示随机干扰项。

回归结果如表6-25所示。

表6-25 价格修复策略对质量疑虑的调节作用

模型	非标准化系数		标准化系数	t	Sig.
	B	Std. Error	Beta		
常数项	4.567	0.378		12.076	0.000
信任损坏	-0.228	0.053	-0.177	-4.339	0.000
形象冲突	-0.002	0.050	-0.002	-0.038	0.969
负面情感	-0.257	0.050	-0.210	-5.132	0.000
质量疑虑	0.040	0.043	0.036	0.919	0.358
价格担心	0.089	0.054	0.089	1.644	0.101
价格修复策略	0.493	0.043	0.490	11.420	0.000
质量疑虑×价格修复策略	-0.038	0.009	-0.224	-4.270	0.000

从表6-25可知，交叉项系数为-0.224，但其显著水平为0.000。这表明价格修复策略对质量疑虑与购买意愿之间的路径关系有显著的负向调节作用，即该修复策略加强了质量疑虑与购买意愿之间原来的负相关关系，因此，H15d不成立。

（6）H15e的验证。为了验证H15e，本书构造多元回归模型：

$$Y_i = \beta_0 + \beta_1 X_{1i} + \beta_2 X_{2i} + \cdots + \beta_5 X_{5i} + \beta_6 X_{7i} + \beta_7 X_{5i} X_{7i} + \mu_i \qquad (6-30)$$

式中，X_1表示信任损坏，X_2表示形象冲突，X_3表示负面情感，X_4表示质量疑虑，X_5表示价格担心，X_9表示价格修复策略，$X_5 X_9$表示交叉项，

μ_i 表示随机干扰项。

回归结果如表 6 - 26 所示。

表 6 - 26　价格修复策略对价格担心的调节作用

模型	非标准化系数		标准化系数	t	Sig.
	B	Std. Error	Beta		
常数项	2.590	0.615		4.214	0.000
信任损坏	-0.216	0.052	-0.167	-4.131	0.000
形象冲突	-0.068	0.051	-0.054	-1.343	0.180
负面情感	-0.249	0.050	-0.204	-4.983	0.000
质量疑虑	0.486	0.105	0.434	4.646	0.000
价格担心	-0.003	0.045	-0.003	-0.063	0.949
价格修复策略	0.970	0.126	0.966	7.677	0.000
价格担心×价格修复策略	0.065	0.034	0.440	2.601	0.027

由表 6 - 26 可知，交叉项系数为 0.440，其显著水平为 0.027，在 5% 的水平下显著。这表明价格修复策略对价格担心与购买意愿之间的路径关系具有显著的正向调节作用，即该修复策略削弱了价格担心与购买意愿原来的负相关关系，因此，H15e 成立。

5. 修复策略调节效果比较

各个修复策略的调节作用效果，具体如表 6 - 27 所示。

表 6 - 27　各种策略的调节作用比较

策略\受损原因	情感策略	质量策略	信誉策略	价格策略
信任损坏	0.014	0.151	-0.025	-0.164**
形象冲突	-0.110	0.002	0.256**	-0.233**
负面情感	0.340**	0.192**	0.327**	0.354**
质量疑虑	0.317**	0.307**	-0.041	-0.224**
价格担心	0.259**	-0.408**	-0.254**	0.440**

注：＊＊表示 α 在 0.05 的水平上显著。

由表 6 - 27 纵向看，情感修复策略对负面情感最有调节作用；质量修复策略对质量疑虑最有调节作用；信誉修复策略对负面情感最有调节作用；价格修复策略对价格担心最有效。只有价格策略对各个受损原因与购买意愿之间的调节作用都是显著的。但是，除了价格策略对价格担心及负面情感与购买意愿的负向关系均具有正向调节作用外，价格策略对其他原因与购买意愿之间原来的负向关系均具有负向调节作用。另外，其他三大修复策略对各个受损原因与购买意愿之间的调节作用都不完全是显著的。基于此，本研究认为，H9、H11、H13 及 H15 不完全成立或部分成立。此外，各个修复策略对各个受损原因与购买意愿之间的调节作用存在差异，因此，H9f、H11f、H13f、H15f 是成立的。

三、修复策略对购买意愿之影响

修复策略对购买意愿的影响，如表 6 - 28 所示。

表 6 - 28　修复策略前后购买意愿均值比较

策略前后 购买意愿	策略前	策略后
情感策略		3.8299
质量策略	3.2431	4.2925
信誉策略		4.2476
价格策略		4.2075

由表 6 - 28 可知，上述 4 种修复策略中，犯错品牌采取质量修复策略后，顾客的购买意愿均值达到 4.2925，在 4 种修复策略中，购买意愿均值最大。其次是信誉修复策略，再次是价格修复策略，最后是情感修复策略。因此，H16 成立。

第四节　结果讨论

一、受损原因与购买意愿关系讨论

本研究实证发现了在品牌原产地虚假背景下导致顾客购买意愿受损的 5

个因子，依次排序为信任损坏、质量疑虑、负面情感、形象冲突、价格担心。

（1）信任损坏是顾客购买意愿受损的最大原因。本研究实证检验证明，在品牌原产地虚假背景下，品牌信任损坏对购买意愿的负向影响是最大的，这证实了很多人凭思辨能力都能判断出来的观点，也是本研究在深度访谈中感触最深的一个变量——因为很多被访者在回答不愿意购买的原因时，都反复强调"该企业不诚信，品牌不安全、不可靠，该企业不诚实，该品牌不值得信任或信赖"等信任问题。由于信任是社会交换关系的基础（Morgan 和 Hunt，1994），现代企业品牌关系的焦点和核心就是信任（Lewicki R.、Bunker，1996；段淳林，2006），而品牌原产地虚假事件的发生，显著破坏了消费者的品牌信任，导致消费者对该企业没有信心或者不再信任该企业。事后犯错品牌虽然进行了整改，但首因效应所形成的品牌不诚信印象短期内不可能消除。因此，信任损坏是品牌原产地虚假背景下顾客购买意愿受损的最重要的原因，也是制约事后恢复市场的重要因素。本研究也印证了 Wang S. J. 和 Huff L. C.（2007）的观点。

（2）质量疑虑是顾客购买意愿受损的重要原因。本研究实证发现，质量疑虑是继信任损坏后导致顾客购买意愿受损的第二个原因。依据消费者行为学中的感知风险理论（Raymond Bauer，1960），任何消费活动都存在着风险，这种风险来自消费者对消费结果的不确定性感知。品牌原产地虚假事件的发生，伴随着负面信息的传播扩散，消费者的感知风险无形增加了。不仅如此，由于消费者的学习机制，特别是刺激泛化及晕轮效应机制的作用，消费者难免把单一的来源国虚假扩展到包括质量虚假在内的各个方面。当然，访谈中、问卷中，消费者最关心、最担心的是犯错品牌质量有没有问题。特别是已经购买了的消费者，他们更担心品质问题，因为这涉及其能否从该商品中获得最基本的功能性利益的满足问题。虽然背景材料中显示国家质检部门事后检测犯错品牌质量合格，但仍然有不少的消费者存在质量疑虑。因此，质量疑虑是顾客购买意愿受损的重要原因。

（3）负面情感也是购买意愿受损的重要原因。实证发现，负面情感在品牌原产地虚假这类负面曝光事件中确实存在，这证明了 Jorgensen（1994，1996），田玲、李蔚（2007）等在不同的负面曝光事件下的共同认识——负面情感是导致顾客购买意愿受损的主要原因。另外，本研究也印证了 Valerie S. Folkes（1987）等的研究发现——航班延误后，乘客的负面情感对乘客的再购意向和投诉意向有显著的负面影响。基于此，本研究认为，品牌原产地虚假背景下，负面情感对购买意愿具有干扰和破坏作用。

（4）形象冲突与购买意愿显著负相关。品牌原产地虚假曝光事件发生后，犯错品牌从知名品牌还原为假洋品牌，从外国品牌回到了本土品牌，由丑闻品牌最终沦为污点品牌，可谓品牌形象一落千丈。消费者是社会人，处在特定的环境中，并拥有自己的社会身份、地位角色、生活方式、价值观等。消费者常会选购与自己形象一致的品牌（Sirgy，1982）；许多购买行为都是在他们对自身所拥有的形象直接影响下做出的（Onkvisit 和 Shaw，1987）。本研究从反面印证了这些学者的观点。

（5）价格担心对购买意愿的影响不显著。虽然因子分析发现，价格担心是导致顾客购买意愿受损的一个重要原因。但最终的实证研究发现，价格担心并没有对顾客购买意愿产生显著负向影响。究其原因，这可能是由于在品牌原产地虚假的背景下，消费者对犯错品牌企业事后存在的改正行动（Correct Actions），包括善意的意在修复品牌形象、赢回消费者的价格促销活动期望（Niraj Dawar、Madan M. Pillutla，2000）有所增强，故对购买意愿未构成显著影响。但这只是一种推测，还有待进一步探讨。

二、修复策略对购买意愿之调节效果讨论

（1）各个修复策略均能显著提高购买意愿。本研究实证发现，品牌原产地虚假背景下，犯错品牌企业实施不同的修复策略，消费者的购买意愿均有所提高或者改善。这说明本研究中调节变量的选择是正确的，对企业实践具有重要指导意义。但是应当指出，这种作用只是修复策略调节的整体效果，而不一定适用于单个消费者。至于消费者的人口统计变量，诸如年龄、性别、教育、收入、职业等因素是否对此研究结论产生影响或者发生作用，还有待于进一步研究。

（2）各个修复策略对购买意愿的影响存在差异。本研究实证发现，品牌原产地虚假背景下，犯错品牌企业实施不同的修复策略，消费者的购买意愿均有所提高或者改善，但各修复策略之间存在差异。在 4 种修复策略中，犯错品牌采取质量修复策略后，顾客的购买意愿提高最大。其次是信誉修复策略，再次是价格修复策略，最后是情感修复策略。

首先，质量修复策略效果最优。这说明，品牌原产地虚假曝光事件发生后，消费者先前的洋货意识、信念及倾向被事件本身稀释了，消费者的

民族中心主义或者说国货意识有所增强（王海忠，2003），消费者变得更加理性、对产品的选择由外在因素考量调整为关注产品质量、提升生活品质。另外，根据手段—目的理论，价值是影响偏好与选择行为的关键因子（Homer 和 Kahle，1988；Rokeach，1973）。但是价值的根在质量，且质量是信誉最重要的因素（白永秀和徐鸿，2001）。因此，对于本研究而言，质量修复策略的效果最优。

其次，信誉修复策略的效果次之。品牌信任是借助信誉机制维持的（Macauley，1963；Greif，1993），有信用才能建立起信誉，当主体建立起自身的信誉后，更容易得到别人的信任。因而，企业信誉被看作是形成稳定的、彼此合作关系最直接的前因（Dwyer 等，1987）。但是，企业信誉只是消费者购买意愿的前提和基础，是必要条件而非充分条件，它是企业长期投入的结果。品牌原产地虚假曝光事件发生后，企业信誉危机随之发生。事后犯错企业虽然通过走诚信和声誉路线重塑企业信誉，但因事件而损坏的信誉重建是需要时间的。另外，从消费者感知的角度看，信誉更多是外在的，而质量是内在的。

再次，价格修复策略效果有限。这说明，虽然价格促销在短期内能刺激消费者的消费需求，增强消费者的购买意愿，但在品牌原产地虚假背景下，由于其他感知风险因素的存在，加上消费者往往自动将低价格与低质量两者挂钩，因而价格因素对消费者购买意愿影响有限。这从侧面解释了一个现实现象：为什么在品牌原产地虚假背景下，犯错品牌采取价格促销修复策略，但是实际效果有限，表现为犯错品牌顾客购买意愿恢复缓慢，市场修复缓慢。

最后，情感修复策略效果较差。Nice Frijda（1986）认为情感影响人们的行为意向。正面情感对人们的行为具有促进和推动作用，负面情感对人们的行为具有干扰和破坏作用。在品牌原产地虚假事件发生后，社会成员大多产生负面情感，比如失望、不满、气愤等。另外，事件使得消费者更加理性，他们更看重品质、服务、信誉和价格等，因而情感修复策略有限。

三、修复策略之间之调节效果讨论

（1）修复策略对受损原因与购买意愿之关系不完全具有调节作用。本实证研究表明，四大策略——质量修复策略、信誉修复策略、价格修复策略、情感修复策略对受损原因与购买意愿之间的关系不完全具有显著的调节作用。而且，只有价格策略对各个受损原因与购买意愿之间的调节作用都是显著的。其他三大修复策略对各个受损原因与购买意愿之间的调节作用都是不完全显著的。这表明各种修复策略对各种受损原因引起的购买意愿降低并非完全奏效。出现这种结果的原因，本研究推测：其一，可能是由于品牌原产地虚假事件过于严重或者说被消费者感知过于严重化，以至于消费者对犯错品牌的信任信念、信任倾向荡然无存，即使事后补救，消费者仍然将信将疑。其二，品牌原产地虚假事件表面看只对购买了的消费者造成了经济损失和精神伤害，但从深层次看，由于消费者利益的整体一致性，对于未购买的消费者而言，他们同样感同身受。更为重要的是，品牌原产地虚假背后的价格欺诈及消费欺骗现象经过媒体曝光及互联网传播，其负面效应被放大了，这无形增加了消费者的负面印象、感知风险及负面态度，这在短期内不可能修复。

另外，除了价格策略对价格担心与购买意愿间原来的负向关系均具有正向调节作用以及对负面情感与购买意愿间原来的负向关系均具有正向调节作用外，价格策略对其他原因与购买意愿之间原来的负向关系具有负向调节作用。比如，价格策略对质量疑虑是负向调节，即价格策略导致质量疑虑上升，说明价格策略是一把"双刃剑"，要慎用。类似情况还比如信誉策略对价格担心的负向调节等。

（2）各个修复策略对受损原因与购买意愿之间调节效用存在差异。本实证研究显示：各个修复策略的调节效用存在差异。这种差异表现在两个方面：第一，每个修复策略对不同的受损原因调节作用存在差异。比如说价格修复策略。第二，各个修复策略对同样的受损原因与购买意愿之间的关系调节作用也不相同。这说明，其一，由于消费者感知及其态度的主观差异性，各个修复策略对消费者实际产生的刺激及影响必然存在差异。其二，受损原因和修复策略之间存在并非完全一致的对应关系，如：情感修复策略对负面情感最有调节作用，质量修复策略对质量疑虑最有调节作用，价格修复策略对价格担心策略最有效，信誉修复策略对负面情感最有调节作用等。

第五节　本章小结

　　本章通过 SEM、回归分析等方法，实证检验了第五章所提出的研究假设，并对相关结果进行了讨论。假设检验的结果，如表 6 – 29 所示。

表 6 – 29　假设检验结果汇总

研　究　假　设	验证情况
H1：品牌原产地虚假背景下，品牌信任损坏和顾客购买意愿直接负相关	支持
H2：品牌原产地虚假背景下，品牌信任损坏对顾客购买意愿的影响最大	支持
H3：品牌原产地虚假背景下，品牌形象冲突和顾客购买意愿直接负相关	支持
H4：品牌原产地虚假背景下，负面情感体验和顾客购买意愿直接负相关	支持
H5：品牌原产地虚假背景下，产品质量疑虑和顾客购买意愿直接负相关	支持
H6：品牌原产地虚假背景下，产品价格担心和顾客购买意愿直接负相关	不支持
H7：品牌原产地虚假背景下，各个受损原因对购买意愿的影响程度存在差异	支持
H8：品牌原产地虚假背景下，情感修复策略能显著提高顾客购买意愿	支持
H9：品牌原产地虚假背景下，情感修复策略对各个受损原因与购买意愿之间的关系有正向调节作用	不完全支持
H9a：品牌原产地虚假背景下，情感修复策略对品牌信任损坏与购买意愿之间的关系有正向调节作用	不支持 直觉有，未证实
H9b：品牌原产地虚假背景下，情感修复策略对品牌形象冲突与购买意愿之间的关系有正向调节作用	不支持 直觉有，未证实
H9c：品牌原产地虚假背景下，情感修复策略对负面情感与购买意愿之间的关系有正向调节作用	支持
H9d：品牌原产地虚假背景下，情感修复策略对质量疑虑与购买意愿之间的关系有正向调节作用	支持
H9e：品牌原产地虚假背景下，情感修复策略对价格担心与购买意愿之间的关系有正向调节作用	支持

研 究 假 设	验证情况
H9f：品牌原产地虚假背景下，情感修复策略对各个受损原因与购买意愿之间的负向关系调节作用存在差异	支持
H10：品牌原产地虚假背景下，质量修复策略能显著提高顾客购买意愿	支持
H11：品牌原产地虚假背景下，质量修复策略对各个受损原因与购买意愿之间的关系有正向调节作用	不完全支持
H11a：品牌原产地虚假背景下，质量修复策略对品牌信任损坏与购买意愿之间的关系有正向调节作用	不支持 直觉有，未证实
H11b：品牌原产地虚假背景下，质量修复策略对品牌形象冲突与购买意愿之间的关系有正向调节作用	不支持 直觉有，未证实
H11c：品牌原产地虚假背景下，质量修复策略对负面情感与购买意愿之间的关系有正向调节作用	支持
H11d：品牌原产地虚假背景下，质量修复策略对质量疑虑与购买意愿之间的关系有正向调节作用	支持
H11e：品牌原产地虚假背景下，质量修复策略对价格担心与购买意愿之间的关系有正向调节作用	不支持
H11f：品牌原产地虚假背景下，质量修复策略对各个受损原因与购买意愿之间的负向关系调节作用存在差异	支持
H12：品牌原产地虚假背景下，信誉修复策略能显著提高顾客购买意愿	支持
H13：品牌原产地虚假背景下，信誉修复策略对各个受损原因与购买意愿之间的关系有正向调节作用	不完全支持
H13a：品牌原产地虚假背景下，信誉修复策略对品牌信任损坏与购买意愿之间的关系有正向调节作用	不支持
H13b：品牌原产地虚假背景下，信誉修复策略对品牌形象冲突与购买意愿之间的关系有正向调节作用	支持
H13c：品牌原产地虚假背景下，信誉修复策略对负面情感与购买意愿之间的关系有正向调节作用	支持
H13d：品牌原产地虚假背景下，信誉修复策略对质量疑虑与购买意愿之间的关系有正向调节作用	不支持
H13e：品牌原产地虚假背景下，信誉修复策略对价格担心与购买意愿之间的关系有正向调节作用	不支持

研 究 假 设	验证情况
H13f：品牌原产地虚假背景下，信誉修复策略对各个受损原因与购买意愿之间的负向关系调节作用存在差异	支持
H14：品牌原产地虚假背景下，价格修复策略能显著提高顾客购买意愿	支持
H15：品牌原产地虚假背景下，价格修复策略对各个受损原因与购买意愿之间的关系有正向调节作用	不完全支持
H15a：品牌原产地虚假背景下，价格修复策略对品牌信任损坏与购买意愿之间的关系有正向调节作用	不支持
H15b：品牌原产地虚假背景下，价格修复策略对品牌形象冲突与购买意愿之间的关系有正向调节作用	不支持
H15c：品牌原产地虚假背景下，价格修复策略对负面情感与购买意愿之间的关系有正向调节作用	支持
H15d：品牌原产地虚假背景下，价格修复策略对质量疑虑与购买意愿之间的关系有正向调节作用	不支持
H15e：品牌原产地虚假背景下，价格修复策略对价格担心与购买意愿之间的关系有正向调节作用	支持
H15f：品牌原产地虚假背景下，价格修复策略对各个受损原因与购买意愿之间的负向关系调节作用存在差异	支持
H16：品牌原产地虚假背景下，各个修复策略对顾客购买意愿的影响程度存在差异	支持

第七章 研究总结

本章对本研究进行了系统归纳和全面总结，旨在阐明本研究的结论、研究成果、实践启示、研究存在的不足以及未来的研究展望。

第一节 研究结论

一、理论研究结论

针对本研究的研究内容中的第一个层次，即对品牌原产地虚假层面的研究，包括品牌原产地虚假的概念、性质、实质、特征、归属、分类、多重效应、形成机理以及顾客购买意愿受损等方面的理论研究探析。

经过理论研究后，本研究形成以下主要结论：基于现实案例研究及品牌原产地营销理论研究，本研究将企业在营销活动中利用不真实或虚假的品牌原产地形象（通常为发达国家形象）所进行的但又不涉及商标侵权的非道德性营销现象、方式及行为，称为品牌原产地虚假营销事件，简称品牌原产地虚假。如欧典地板、丸美化妆品、香武仕音响事件等。

品牌原产地虚假主要有三大性质：一是违法违德的非营销伦理行为，既损害了自身的品牌形象，也败坏了行业形象，但却与一般的非营销伦理行为差异很大，它通常涉及诚信问题而非产品质量问题，因而与一般意义上的假冒伪劣有所不同，也与法律层面的原产地虚假有所差异；二是典型的品牌丑闻现象，属于道德性丑闻，但却引发了消费者对其产品质量的怀疑；三是严重的营销负面曝光事件。

品牌原产地虚假的实质是事件品牌或者犯错品牌盗用消费者所认知的品牌原产地（包括国家和地区，通常为国家，主要是美日欧等西方发达国家）的良好形象，以达到夸大企业形象、提升品牌形象、拔高品牌价值、制造竞争优势、美化消费者品牌态度、刺激消费者购买意愿、诱导消费者购买行为的目的。

品牌原产地虚假的特征主要有客观存在性、主观人为性、广泛传播性、行业普存性、欺骗隐蔽性、多维破坏性、社会危害性、品牌原创性8个。

品牌原产地虚假的归属，从营销学的角度看，可以把品牌原产地虚假归属为营销负面曝光事件；从安全学的角度看，可以把品牌原产地虚假归属为营销安全事件；从品牌丑闻的角度看，可以把品牌原产地虚假归属为道德性品牌丑闻；从品牌犯错的角度看，可以把品牌原产地虚假归属为犯错品牌事件；从商品学与法学交叉的角度看，可以把品牌原产地虚假归属为假冒伪劣类问题；从法律范畴的角度看，可以把品牌原产地虚假归属为经济法问题中的虚假宣传事件；从文学与品牌交叉的角度看，可以把品牌原产地虚假归属为"假洋鬼子或假洋品牌"事件。

品牌原产地虚假的分类，按照原产地的分类角度划分，可以将品牌原产地分为广义和狭义的品牌原产地。广义的品牌原产地是个"群"概念，可以分为品牌制造地、品牌设计地、品牌组装地、品牌归属地等。狭义的品牌原产地就是"群"概念中的单个子概念，通常特指品牌归属地或来源地。按照原产地的地理角度划分，可以将品牌原产地分为品牌"原产国"虚假和品牌"原产地"虚假；按照是否存在质量问题的角度划分，可以将品牌原产地虚假分为质量型的品牌原产地虚假和非质量型的品牌原产地虚假，前者指品牌原产地虚假但是质量也有问题或者虚假，如施恩洋奶粉事件、澳优洋奶粉事件、新怡洋奶粉事件等，后者指品牌原产地虚假但是质量没有问题或者不假，如欧典地板事件、丸美化妆品事件、香武仕音响事件等；按照品牌原产地虚假表现方式划分，可以将品牌原产地虚假分为综合型和单一型品牌原产地虚假，前者指品牌原产地（国籍）虚假且质量也有问题或者虚假，如施恩、澳优、新怡洋奶粉事件等，后者仅指品牌原产地虚假类型中的一种虚假，不涉及质量虚假，如丸美化妆品事件（非日本品牌）、家美乐、诗婷化妆品事件（非法国品牌）等。此外，从其他角度划分，诸如本土品牌原产地虚假与外国品牌原产地虚假；从是否被曝光角度，分为被曝光的和未被曝光的；从是否已证实角度，分为事实确认型（如企业已承认或官方确认为虚假）和有待验证型（如企业不承认或官方未表态）；从消费者事后反应角度，划分为承受型（如购买或继续购买）的和非承受型的品牌原产地虚假。

品牌原产地虚假曝光事件发生后，将会从多个方面、多个角度，以不同的路径方式影响着犯错品牌、犯错企业、消费者、竞争者及其利益相关者，包括对中国国家形象的正面或负面影响。本研究将其称为品牌原产地虚假的多重效应。这种多重效应主要表现为原生的、强劲的负面效应，包括两个最基本的意思：与正面的效应相比，品牌原产地虚假事件发生后，首先会产生负面效应（Negativity Effect）（Mizerski，1982）或垃圾效应（Litter Effect）（Stuart Roper，2008）；这种负面效应很强，甚至可以造成战略性或毁灭性的打击。次生的微弱的正面效应，包括两个最基本的意思：与负面的效应相比，品牌原产地虚假事件发生后，间接会产生正面效应（Positive Effect）（Berger，2008）；这种正面效应相对负面效应来说，很微弱。

基于动机—行为理论、归因理论及系统论思维等，特别是通过现实生活中丰富的品牌原产地虚假案例研究，本研究提出了品牌原产地虚假形成机理模型。

这个模型主要从内部原因和外部原因两个维度、六个子维度及其相关属性等方面对品牌原产地虚假产生的深层次原因、主要的影响因素及其内在的彼此关联进行了理论诠释。同时，本模型也揭示了治理品牌原产地虚假事件的重要路径与关键环节，诸如采取统揽全局、内外兼顾、标本兼治的综合治理思维等。

本研究还提出了品牌原产地虚假动机模式，如图7-2所示。

顾客购买意愿受损是指由于种种原因（往往是厂商原因）导致顾客的购买意愿在某个时间段和某个特定的市场内受到损失、损害、破坏，或遭遇损失、损害、破坏。这种购买意愿受损最终表现为不愿意购买、不会购买、减少购买、停止购买，或者改变购买计划，如暂停购买、转换购买或不再推荐等行为。

在品牌原产地虚假的背景下，伴随着顾客购买意愿受损这个客观事实，将不可避免地对潜在顾客、现实顾客、企业行业产生不同的影响。不论是来自公众可信度较高的新浪网站，还是来自本研究的实际调查数据，品牌原

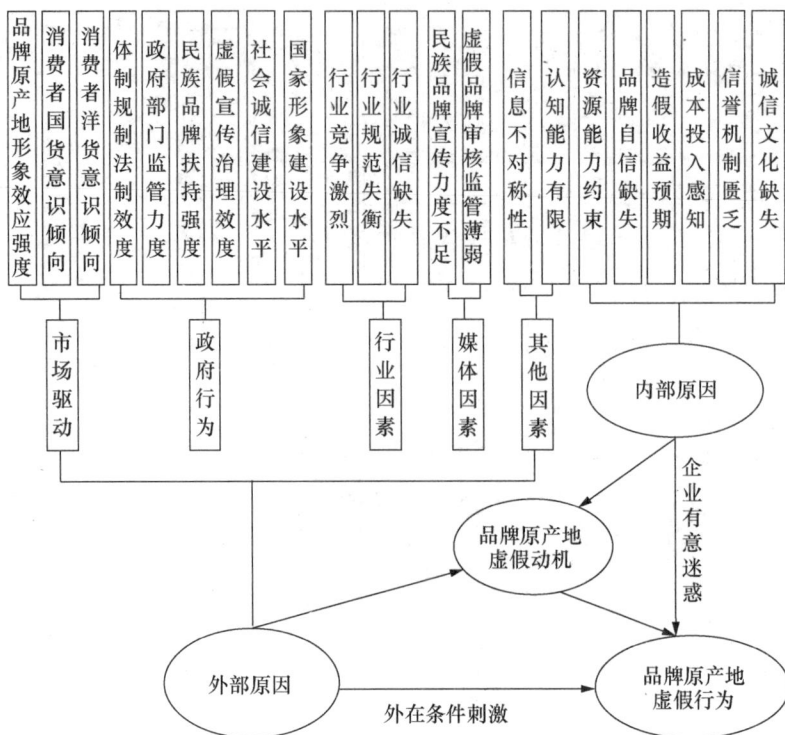

图 7-1 品牌原产地虚假之形成机理模型

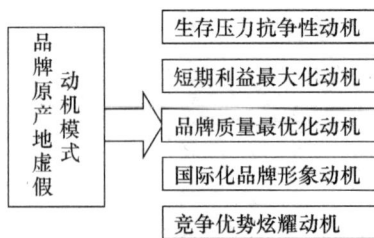

图 7-2 品牌原产地虚假动机模式

产地虚假事件发生后，顾客的购买意愿受损，表现为不愿意购买或不购买，也包括不确定或不好说的顾客。

二、实证研究结论

本研究的实证研究具体的结论，详见第六章中表 6 - 29 假设检验结果汇总。

主要的实证研究结论如下：

本研究实证发现了在品牌原产地虚假背景下导致顾客购买意愿受损的 5 个因子，依次排序为信任损坏、质量疑虑、负面情感、形象冲突、价格担心。

其中，信任损坏是顾客购买意愿受损的最大原因。研究证明信任损坏与购买意愿之间的 t 值为 -7.30，在 5% 的水平下显著，两者之间的路径系数为 -0.43，即两者之间存在负相关关系，是对顾客购买意愿影响最大的因素。质量疑虑次之，质量疑虑与购买意愿之间的 t 值为 -6.70，在 5% 的水平下显著，两者之间的路径系数为 -0.32，表明两者之间存在显著的负相关关系。这说明，在品牌原产地虚假背景下，在其他风险感知因素存在的情况下，质量疑虑对顾客购买意愿有重要影响。负面情感对购买意愿影响较大。负面情感与购买意愿之间的 t 值为 -5.10，在 5% 的水平下显著，两者之间的路径系数为 -0.27，表明两者之间存在显著的负相关关系。这说明，在品牌原产地虚假背景下，在其他风险感知因素存在的情况下，负面情感对顾客购买意愿有重要影响。本研究发现，形象冲突与购买意愿之间的 t 值为 -3.12，在 5% 的水平下显著，两者之间的路径系数为 -0.21，表明两者之间存在显著的负相关关系。本研究证实，价格担心与购买意愿之间的 t 值为 -1.40，两者之间的关系不显著，即价格因素并非购买意愿发生改变的显著性因素。这可能是由于事后消费者对于该品牌价格促销的预期有所增强，故对购买意愿未构成显著影响。

本研究实证发现，品牌原产地虚假背景下，犯错品牌企业实施不同的修复策略，消费者的购买意愿均有所提高或者改善，但各修复策略间存在差异。其中，质量策略最优，其次是信誉策略，再次是价格策略，最后是情感策略。

本研究实证发现，只有价格策略对各个受损原因与购买意愿之间的调节作用都是显著的，其他三大修复策略对各个受损原因与购买意愿之间的调节作用都不完全显著，这表明各个修复策略对受损原因引起的购买意愿降低并非完全奏效。这说明，其一，由于消费者感知及其态度的主观差异性，各个修复策略对消费者实际产生的刺激及影响必然存在差异。其二，受损原因和修复策略之间存在并非完全一致的对应关系，如：情感修复策略对负面情感最有调节作用；质量修复策略对质量疑虑最有调节作用；价格修复策略对价格担心最有效；信誉修复策略对负面情感最有调节作用等。

第二节　研究成果及研究启示

一、研究成果

1. 文献研究成果

文献研究发现：品牌原产地研究中对品牌原产地虚假缺乏研究；对品牌原产地虚假这一类负面曝光事件缺乏研究；对品牌原产地虚假这一营销真实性问题缺乏研究；对品牌原产地虚假这一类营销伦理问题缺乏研究；对品牌原产地虚假背景下购买意愿的受损原因尚未研究；对品牌原产地虚假背景下顾客购买意愿的修复策略尚未研究。基于此，本研究认为：品牌原产地虚假是一个值得研究但又尚未研究的创新性研究空间；品牌原产地虚假是品牌原产地研究中的另类现象，其成因与品牌原产地理论密切相关；品牌原产地虚假属于典型的营销负面曝光事件，也是典型的品牌丑闻事件；品牌原产地虚假是一种非营销真实性问题，也是一种非营销伦理行为。

2. 访谈研究成果

经过深度访谈后，基于消费者感知角度，本研究首次发现了在品牌原产地虚假背景下购买意愿受损的原因，如信任损坏、形象冲突、声誉破坏、事件严重感知、事件责任归因、负面情感、惩罚信念、感知风险、媒体报道、社会规范等。

3. 量化研究成果

本研究通过 SEM、回归分析等方法，实证检验了第五章所提出的研究假设，并对相关的结果进行了讨论。本研究实证发现了在品牌原产地虚假背景下导致顾客购买意愿受损的 5 个因子，依次排序为信任损坏、质量疑虑、负面情感、形象冲突、价格担心。其中，信任损坏是品牌原产地虚假背景下顾客购买意愿受损的最重要原因，也是制约事后恢复市场的重要因素。质量疑虑是继信任损坏后导致顾客购买意愿受损的第二个原因，也是制约事后恢复市场的重要因素。这不仅印证了俗语——假作真时真亦假，而且也揭示了品牌原产地虚假的严重负面溢出效应。价格担心并没有对顾客购买意愿产生显著负向影响。实证研究发现，品牌原产地虚假背景下，犯错品牌企业实施不同的修复策略，消费者购买意愿均有所提高或者改善，但是各修复策略间存在差异。其中，质量策略最优，其次是信誉策略，再次是价格策略，最后是情感策略。实证研究还表明，只有价格策略对各个受损原因与购买意愿之间的调节作用均是显著的，但其他修复策略对各个受损原因与购买意愿之间的调节作用不完全显著，这表明各个修复策略对受损原因引起的购买意愿降低并非完全奏效，购买意愿修复是一个有限的、渐进的过程。

二、研究启示

1. 品牌原产地虚假危害极其严重，加强品牌原产地的诚信营销迫在眉睫

虽然本研究实证研究发现：在品牌原产地虚假背景下，犯错品牌企业实施不同的修复策略，消费者购买意愿均有所提高或者改善，但各个修复策略间存在差异。一方面，事后的修复策略能够使得消费者购买意愿增加，但上述 4 个修复策略之后的购买意愿平均值均低于 4.3，这表明品牌原产地虚假事件已经产生了极其严重的负面效应；另一方面，实证研究表明，只有价格策略对各个受损原因与购买意愿之间的调节作用均是显著，其他三大修复策略对各个受损原因与购买意愿之间的调节作用不完全显著，品牌原产地虚假事件的确产生了极其严重的负面效应。这告诫现实中的犯错企业的品牌经营管理者切勿重蹈覆辙，务必树立营销道德观念，切实开展诚信营销，否则将付出沉重的代价，香武仕、欧典、施恩就是典型代表。另外，对于非犯错品牌，从反面也是一种激励，使其居安思危，以诚待客，加强品牌原产地的诚信营销建设，恪守营销伦理信念。

2. 重建品牌信任、赢得顾客信赖是犯错品牌修复购买意愿的长期任务

信任是社会交换关系的基础（Morgan 和 Hunt，1994），现代企业品牌关

系的焦点和核心就是信任（Lewicki R. 、Bunker，1996；段淳林，2006），而品牌原产地虚假事件的发生，显著破坏了消费者的品牌信任，导致消费者对该企业没有信心或者不再信任该企业。事后犯错品牌虽然进行了整改，但实际效果并不理想——4 种修复策略中，只有价格修复策略具有显著的负向调节作用；其他的修复策略对此并没有显著的调节作用。这是因为品牌原产地虚假事件的首因效应所形成的品牌不诚信印象短期内不可能消除。因此，信任损坏是品牌原产地虚假背景下顾客购买意愿受损的最重要原因，也是制约事后恢复市场的重要因素。对于犯错品牌而言，要想修复品牌信任，并非短期内所能达到的。因此，品牌信任重建任重而道远。

3. 重视质量、维护信誉是事后犯错品牌修复顾客购买意愿的主要依托

由于品牌信任是导致事后购买意愿受损的最重要原因。因此，犯错品牌要有效修复购买意愿，首先必须修复受损的品牌信任问题，即着手重建品牌信任。而事后犯错企业重塑消费者的品牌信任，务必善意、真诚，能让消费者有安全感、可靠感、可信赖感。这些归根到底是通过产品或服务或口碑等中介过程，才能使消费者逐步直接或间接体会到。在这个过程中，消费者的质量感知或信誉口碑至关重要。现有研究证实消费者的品牌信任有多种形成机制，其中就包括质量体验机制和信誉转移机制（金玉芳，2005）。本研究也支持这一观点。

4. 树立顾客满意意识，努力提升品牌形象是犯错品牌的一项长期工作

鉴于消费情感与品牌形象对犯错品牌购买意愿的重要影响，因此，本研究认为犯错企业事后应当主动树立顾客满意意识，努力提高品牌形象。只有顾客满意了，品牌形象好转了，消费者信任才会逐步恢复，消费者才会投给企业货币选票。

5. 加强行业诚信建设，提高行业自律意识是行业的一项重要工作

"以诚实守信为荣"是社会主义伦理道德建设的核心内容，对此每个企业、行业都有义不容辞的责任。本研究表明，造成品牌原产地虚假的原因很多，其中一个就是行业规范虚无、行业诚信缺失、行业监管不到位。因此，相关行业务必反思，切实加强行业诚信建设，提高行业自律意识，否则，类似事件势必会再次发生。

6. 加强国家形象建设，扶持壮大民族品牌是政府的一项重要工作

消费者所感知的国家形象不好，将导致崇洋心理，并导致品牌原产地虚假。这些品牌原产地虚假的品牌是对民族品牌的无形羞辱，更是国家形

象的有形污点。因此，政府部门应以此反思，切实加强国家形象建设，扶持壮大民族品牌。只有这样，才能真正增强国货意识、振兴民族品牌、提升国家形象、提高国际竞争力。

第三节　研究不足及研究展望

一、研究不足

品牌原产地虚假背景下，如何修复受损的顾客购买意愿是一个具有极其重要的理论价值和实践价值的课题。本研究在几乎没有关于品牌原产地虚假事件的相关研究的情况下，运用质化与量化相结合的研究方法，构建了品牌原产地虚假理论体系框架，着重研究了品牌原产地虚假背景下顾客购买意愿受损原因及修复策略，为企业及有关决策提供了重要启示。但是，本研究在以下方面仍存在不足：

首先，本研究虽然在质化研究阶段使用了 4 类产品 4 个品牌进行了研究，但是在量化研究阶段，由于条件制约，本依据最终只选择了 1 类产品 1 个虚拟品牌而非真实品牌，显然这使得本研究模型的适用性及研究结论的普适性受到影响。

其次，本研究没有对修复策略本身的强度及各修复策略的组合效果进行研究。本研究虽然对于单一的修复策略效果进行了研究，但没有对修复策略的强度以及多种修复策略的组合效果进行研究，这是本研究的另一个局限。

再次，本研究样本的地域代表性方面欠佳，所选的省外 6 个城市都是省会城市和直辖市，不一定能很好地代表周边中小城市的情况。另外，研究尚未涉及东北地区。事实上还有许多因素影响购买意向，如品牌承诺、消费者介入、产品知识等，而本研究没有控制这些因素，这会对研究产生干扰而影响研究结果的稳定性。

最后，本研究对象及虚假形成机理存在局限。从某种意义上来说，中间顾客的购买意愿或投资意愿受损程度不仅直接影响着最终消费者的购买意愿，而且直接制约着受损后的修复问题。因此，应当对中间顾客的购买意愿问题给予关注并进行研究。但由于研究经费、时间、渠道等限制，本研究对象仅局限于最终消费者。当然，考虑到研究重点，本研究对品牌原产地虚假形成机理未开展实证分析。

二、研究展望

学无止境，研无止境。本研究只是一个特定阶段的产物。未来研究中，可以考虑使用真实品牌、提高单个修复策略的强度或开展多个修复策略的组合研究。在精力及经费许可的情况下，可以增加样本量，进行多个产品、多个品牌的比较研究；可以增加品牌承诺、消费者介入、产品知识、先前态度等变量，以考察其对购买意愿修复的影响；可针对中间商行为及竞争者反应给予研究，也可对品牌原产地虚假形成机理进行实证研究，引导企业科学决策、科学发展、和谐发展。

附　录

附录一　深度访谈

品牌原产地虚假事件深度访谈提纲（适用于地板产品）：

您好！我是在校大学生，现在正在开展一项有关地板消费问题的访谈活动。

本次访谈仅供学术研究之用，我会严格保密的，请放心。衷心感谢您的帮助。

1. 您是否听说过某地板的品牌原产地虚假事件？

（如果没有听说过，请访谈员提示：比如某地板品牌宣传为德国品牌，知名度高，然而几年后被媒体曝光，是中国品牌，这就是品牌原产地虚假事件。官方质量检测认定没有问题，只是虚假宣传、违反广告法，于是给予经济处罚。目前这些品牌已恢复销售，并正在销售中）

2. 如果听说过，请问是哪个品牌？是什么时间的事情了？

3. 您的朋友或身边的人有没有遇到过品牌原产地虚假事件？如果有，请举一个或多个例子。

4. 请谈谈您对这种事件的看法和想法。

5. 如果您遇到这种事件，请描述一下您的心情或感受。

6. 事件发生后，您还信任这个品牌吗？为什么？

7. 事件发生后，如果您要购买地板，您是否还会考虑购买这个品牌地板？为什么？

8. 如果您要购买地板，您购买这个品牌地板的可能性多大？为什么？

9. 如果购买，您是否会感到有些担心或者风险？有哪些担心？为什么？

10. 您认为，为什么会发生这种事件？

11. 您认为，这种事件对该品牌有何影响？

12. 您认为，这种事件对该企业有什么影响？

13. 您认为，这种事件对该行业有什么影响？

14. 您认为，这种事件对消费者有什么影响？

15. 您认为这样的企业是否值得同情？是否值得拯救？

16. 如果您是企业领导，该如何恢复顾客的购买意愿、恢复产品销量？

访谈到此结束，再次感谢您的参与与配合！

请访谈员填写受访人信息：

1. 性别：□男　□女	
2. 年龄：□20 岁以下　□20～29 岁　□30～39 岁　□40～49 岁　□50～59 岁　□60 岁及以上	
3. 职业：□政府机关或事业单位职工　□企业职工　□个体工商户　□农民　□学生　□其他	
4. 教育：□小学及以下　□中学或中专　□大专　□本科　□硕士及以上	
5. 您的家庭月收入：□1500 元以下　□1500～3000　□3001～4500 元　□4501～6000 元 □6001～7500 元　□7500 元以上	
6. 受访人所在地：□成都　□外地	
访谈时间及访谈持续时间：　　访谈地点：　　访谈员签名：	

（备注：其他产品的访谈提纲相似，只是更换产品而已，故不再列出）

附录二　调查问卷

品牌原产地虚假背景下顾客购买意愿受损及修复调查问卷：

尊敬的朋友：

您好！我们是品牌危机管理课题组，正在开展一项有关品牌危机管理的国家级项目调查活动。本次调查仅供学术研究之用，您的答案我们会严格保密，请您放心填写。衷心感谢您的参与与帮助！

国家级课题组

说明：所有问题没有正确答案，请完全按照您的真实感受填写。

第一部分：请先阅读 A 品牌地板信息，回答问题。

> A 品牌地板源自德国，行销全球，是一家专业从事地板技术开发、销售、服务的企业。近年来 A 品牌地板获得了多项荣誉称号。
>
> 在刚刚公布的年度北京人喜爱的消费品牌中，A 品牌被评为家居类北京人喜爱的地板品牌。不仅如此，A 品牌地板也是木地板行业第一家也是唯一一家连续 6 年使用"3·15"标志的品牌。

1. 现在很多人买房装修都选地板，您呢？请打"√"或做标记。

　　□准备买地板　　　　□已买了地板　　　　□暂时不考虑

2. 读完材料后，您是否有购买 A 品牌地板的意向或打算？请打√或做标记。

　　□有　　　　　　　□没有

第二部分：请接着阅读下面的文字材料。

> 但是，中央电视台"3·15"晚会曝光了 A 品牌来源国虚假事件：号称行销全球 80 多个国家，源自德国，著名的 A 品牌公司德国总部不存在，A 品牌的真实来源国是中国，是地地道道的中国品牌，公司总部在北京。
>
> 随后，国家建筑材料测试中心对 A 公司产品质量检测结果显示：产品质量符合国家标准；北京工商部门调查后认定：A 公司夸大企业形象宣传，违反了《广告法》和《反不正当竞争法》，处以罚款 700 多万元。

A 品牌地板事件后，请按照您自己的真实想法，在下列问题中，打"√"或做标记。

3. 事件发生后，您是否还有购买 A 品牌地板的意向或打算？

　　□有　　　　　　　□没有

4. 事件发生后，您是否觉得您对 A 品牌地板的购买意向或意愿受到了损害？

　　□有　　　　　　　□没有

题号	问题	完全同意	同意	有点同意	不确定	有点不同意	不同意	完全不同意
5	我会考虑购买该品牌	7	6	5	4	3	2	1
6	我购买该品牌的可能性很大	7	6	5	4	3	2	1

第三部分：当您得知 A 品牌地板事件后，您的购买意愿受到了损害，比如您不再打算购买该品牌，请按您自己内心的实际感受程度，在下列问题中，打"√"或做标记。

题号	问 题	完全同意	同意	有点同意	不确定	有点不同意	不同意	完全不同意
7	事件发生后，该品牌总给我一种不安全感	7	6	5	4	3	2	1
8	我觉得该企业没有诚信，该品牌不可信赖	7	6	5	4	3	2	1
9	我觉得该品牌不诚实不可靠，不值得信任	7	6	5	4	3	2	1
10	我觉得购买或拥有该品牌，不符合自我形象	7	6	5	4	3	2	1
11	我觉得购买或拥有该品牌，不能显示我的风格	7	6	5	4	3	2	1
12	我觉得购买或拥有该品牌，让我很没有面子	7	6	5	4	3	2	1
13	说真的，我很担心该品牌的产品质量差	7	6	5	4	3	2	1
14	说真的，我很担心该品牌的产品质量不可靠	7	6	5	4	3	2	1
15	说真的，我很担心该品牌的产品质量不稳定	7	6	5	4	3	2	1
16	对于该品牌，我感到很失望	7	6	5	4	3	2	1
17	对于该品牌，我感到很不满	7	6	5	4	3	2	1

题号	问 题	完全同意	同意	有点同意	不确定	有点不同意	不同意	完全不同意
18	对于该品牌，我感到很生气	7	6	5	4	3	2	1
19	对于该品牌，我感到很气愤	7	6	5	4	3	2	1
20	说真的，我担心该品牌产品价格不合理	7	6	5	4	3	2	1
21	说真的，我担心该品牌产品价格不公平或欺诈	7	6	5	4	3	2	1
22	说真的，我担心购买该品牌产品不划算	7	6	5	4	3	2	1
23	说真的，我担心购买该品牌产品物非所值	7	6	5	4	3	2	1

第四部分：事件发生后，A 公司采取改正措施，请按照您自己的真实想法，在下列问题中，打"√"或做标记。

题号	问题	完全同意	同意	有点同意	不确定	有点不同意	不同意	完全不同意

事件发生后，A 公司召开新闻发布会，一是向消费者正式认错道歉；二是表达感恩之情，请求原谅；三是承担责任，做好善后工作；四是在赔偿问题上，公司本着对消费者负责的态度，对于出现质量问题的产品给予消费者补偿，包括交通费、医疗费、精神损害赔偿费等一切费用；对于已购者一律给予原价 5%～10% 的精神抚慰，即使是赔得倾家荡产也要让消费者满意。

如果单独采取这个措施，请按照真实想法，在下列问题中，打"√"或做标记。

题号	问题	完全同意	同意	有点同意	不确定	有点不同意	不同意	完全不同意
24	如果有这项措施或活动，我会觉得很好	7	6	5	4	3	2	1
25	如果有这项措施或活动，我感到很满意	7	6	5	4	3	2	1
26	如果有这项措施或活动，我会考虑购买该品牌	7	6	5	4	3	2	1
27	如果有这项措施或活动，我购买该品牌的可能性很大	7	6	5	4	3	2	1

事件发生后，A 公司邀请国家质检部门对产品质量进行定期检测，邀请媒体、消费者和社会公众参与检测的全过程，并将质检报告上网公示，接受社会各界的监督；公司延长服务保修年限 2 年，对已购买的消费者开展跟踪服务，如果有质量问题，公司承诺劣 1 赔 10；公司将继续依据客户意见，持续改进产品和服务质量，实现顾客满意。

如果单独采取这个措施，请按照真实想法，在下列问题中，打"√"或做标记。

题号	问题	完全同意	同意	有点同意	不确定	有点不同意	不同意	完全不同意
28	如果有这项措施或活动，我会觉得很好	7	6	5	4	3	2	1
29	如果有这项措施或活动，我感到很满意	7	6	5	4	3	2	1
30	如果有这项措施或活动，我会考虑购买该品牌	7	6	5	4	3	2	1
31	如果有这项措施或活动，我购买该品牌的可能性很大	7	6	5	4	3	2	1

事件发生后，A公司启动品牌诚信10年规划，对内加强诚信教育，对外开展"品牌诚信从我做起"等宣传活动，推出"实在的质量、实在的价格、实在的服务和实在的宣传"等诚信措施，开通24小时诚信服务热线。与此同时，A公司决定实施社会责任战略，积极赞助文体、教育、卫生等公益事业及慈善事业，每年为下岗职工、贫困学生、老弱病残、老少边穷地区以及地震灾区同胞捐款近100万元。

如果单独采取这个措施，请按照真实想法，打"√"或做标记。

32	如果有这项措施或活动，我会觉得很好	7	6	5	4	3	2	1
33	如果有这项措施或活动，我感到很满意	7	6	5	4	3	2	1
34	如果有这项措施或活动，我会考虑购买该品牌	7	6	5	4	3	2	1
35	如果有这项措施或活动，我购买该品牌的可能性很大	7	6	5	4	3	2	1

事件发生后不久，A公司推出了"回报顾客、感恩有礼、低价优惠"促销活动。凡公司新客户，一律"6折优惠"，还送50元手机充值卡；老客户除了"6折优惠"外，还可以享受"延期付款"等待遇；对于城乡困难户，凭相关证件，还可享受更低的价格优惠。

如果单独采取这个措施，请按照真实想法，打√或做标记。

36	如果有这项措施或活动，我会觉得很好	7	6	5	4	3	2	1
37	如果有这项措施或活动，我感到很满意	7	6	5	4	3	2	1
38	如果有这项措施或活动，我会考虑购买该品牌	7	6	5	4	3	2	1
39	如果有这项措施或活动，我购买该品牌的可能性很大	7	6	5	4	3	2	1

请您填写个人信息：

1. 性别：□男　□女

2. 年龄：□20 岁以下　□20~29 岁　□30~39 岁　□40~49 岁　□50~59 岁　□60 岁及以上

3. 职业：□政府机关或事业单位职工　□企业职工　□个体工商户　□农民　□学生　□其他

4. 教育：□小学及以下　□中学或中专　□大专　□本科　□硕士及以上

5. 家庭月收入：□1500 元下　□1500~3000 元　□3001~4500 元　□4501~6000 元　□6001~7500 元　□7500 元以上

6. 请问您在填写问卷前，是否听说过 A 品牌事件：□没有听说过　□听说过

参考文献

Aaker D. A, "Measuring Brand Equity Across Products and Markets", *California Management Review*, Vol. 38, No. 3, 1996, pp. 102 – 120.

Aaker D. A, *Measuring Brand Equity: Captializing on the Value of a Brand Name*, N. Y: The Free Press, 1991.

Aaker D. A, "The Value of Brand Equity", *Journal of Business Strategy*, Vol. 13, No. 4, 1992, pp. 27 – 32.

Aaker J. L, "Dimensions of Brand Personality", *Journal of Marketing Research*, Vol. 34, No. 1, 1997, pp. 347 – 356.

Aaker J. S. Foumier and S. A. Brasel, "When Good Brands Do Bad", *Journal of Consumer Research*, Vol. 31, No. 6, 2004, pp. 1 – 16.

Agarwal S. and Sikri S, "Country Image: Consumer Evaluation of Product Category Extensions", *Inernational Marketing Review*, Vol. 13, No. 4, 1996, pp. 23 – 29.

Ahluwalia Rohini, Robert E. Burnkrant and H. Rao Unnava, "Consumer Response to Negative Publicity: The Moderating Role of Commitment", *Journal of Marketing Research*, Vol. 37, No. 5, 2000, pp. 203 – 214.

Ahluwalia Rohini, "Examination of Psychological Processes Underlying Resistance to Persuasion", *Journal of Consumer Research*, Vol. 27, No. 2, 2000, pp. 217 – 232.

Ahluwalia Rohini, "How Prevalent is The Negativity Effect in Consumer Environments?", *Journal of Consumer Research*, Vol. 29, No. 9, 2002, pp. 270 – 280.

Ahluwalia Rohini, "Negativity and Extremity Biases in Impression Formation: A Review of Explanations", *Journal of Consumer Research*, Vol. 23, No. 10, 1989, pp. 285 – 294.

Ahmed S. A. and A. Astou, "Country – of – Origin and Brand Effects: A Multi – Dimensional and Multi – Attribute Study", *Journal of International Consumer Marketing*, Vol. 9, No. 2, 1996, pp. 93 – 115.

Ahmed S. A. and A. Astous, "Comparison of Country of Origin Effect on House and Organizational Buyers Product Perceptions", *European Journal of Marketing*, Vol. 29, No. 3, 1995, pp. 35 – 51.

Ahmed Sadrudin A. and A. Astous, "Product – Country Image in Canada and in the People's Republic of China", *Journal of International Consumer Marketing*, Vol. 11, No. 11, 1999, pp. 5 – 22.

Ajzen I. and M. Fishbein, *Understanding Attitudes and Predicting Social Behavior*, Englewood Cliffs, NJ: Prentice Hall, 1980.

Albaum G. and Peterson R. A. , "Empirical Research in International Marketing: 1976 – 1982", *Journal of International Business Studies*, Vol. 15, No. 2, 1984, pp. 161 – 173.

Alden D. L. and R. Batra, "Brand Positioning Through Culture", *Journal of Marketing*, Vol. 63, No. 1, 1999, pp. 75 – 87.

Alfred Rosenbloom James E. Haefner, "Country – of – Origin Effects and Global Brand Trust: A First Look", *Journal of Global Marketing*, No. 22, 2009, pp. 267 – 278.

Ambler T. , "How Much of Brand Equity is Explained by Trust?", *Management Decision*, Vol. 35, No. 4, 1997, pp. 283 – 292.

Anderson J. C. and Gerbing D. W, "Structural Equation Modeling in Practice: A Review and Recommended Two Step Approach", *Psychological Bulletin*, No. 103, 1998, pp. 411 – 423.

Anderson John R. , *Learning and Memory: An Integrated Approach*, New York, 1995.

Anja Schaefer, "Consumer Knowledge and Country of Origin Effects", *European. Journal of Marketing*, Vol. 31, No. 1, 1997, pp. 56 – 72.

Anja Schaefer, "Approach to Price Fairness Perceptions", *Journal of Business Research*, Vol. 56, No. 6, 2003, pp. 453 – 463.

Armstrong J. S. , Morwitz V. G. and Kumar V. , "Sales Forecasts for Existing Consumer Product and Services: Do Purchase Intentions Contribute to Accuracy?", *International Journal of Forecasting*, Vol. 16, No. 3, 2000, pp. 383 –405.

Arora R., "Validation of an S – O – R Model for Situation. Enduring and Response Components of Involvement", *Journal of Marketing Research*, Vol. 33, No. 1, 1982, pp. 413 –417.

Asch Solomon E., "Forming Impressions of Personality", *Journal of Abnormal and Social Psychology*, Vol. 41, No. 3, 1946, pp. 1230 – 1240.

Bagozzi R. and Yi Y., "On the Evaluation of Structural Equation Models", *Journal of Academy of Marketing Science*, Vol. 16, No. 5, 1988, pp. 77 –94.

Bagozzi Richard and Hans Baumgartner, "Structural Equation Models in Marketing", *Journal of Academy of Marketing Science*, Vol. 11, No. 6, 1994, pp. 70 –81.

Barom and Kenny, "The Moderator – Mediator Variable Distinction in Social Psychological Research: Conceptual, Strategies, and Statistical Considerations", *Journal of Personality and Social Psychology*, Vol. 51, No. 6, 1986, pp. 1173 – 1182.

Batra R., Ramaswamy V. and Alden D., "Effects of Brand Local/Nonlocal Origin on Consumer Attitudes in Developing Countries", *Journal of Consumer Psychology*, Vol. 9, No. 2, 2000, pp. 83 –95.

Bauer Raymond A., "Consumer Behavior as Risk Taking in Dynamic Marketing for a Changing World", ed. Robert S. Hancock, Chicago: American Marketing Association, 1960, pp. 389 –398.

"Baylor Business Studies", No. 10, 2003, pp. 53 –64.

Bearden William and Terence Shimp, "The Use of Extrinsic Cues to Facilitate Product Adoption", *Journal of Marketing Research*, Vol. 29, No. 5, 1982, pp. 229 –239.

Beatty Sharon E., Lynn R. Kahle and Pamela Homer, "The Involvement – Commitment Model: Theory and Implications", *Journal of Business Research*, Vol. 16, No. 2, 1988, p. 149.

Benoit W. L., *Accounts, Excuses, and Apologies*. Albany: State University of New York Press, 1995.

Benoit W. L., "Image Repair Discourse and Crisis Communication", *Public Re-*

lations Review, Vol. 23, No. 2, 1997, pp. 177 – 186.

Benoit W. L., "Sears' Repair of Its Auto Repair Image: Image Restoration Discourse in the Corporate Sector", *Communication Studies*, Vol. 46, No. 5, 1995, pp. 89 – 109.

Bettman J. R., *An Information Processing Theory of Consumer Choice, Reading.* MA: Addision Wesley, 1979.

Bhuian S. N., "Marketing Cues and Perceived Quality: Perceptions of Saudi Consumers Toward Products of The U. S., Japan, Germany, Italy, U. K. and France", *Journal of Quality Management*, Vol. 2, No. 2, 1997, pp. 217 – 235.

Bilkey W. J. and Nes E., "Country – of – Origin Effects on Product Evaluations", *Journal of International Business Studies*, Vol. 13, No. 3, 1982, pp. 89 – 99.

Bird M. and C. Channon, "Further Analysis of Former Users Brand Image Deviations Part II", *Journal of Business Research*, Vol. 16, No. 2, 1970, pp. 28 – 32.

Bloch P. H., "Involvement Beyond the Purchase Process: Conceptual Issues and Empirical Investigation", *Advances in Consumer Research*, Vol. 9, No. 3, 1982, pp. 413 – 417.

Block P. H. and M. L. Richins, "A Theoretical Model for the Study of Product Importance Perception", *Journal of Marketing*, Vol. 47, No. 1, 1983, pp. 69 – 81.

Bosnjak M. and Rudolph N., "Undesired Self – image Congruence in a Low – involvement Product Context", *European Journal of Marketing*, Vol. 42, No. 5, 2008, pp. 702 – 712.

Bosnjak M., Bochmann V. and Hufschmidt T., "Dimensions of Brand Personality Attributions: A Person – centric Approach in the German Cultural Context", *Social Behaviour and Personality*, Vol. 35, No. 3, 2007, pp. 303 – 316.

Bradford J. L., Garrett D. E., "The Effectiveness of Corporate Communicative Responses to Accusations of Unethical Behavior", *Journal of Business Ethics*, Vol. 14, No. 1, 1995, pp. 875 – 892.

Brodowski G. H., "The Effects of Country of Design and Country of Assembly on Evaluative Beliefs about Automobiles and Attitudes toward Buying Them",

Journal of International Consumer Marketing, Vol. 10, No. 3, 1998, pp. 85 – 113.

Brown Tom J. and Peter A. Dacin, "The Company and The Product: Corporate Associations and Consumer Product Responses?", *Journal of Marketing*, Vol. 61, No. 1, 1997, pp. 68 – 84.

Burgoon J. K. and B. A. LePoire, "Effect of Communication Expectancies, Actual Communication and Expectancy Disconfirmation on Evaluations of Communicators and Their Communication Behavior", *Human Communication Research*, Vol. 20, No. 1, 1993, pp. 67 – 96.

Byrne B. M., *A Primer of Lisrel: Basic Application and Programming for Confirmatory Factor Analytic Models*, New York: Spring – Verlag, 1989.

Cacioppo J. T., E. Petty and K. Morris, "Effects of Need for Cognition on Message Evaluation, Recall and Persuasion", *Psychology*, Vol. 45, No. 10, 1983, pp. 805 – 818.

Cattin P., Jolibert A. and Lohnes C., "A Cross – Cultural Study of Made in Concepts", *Journal of International Business Studies*, Vol. 13, No. 1, 1982, pp. 131 – 141.

Celsi, R. L. and Olson, J. C., "The Role of Involvement in Attention and Comprehension Processes", *Journal of Consumer Research*, Vol. 15, No. 6, 1988, pp. 234 – 262.

Celso Augusto De Matos and Ricardo Teixeira Veiga, "How to Deal with Negative Publicity: The Importance of Consumer Involvement", *Brazilian Administration Review.* 2005.

Cettension R., "Brand Name and Country of Origin Effects in the Emerging Market Economies of Russia, Poland and Hungary", *International Marketing Review*, Vol. 10, No. 5, 1993, pp. 14 – 36.

Chao P., "Partitioning Country of Origin Effects: Consumer Evaluations of a Hybrid Product", *Journal of International Business Studies*, Vol. 23, No. 2, 1992, pp. 291 – 306.

Chaplin Lan Nguyen and Deborah Roedder John, "The Emergence of Self – Brand Connections in Children and Adolescents", *Journal of Consumer Research*, Vol. 32, No. 1, 2005, pp. 119 – 125.

Dawar Niraj and Madan M. Pillutla, "Impact of Product – Harm Crises on Brand Equity: The Moderating Role of Consumer Expectations?", *Journal of Marketing Research*, Vol. 38, No. 8, 2000, pp. 215 – 226.

Dean D. H., "Consumer Reaction to Negative Publicity", *Journal of Business Communication*, Vol. 38, No. 2, 2004, pp. 192 – 211.

Dellarocas Chrysanthos, Xiaoquan Zhang and Neveen F. Awad, "Exploring the Value of Online Product Reviews in Forecasting Sales: The Case of Motion Pictures", *Journal of Interactive Marketing*, Vol. 21, No. 3, 2007, pp. 23 – 45.

Deschatres Fabrice and Didier Sornette, "The Dynamics of Book Sales: Endogenous Versus Exogenous Shocks in Complex Networks", *Physical Review E.*, Vol. 72, No. 1, 2005, p. 82.

Dick Alan S. and Kunal Basu, "Customer Loyalty: Toward an Integrated Conceptual Framework", *Journal of the Academy of Marketing Science*, Vol. 22, No. 2, 1994, pp. 99 – 113.

Dirks K. T., Ferrin D. L., "Trust in Leadership: Meta Analytic Findings and Implications for Research and Practice", *Journal of Applied Psychology*, Vol. 87, No. 4, 2002, pp. 611 – 628.

Dirks K. T., Lewicki R. J., Zaheer A., "Repairing Relationships within and between Organizations: Building a Conceptual Foundation", *Academy of Management Review*, Vol. 34, No. 1, 2009, pp. 68 – 84.

Ditto Peter H. and David F. Lopez., "Motivated Skepticism: Use of Differential Decision Criteria for Preferred and Nonpreferred Conclusions", *Journal of Personality and Social Psychology*, Vol. 74, No. 4, 1998, pp. 967 – 984.

Dodds W. B., Monroe K. B., Grewal D., "Effects of Price, Brand and Store Information on Buyers' Product Evaluation", *Journal of Marketing Research*, Vol. 28, No. 3, 1991, pp. 307 – 319.

Eagly A. H., Chalken S. *The Psychology of Attitudes*. 1th ed. Fort Worth, TX: Harcourt Brace Jovanovich, 1993, p. 800.

Eagly Alice H. and Shelly Chalken. *Attitude Strength, Attitude Structure and Resistance to Change.* N J: Lawrence Erlbaum, 1995, pp. 413 – 432.

Edwards Kari and Edward E. Smith, "A Disconfirmation Bias in the Evaluation of Arguments", *Journal of Personality and Social Psychology*, No. 11, 1996, pp. 5 – 24.

Edwards Karl, "The Interplay of Affect and Cognition in Attitude Formations and Change", *Journal of Personality and Social Psychology*, No. 59, 1990, pp. 202 – 216.

Einwiller Sabine A., Alexander Fedorikhin, Allison R. Johnson and Michael A. Kamins, "Enough is Enough When Identification No Longer Prevents Negative Corporate Associations", *Journal of the Academy of Marketing Science*, Vol. 34, No. 2, 2006, pp. 185 – 194.

Engel J. E., R. D. Blackwell and P. W. Miniard, *Consumer Behavior.* 7th ed., Chicago: Dryden Press Friedman, 1990.

M. L. and L. Smith, "Consumer Evaluation Processes in a Service Setting", *Journal of Services Marketing*, Vol. 7, No. 2, 1993, pp. 47 – 59.

Erdem, Tulin, Ying Zhao, and Ana Valenzuela, "Performance of Store Brands: A Cross – Country Analysis of Consumer Store – Brand Preferences, Perceptions and Risk", *Journal of Marketing Research*, Vol. 2, No. 2, 2004, pp. 86 – 100.

Erevelles Sunil, Abhik Roy, and Stephen L. Vargo, "The Use of Price and Warranty Cues in Product Evaluation: A Comparison of U. S. and Hong Kong Consumers", *Journal of International Consumer Marketing*, Vol. 11, No. 3, 1999, pp. 67 – 91.

Erevelles Sunil, Abhik Roy and Stephen L. Vargo, "The Price – Warranty Contract and Product Attitudes", *Journal of Business Research*, Vol. 27, No. 5, 1993, pp. 71 – 81.

Essoussi L. H. and Merunka, D., "Consumers product evaluations in emerging markets", *International Marketing Review*, Vol. 24, No. 4, 2007, pp. 409 – 426.

Fabrigar Leandre R. and Richard E. Petty, "The Role of Affective and Cognitive Bases of Attitudes in Susceptibility to Affectively and Cognitively Based Persuasion?", *Personality and Social Psychology Bulletin*, Vol. 25, No. 3, 1999, pp. 363 – 381.

Faul F., Erdfelder E., Lang A. G. and Buchner A., "Power 3: A Flexible Statistical Power Analysis Program for the Social, Behavioral and Biomedical Sciences", *Behavior Research Methods*, Vol. 39, No. 6, 2007, pp. 175 – 191.

Feldman Jack M. and John G. Lynch, "Self – Generate Validity and Other Effects of Measurement on Belief, Attitude, Intention and Behavior", *Journal of Applied Psychology*, Vol. 73, No. 1, 1988, pp. 421 – 435.

Festinger Leon, "A Theory of Social Comparison Processes", *Human Relations*, Vol. 7, No. 7, 1954, pp. 117 – 140.

Fiske Susan T. , "Attention and Weight in Person Perception: The Impact of Negative and Extreme Behavior", *Journal of Personality and Social Psychology*, Vol. 38, No. 6, 1980, pp. 889 – 906.

Folkes V. S. , "Recent Attribution Research in Consumer Behavior: A Review and New Directions", *Journal of Consumer Behavior*, Vol. 14, No. 1, 1988, pp. 548 – 565.

Fornell C. and Larcker D. F. , "Evaluating Structural Equation Models with Unobservable and Measurement Errors", *Journal of Marketing Research*, Vol. 18, No. 3, 1981, pp. 39 – 50.

Fournier R. S. , "Customers and Their Brands: Developing Relationship Theory in Consumer Research", *Journal of Consumer Research*, Vol. 24, No. 4, 1998, pp. 343 – 373.

Funk Daniel C. and Mark P. , "Pritchard. Sport Publicity: Commitments Moderation of Message Effects", *Journal of Business Research*, Vol. 59, No. 2, 2006, pp. 613 – 621.

Goldenberg Jacob, Barak Libai, Sarit Moldovan and Eitan Muller, "The NPV of Bad News", *International Journal of Research in Marketing*, Vol. 24, No. 1, 2007, pp. 186 – 200.

Greyser, Stephen A. , "Corporate Reputation: Aid to Growth and Shield", *Reputation Management*, Vol. 1, No. 11, 1995, pp. 73 – 74.

Griffin M. , Babin B. J. , Attaway J. S, "An Empirical Investigation of the Impact of Negative Publicity on Consumer Attitudes and Intentions", *Advances in Consumer Research*, Vol. 18, No. 1, 1991, pp. 334 – 341.

Gross Sharon R. Rolf Holtz and Norman Miller, *Attitude Certainty. In Attitude Strength: Antecedents and Consequences*, Eds. Richard E. Petty and Jon A. Krosnick Mahwah, NJ: Lawrence Erlbaum, 1995, pp. 215 – 245.

Gunderson P. R. , Ferrari J. R. , "Forgiveness of Sexual Cheating in Romantic Relationships: Effects of Discovery Method, Frequency of Offense, and Presence of Apology", *North American Journal of Psychology*, Vol. 10, No. 1, 2008, pp. 1 – 14.

Halverson Richard R. and Michael S. Pallak, "Commitment, Ego – Involvement, and Resistance to Attack", *Journal of Experimental Social Psychology*, Vol. 11, No. 1, 1978, pp. 1 – 12.

Han C., "Country – of – Origin Effects for Uni – national and Bi – national Products", *Journal of International Business Studies*, Vol. 19, No. 2, 1988, pp. 235 – 255.

Han C. M., "Testing the Role of Country Image in Consumers Choice Behavior", *European Journal of Marketing*, Vol. 24, No. 6, 1990, pp. 24 – 40.

Han C. Min, "Country Image: Halo or Summary Construct", *Journal of Marketing*, Vol. 26, No. 5, 1989, pp. 222 – 229

Han C. Min, "The Role of Consumer Patriotism in the Choice of Domestic Versus Foreign Production", *Journal of Marketing Research*, Vol. 28, No. 6, 1998, pp. 25 – 32.

Hansen Karsten, Vishal Singh and Pradeep Chintagunta, "Understanding Store Brand Purchase Behavior Across Categories", *Marketing Science*, No. 1, 2006, pp. 75 – 90.

Hawkins D. L., R. J. Best and K. A. Coney, *Consumer Behavior: Implication for Marketing*, Strategy Revised ed. Business Publication, Inc, Plano, Texas, 1983, p. 448.

Heere Bob and Geoff Dickson, "Measuring Attitudinal Loyalty: Separating the Terms of Affective Commitment and Attitudinal Loyalty", *Journal of Sports Marketing*, No. 22, 2008, pp. 227 – 239.

Henard D. H., "Negative publicity: What Companies Need to Know about Public Relations", *Public Relations Quarterly*, No. 47, 2002, pp. 8 – 12.

Herche J., "A Note on Predictive Validity of the Cetscal", *Journal of the Academy of Marketing Science*, Vol. 22, No. 7, 1992, pp. 261 – 264.

Herr Paul M., Kardes and John Kim, "Effects of Word – of – Mouth and Product – Attribute Information on Persuasion: Accessibility – Diagnosticity Perspective", *Journal of Consumer Research*, Vol. 17, No. 3, 1991, pp. 454 – 462.

Higgins Tory and Gillian King, *Accessibility of Social Constructs: Information – Processing Consequences of Individual and Contextual Variability*, in Personality, Cognition, and Social Interactions, Nancy Cantor and John F. Kihlstromeds, Hillsdale, NJ: Lawrence Erlbaum, 1981, pp. 60 – 81.

Hoek Dunnett, et al., "Descriptive and Evaluative Attribute: What Relevance to Marketers", *Journal of Product & Brand Management*, Vol. 9, No. 6, 2000, pp. 415 – 435.

Hoffmann R., "Country of Origin: A Consumer Perspective of Fresh Meat", *British Food Journal*, Vol. 102, No. 3, 2000, pp. 211 – 221.

Hogarth Robin M. and Hille L. J. Einhorn, "Order Effects in Belief Updating: The Belief Adjustment Model", Cognitive Psychology, Vol. 24, No. 1, 1992, pp. 1 – 55.

Holbrook M. B. and Corfinan K. P., *Quality and Value in the Consumption Experience Phacdrus Rides Again in Perceived Quality*, Jacoby, J. and Olson J., eds. Lexington, MA: Leexington Books, 1985, pp. 31 – 57.

Holbrook Morris B., Robert W. Chestnut, Terence A. Olive and Eric A. Greenleaf, "Play as a Consumption Experience: The Roles of Emotions, Performance, and Personality in the Enjoyment of Games", *Journal of Consumer Research*, Vol. 1, No. 9, 1997, pp. 728 – 739.

Hong S. and R. Jr. Wyer, "Effect of Country of Origin and Product Attribute Information on Product Evaluation: An Information Processing Perspective", *Journal of Consumer Research*, Vol. 16, 1989, pp. 174 – 187.

Houston M. J. and M. L. Rothschild, *Conceptual and Methodological Perspectives in Involvement in Research Frontiers in Marketing: Dialogues and Direction*, ed. S. Jain, Chicago: American Marketing Association, 1978, pp. 184 – 187.

Hsish M. H., "Identifying Brand Image Dimensionality and Measuring the Degree of Brand Globalization: A Cross – National Study", *Journal of International Marketing*, Vol. 10, No. 2, 2002, pp. 46 – 67.

Hu L. and Bentler P. M., "Cut off Criteria for Fit Indexes in Covariance, Structural Equation Modeling", *Journal of Marketing*, No. 6, 1999, pp. 1 – 55.

Hulland J., Todino H. S. and Lecraw D. J., "Country – of – Origin Effects on

Sellers' Price Premiums in Competitive Philippine Markets", *Journal of International Marketing*, Vol. 4, No. 1, 1996, pp. 57 – 79.

Hupfer N. and D. Gardner, "Differential Involvement with Product and Issues: An Exploratory Study, in Proceedings", *Association for Consumer Research*, ed., 1971.

Insch G., "The Impact of Country – of – Origin Effects on Industrial Buyers' Perceptions of Product Quality", *Management International Review*, Vol. 43, No. 3, 2003, pp. 1 – 11.

Israel D. N., Eugene and Shlomol L., "Towards a Theory of Country Image Effect on Product Evaluation", *Management International Review*, 1997, pp. 37 – 45.

Jacoby J. and J. C. Olsen, *Consumer Response to Price: An Attitudinal Information Processing Perspective, in Moving Ahead in Attitude Research*, Yoram Wind and Marshall Greenbery, eds Chicago, IL: American Marketing Association, 1977, pp. 73 – 86.

Jacoby J., J. C. Olsen and R. A. Harddock, "Price, Brand Name and Product Composition Characteristic as Determinants of Perceived Quality", *Journal Applied Psychology*, Vol. 56, No. 6, 1971, pp. 570 – 579.

Jaffe E. D. and Nebenzahl I. D., "Alternative Questionnaire Formats for Country Image Studies", *Journal of Marketing Research*, Vol. 21, 1984, pp. 463 – 471.

Jain K. and Srintvasan N., "An Empirical Assessment of Multiple Operationalizations of Involvement", *Advances in Consumer Research*, 1990, pp. 597 – 602.

James G. Maxham, Richard G. Netemeyer, "A Longitudinal Study of Complaining Customers' Evaluations of Multiple Service Failures and Recovery Efforts", *Journal of Marketing*, Vol. 66, No. 4, 2002, pp. 57 – 71.

James Mark Mayer, Athens, Piyush Kumar, Athens, "Asymmetric Consumer Responses to National Brand and Private Label Brand Scandals", *Consumer Research*, No. 3, 2008, pp. 31 – 35.

Janda S., Ray G. P., "The Effect of Country – of – Origin Related Stereotypes and Personal Beliefs on Product Evaluation", *Psychology & Marketing*, Vol. 14, No. 7, 1997, pp. 689 – 702.

Jill Klein, Niraj Dawar, "Corporate Social Responsibility and Consumers^Attributions and Brand Evaluations in a Product – harm Crisis", *International Journal of Research in Marketing*, Vol. 21, 2004, pp. 203 – 217.

Johansson J. K. and I. D. Nebenzahl, "Multination Production: Effect on Brand Value", *Journal of International Business Study*, Vol. 17, No. 3, 1986, pp. 101 – 126.

Johanssnn J. K., Douglas S. P., Nonaka L., "Assessing the Impact of Country of Origin on Product Evaluations: A New Methodological Perspective", *Journal of Marketing – Research*, Vol. 22, 1985, pp. 338 – 396.

John Knight and Hongzhi, "Country of Origin and Confidence in Quality of Imported Foods in China", *Marketing Management*, Vol. 13, No. 2, 2007, pp. 54 – 55.

Jonah Berger Alan T. Sorensen Scott J. Rasmussen, "Negative Publicity: When Negative is Positive", *Journal of Marketing Research*, No. 6, 2008, pp. 22 – 35.

Jorgensen Brian K., "Components of Consumer Reaction to Company – related Mishaps: A Structural Equation Model Approach", *Advances in Consumer Research*, Vol. 23, 1996, pp. 346 – 351.

Joyce T., "Techniques of Brand Image Measurement. New Developments in Research", London, Market Research Society, 1963, pp. 45 – 63.

Juric B. and Worsley A., "Consumers Attitudes towards Imported Food Products", *Food Quality and Preference*, No. 6, 1998, pp. 431 – 441.

Juster F. T., "Consumer Buying Intentions and Purchase Probability: An Experiment in Survey Design", *Journal of the American Statistical Association*, Vol. 61, 1966, pp. 658 – 696.

Kaplan Kalman J., "On the Ambivalence – Indifference Problem in Attitude Theory and Measurement: A Suggested Modification of the Semantic Differential Technique", *Psychological Bulletin*, Vol. 77, No. 5, 1972, pp. 361 – 372.

Kardes F., Fennis B., Zakary H. and Bullington B., "The Need for Cognitive Closure in the Effectiveness of the Disrupt – then – reframe in Influence Technique", *Journal of Consumer Research*, Vol. 34, No. 3, 2007, pp. 377 – 385.

Karunaratna A., R. and Quester P. G., "Influence of Cognition on Product Component Country of Origin Evaluation", *Asia Pacific Journal of Marketing and Logistics*, *Vol. 19*, *No. 4*, *2007*, *pp. 349 – 362*.

Keller K. L. and LehmannD. R., "Brands and Branding: Research Finding and Future Priorities", *Marketing Science*, Vol. 25, No. 6, 2006, pp. 740 – 761.

Keller, Kevin Lane, "Conceptualizing, Measuring, and Managing Customer – Based Brand Equity", *Journal of Marketing*, Vol. 57, No. 1, 1993, pp. 1 – 23.

Kelly H. H., "The Process of Causal Attribution", *American Psychologist*, Vol. 28, 1973, pp. 107 – 128.

Kelly H. H., Michela J. L., "Attribution Theory and Research", *Annual Review of Psychology*, Vol. 31, 1980, pp. 457 – 501.

Kim P. H., Ferrin D. L., Cooper C. D., Dirks K. T., "Re – moving the Shadow of Suspicion: The Effects of Apology Versus Denial for Repairing Competence – versus Integrity – based Trust Violations", *Journal of Applied Psychology*, Vol. 89, No. 1, 2004, pp. 104 – 118.

Klein Jill Gabrielle, Richard Ettenson, Marlene D. Mortis, "The Animosity Model of Foreign Product Purchase: An Empirical Test in the' People's Republic of China", *Journal of Marketing*, Vol. 62, No. 1, 1998, pp. 89 – 100.

Kline R. B., *Principles and Practice of Structural Equation Modeling*, New York: The Guiford Press, 1998.

Kotler P. and Gerner D., "Country as Brand, Product, and Beyond: A Place Marketing and Brand Management Perspective", *Brand Management*, Vol. 9, No. 4 – 5, 2002, pp. 249 – 261.

Kotler P., S. H. Ang S. M. Leong and C. T. Tan., *Marketing Management: An Asian Perspective*, 2nd ed. Prentice Hall, 1999.

Krishnan H. S., "Characteristics of Memory Association: A Consumer – Based Brand Equity Perspective", *International Journal of Research in Marketing*, Vol. 13, 1996, pp. 389 – 405.

Kumar, Nirmalya and Jan – Benedict Steenkamp, "Private Label Strategy: How to Meet the Store Brand Challenge", Harvard Business School Press, 2007.

Kunda Ziva, "The Case for Motivated Reasoning", *Psychological Bulletin*, Vol. 108, No. 11, 1990, pp. 480 – 498.

Kvale S., *Interviews: An Introduction to Qualitative Research Interviewing*, Sage

Publications, Thousand Oaks, CA, 1996.

Lambert D. R. , "Price as a Quality Cue in Industrial Buying", *Academy of Marketing Science*, Vol. 9, No. 3, 1981, pp. 227 – 239.

Lantz G. and Loeb S. , "Country – of – Origin and Ethnocentrism: An Analysis of Canadian and American Perferences Using Social Identity Theory", *Advance in Consumer Research*, Vol. 20, 1996, pp. 684 – 689.

Laroche M. , Papadopoulos N. , Heslop L. and Mourali M. , "The Influence of Country Image Structure on Consumer Evaluations of Foreign Products", *International Marketing Review*, Vol. 22, No. 1, 2005, pp. 96 – 115.

Lastovicka J. L. and D. M. Gardner, "Low Involvement Versus High Involvement Cognitive Structures", *Advances in Consumer Research*, Vol. 5, 1978, pp. 87 – 92.

Lastovicka John L. and David M. Gardner, *Component of Involvement*, in *Attitude Research Plays for High Stakes*, J. L. Maloney and B. Silverman, eds. Chicago: American Marketing Association, 1978, pp. 53 – 73.

Laufer Daniel and Timothy Coombs, "How Should a Company Respond to a Product Harm Crisis? The Role of Corporate Reputation and Consumer – based Cues Business Horizons", Vol. 49, No. 5, 2006, pp. 379 – 385.

Laufer Daniel, David H. Silvera and Tracy Meyer, "Exploring Difference Between Older and Younger Consumers in Attributions of Blame for Product Harm Crisis", *Academy of Marketing Science Review*, Vol. 10, No. 7, 2005, pp. 1 – 24.

Laurent G. and J. N. Kapferer, "Measuring Consumer Involvement Profiles", *Journal of Marketing Research*, Vol. 12, No. 2, 1985, pp. 41 – 53.

Leclerc F. , Schmitt B. , Dube L. , "Foreign Branding and Its Effects on Product Perceptions and Attitudes", *Journal of Marketing Research*, Vol. 31, No. 2, 1994, pp. 263 – 270.

Lee A. Y. and A. A. Labroo, "The Effect of Conceptual and Perceptual Fluency on Brand Evaluation", *Journal of Marketing Research*, Vol. 41, No. 2, 2004, pp. 151 – 165.

Lee B. K. , "Hong Kong Consumers' Evaluation in an Airline Crash: A Path Model Analysis", *Journal of Marketing Research*, Vol. 37, No. 3, 2003, pp. 31 – 41.

Lee C. W. , Y. Suh and B. J. Moon, "Product – Country Image: The Roles of Country – of – Original and Country – of – Target in Consumers Prototype Product Evaluations", *Journal of International Consumer Marketing*, Vol. 13, No. 3, 2001, pp. 47 – 62.

Lee D. and Gopala Ganesh, "Effects of Partitoned Country Image in the Context of Brand Image and Familiarity: A Categorization Theory Perspective", *International Marketing Review*, Vol. 16, No. 1, 1999, pp. 18 – 39.

Lee M. S. and B. Mittal, "A Casual Model of Consumer Involvement", *Journal of Economic and Psychology*, No. 10, 1989, pp. 363 – 389.

Lee M. S. W. , Fernandez K. V. and Hyman M. R. "Ant – consumption: An Overview and Research Agenda", *Journal of Business Research*, No. 1, 2008, pp. 45 – 56.

Lei Jing, Niraj Dawar and Jos Lemmink, "The Impact of Information Characteristics on Negative Spillover Effects in Brand Portfolios", *Advances in Consumer Research*, No. 33, 2006, pp. 324 – 325.

Lei Jing, Niraj Dawar and Jos Lemmink, "Negative Spillover in Brand Portfolios: Exploring the Antecedents of Asymmetric Effects", *Journal of Marketing*, Vol. 72, No. 5, 2008, pp. 111 – 123.

Le Vine R. A and D. T. Campbell, *Ethnocentrism: Theories of Conflict*, Ethic Attitudes and Group Behavior, John Wiley, New York, NY, 1974.

Lewicki R. J. , Bunker B. B. , *Developing and Maintaining Trust in Work Relationships* // Kramer RM, Tylers T. R. Trust in Organizations: Frontiers of Theory and Research. CA: Sage, 1996, pp. 114 – 139.

Li Z. G. , L. W. Murray and D. Scott, "Global Sourcing, Multiple Country of Original Factor, and Country Reactions", *Journal of Business Research*, Vol. 47, No. 2, 2000, pp. 121 – 131.

Lianxi Zhou, Zhiyong Yang and Michael K. Hui. "Non – local or Local Brands? A Multi – level Investigation into Confidence in Brand Origin Identification and Its Strategic Implications", *Journal of the Academy Marketing Science*, No. 38, 2010, pp. 202 – 218.

Liefeld J. , "Consumer Knowledge and Use of COO Information at the Point of Purchase", *Journal of Consumer Behaviour*, Vol. 4, No. 2, 2005, pp. 85 – 96.

Lindia G. K. and H. Patricia, "Ethnocentrism of Polish and Russian Consumers: Are feelings and Intentions Related?", *International Marketing Review*, Vol. 12, No. 5, 1995, pp. 35 – 49.

Liu Yong, "Word – of – Mouth for Movies: Its Dynamics and Impact on Box Office Revenue", *Journal of Marketing*, Vol. 70, No. 3, 2006, pp. 74 – 89.

Lutz Nancy A., "Warranties as Signals under Consumer Moral Hazard Rand", *Journal of Economics*, No. 20, 1989, pp. 239 – 255.

Mahajan Vijay, Eitan Muller and Roger A. Kerin, "Introduction Strategy for New Products with Positive and Negative Word – of – Mouth?", *Management Science*, Vol. 30, No. 12, 1984, pp. 1389 – 1404.

Maheswaran Durairaj and Joan Meyers – Levy, "The Influence of Message Framing and Issue Involvement", *Journal of Marketing Research*, Vol. 27, No. 8, 1990, pp. 361 – 367.

Maheswzrran D., "Geuntry of Origin as a Stereotype: Effects of Consumer Expertise and Attribute Strength on Product Evaluations", *Journal of Consumer Research*, No. 21, 1994, pp. 354 – 365.

Marconi Joe, *Crisis Marketing: When Bad Things Happen to Good Companies*, Chicago: American Marketing Association, 1997.

Morgan Robert M. and Shelby D. Hunt, "A Commitment – Trust Theory of Relationship Marketing", *Journal of Marketing*, Vol. 58, No. 7, 1994, pp. 20 – 38.

Markus Hazel and Wurf E. "The Dynamic Self Concept: A Social Psychological Perspective", *Annual Review of Psychology*, No. 38, 1987, pp. 299 – 333.

Markus Hazel and Ziva Kunda, "Stability and Malleability of the Self – Concept", *Journal of Personality and Social Psychology*, No. 51, 1986, pp. 858 – 866.

Martin I. M. and Eroglu S., "Measuring a Multi – Dimensional Construct: Country Image", *Journal of Business Research*, No. 28, 1993, pp. 191 – 210.

Mattila Anna, "The Impact of Service Failures on Customer Loyalty", *International Journal of Service Industry Management*, Vol. 15, No. 2, 2004, pp. 134 – 146.

Maxwell Winchester and Jennifer Romaniuk, "Do Negative Brand Image Attributes Display Evaluative and Descriptive Patterns?", *Journal of Business Research*, No. 28, pp. 191 – 210.

Maynes E. Scott, "The Concept and Measurement of Product Quality", *Household Production and Consumption*, Vol. 40, No. 5, 1976, pp. 529 – 559.

Mcconnell J. D. , "An Experimental Examination of the Price – Quality Relationship", *The Journal of Business*, Vol. 41, No. 10, 1968, pp. 439 – 444.

McCullough M. E. , Worthington E. L. , Rachal K. C. , "Interpersonal Forgiving in Close Relationships", *Journal of Communication* , Vol. 73, No. 2, 2005, pp. 321 – 336.

McLain S. and B. Stemquist, "Ethnocentric Consumers: Do They Buy American", *Journal of International Consumer Marketing*, Vol. 4, No. 1, 1991, pp. 39 – 57.

Menon G. , Jewell R. D. , Unnava H. R, "When a Company Does Not Respond to Negative Publicity: Cognitive Elaboration vs. Negative Affect Perspective", *Advances in Consumer Research*, *Provo*, UT: Association for Consumer Research, Vol. 26, No. 1, 1999, pp. 325 – 329.

Mihalyi L. , "Ethnocentrism vs. Nationalism: Origin and Fundamental Aspects if a Major Problem for the Future, Humboldt", *Journal of Social Relations*, Vol. 12, No. 1, 1984, pp. 95 – 113.

Millar Murray G. and Karen U. Millar, "Attitude Change as a Function of Attitude Type and Argument Type", *Journal of Personality and Social Psychology*, Vol. 59, No. 8, 1990, pp. 217 – 228.

Mischel W. , Shoda Y. , *Integrating Dispositions and Processing Dynamics within a Unified Theory of Personality: The Cognitive Affective Personality System* (*CAPS*) // Pervin L. A. , John O. P. Handbook of Personality: Theory and Research. Guilford, New York, 1999, pp. 197 – 218.

Mitroff I. , "Crisis Management: Cutting through the Confusion", *Sloan Management Review*, Vol. 7, No. 1, 1988, pp. 15 – 20.

Miyazaki A. D. , Grewal D. and Goodstein R. C. , "The Effect of Multiple Extrinsic Cues on Quality Perceptions: A Matter of Consistency", *Journal of Consumer Research*, Vol. 32, No. 1, 2005, pp. 146 – 153.

Mizerski R. W. , "An Attribution Explanation of the Disproportionate Influence of Unfavorable Information", *Journal of Consumer Research*, No. 9, 1982, pp. 301 – 310.

Monroe Kent B. and R. Krishnan, *The Effect of Price on Subjective Product Evaluation*, *In Perceived Quality: How Consumers View Stores and Merchandise*. Eds. Jacob and Jerry C. Olson. Lexington. MA: Lexington Books: 1990, pp. 209 – 232.

Murphy Gregory L. and Douglas Medin, "The Role of Theories in Conceptual Coherence", *Psychological Review*, Vol. 92, No. 7, 1985, pp. 289 – 316.

Murray E. , Shohen S. , "Lessons from the Tylenol Tragedy on Surviving a Corporate Crisis", *Medical Marketing & Media*, No. 27, 1992, pp. 14 – 19.

Nagashima A. , "A Comparison of Japanese and U. S Attitudes toward Foreign Products", *Journal of Marketing*, No. 34, 1970, pp. 68 – 74.

Nagashima A. , "A Comparison Made – In Product Image Survey among Japanese Business", *Journal of Marketing*, No. 41, 1977, pp. 95 – 100.

Narayana C. L. , "Aggregate Images of American and Japanese Products: Implications on International Marketing, Columbia", *Journal of World Business*, No. 16, 1981, pp. 31 – 35.

Niraj Dawar, Madan M. Pillutla, "Impact of Product – harm Crisis on Brand Equity: the Moderating Role of Consumer Expectations", *Journal of Marketing Research*, No. 5, 2000, pp. 215 – 226.

Norton Michael, Jeana Frost and Dan Ariely, "Less is Mre: The Lure of Ambiguity, or Why Familiarity Breeds Contempt", *Journal of Personality and Social Psychology*, Vol. 92, No. 1, 2007, pp. 97 – 105.

Oconnell Vanessa, Ripe for Change, "Wine Sales Thrive as Old Barriers Start to Crumble", *The Wall Street* , 2006, p. 25

Olsavsky R. W. , *Perceived Quality in Consumer Decision Making: An Integrated Theoretical Perspective in Perceived Quality*, Jacoby, J. Olson, eds. Lexington, MA: Lexington Books, 1985, pp. 3 – 29.

Olson J. C. , and Jacoby J. , "Intrinsic Versus Extrinsic Cues as Determinants of Perceived Product Quality", *Journal of Applied Psychology*, Vol. 59, No. 1, 1974, p. 74.

Olson J. C. and Jacob J. *Cue Utilization in the Quality Perception Process*, in *Proceedings of the Third Annual Conference of the Association for Consumer Research*, Venkatesan M. , College Park, MD: Association for Consumer Research, 1972, pp. 167 – 179.

Olson J. C. , *Price as an Informational Cue: Effects in Product Evaluation*, in *Consumer and Industrial Buying Behavior*, Woodside, A. G. , Sheth J. N. and Bennet eds. New York: North Holland Publishing Company 1977, pp. 267 – 286.

Osgood C. E. , Suci G. J. and Thompson, P. H. *The Measurement of Meaning*, Institute of Communications Research, University of Illinois, 1957.

Papadopoulos N. and Heslop L. A. , *Product – Country Images: Impact and Role in International Marketing*, NY: International Business Press, 1993, pp. 3 – 38.

Parameswaran R. and Yaprak A. , "A Cross – national Comparison of Consumer Research Measures", *Journal of International Business Studies*, Vol. 18, No. 1, 1987, pp. 35 – 49.

Park C. Whan, Bernard J. Jaworski and Deborah J. Mclnnis, "Strategic Brand Concept – Image Management", *Journal of Marketing*, No. 50, 1986, pp. 135 – 145.

Park C. W. , Milberg Sandra and Robert Lawson, "Evaluation of Brand Extensions: The Role of Product Feature Similarity and Brand Concept Consistency", *Journal of Consumer Research*, No. 18, 1991, pp. 185 – 193.

Pauwels Koen and Shuba Srinivasan, "Who Benefits From Store Brand Entry?", *Marketing Science*, Vol. 23, No. 3, 2004, pp. 364 – 390.

Pearson Christine M. and Ian I. Mitroff, "From Crisis Prone to Crisis Prepared: A Framework for Crisis Management", *Academy of Management Executive*, Vol. 1, No. 1, 1993, pp. 48 – 59.

Perdue B. C. , Summers J. O. , "Checking the Success of Manipulations in Marketing Experiments", *Journal of Marketing Research*, Chicago Illinois, USA, Vol. 23, No. 4, 1986, pp. 317 – 326.

Peterson R. A. and Jolibert A. J. P. , "A Meta – Analysis of Country – of – Original Effects", *Journal of International Business Studies*, Vol. 26, No. 4, 1995, pp. 883 – 900.

Peterson R. A. and Jolibert A. J. P. , "A Cross – National Investigation of Price and Brand as Determinants of Perceived Product Quality", *Journal of Applied*

Psychology, Vol. 61, No. 4, 1976, pp. 533 – 536.

Petty R. E. , Cacioppo J. T. , *Attitudes and Persuasion: Classic and Contemporary Approaches*. 1th ed. Dubuque, Iowa, WCB, 1981, p. 314.

Petty Richard E. and Duane T. Wegener, "Matching Versus Mismatching Attitude Functions: Implications for Scrutiny of Persuasive Messages?", *Personality and Social Psychology Bullet*, Vol. 24, No. 3, 1998, pp. 227 – 240.

Petty Richard E. and John T. Cacioppo, "Issue Involvement Can Increase or Decrease Involvement by Enhancing Message – Relevant Cognitive Responses", *Journal of Personality and Social Psychology*, Vol. 37, No. 10, 1979, pp. 1915 – 1926.

Pham Michel Tuan and A. V. Muthukrishnan, "Search and Alignment in Judgment Revision: Implications for Brand Positioning", *Journal of Marketing Research*, Vol. 39, No. 2, 2002, pp. 18 – 30.

Phau I. and Prendergast G. , "Conceptualizing the Country of Origin of Brand", *Journal of Marketing Communications*, Vol. 6, No. 3, 2000, pp. 159 – 170.

Poiesz T. B. C. , Cees J. P. M, De Bont, "Do We Need Involvement to Understand Consumer Behavior? ", *Advances in Consumer Research*, Provo, UT, *Association for Consumer Research*, Vol. 22, No. 1, 1995, pp. 448 – 452.

Polonsky M. J. , Carlson L. and Fry M. , "The Harm Chain: A Public Policy Development and Stakeholder Perspective", *Marketing Theory*, No. 3, 2003, pp. 345 – 364.

Pomerantz, Eva M. , Shelly Chaiken and Rosalind S. Tordesillas, "Attitude Strength and Resistance Process?", *Journal of Personality and Social Psychology*, Vol. 69, No. 9, 1995, pp. 408 – 419.

Jonah Berger Alan T. and Sorensen Scott J. Rasmussen, "Positive Effects of Negative Publicity: Can Negative Reviews Increase Sales?", *Marketing Science*, 2008.

Priest G. L. , "A Theory of the Consumer Product Warranty", *The Yale Law Journal*, No. 90, 1981, pp. 1297 – 1352.

Pullig C. , Netemeyer R. G. and Biswas A. , "Attitude Basis, Certainty and Challenge Alignment: A Case of Negative Brand Publicity", *Academy of Marketing Science*, Vol. 34, No. 4, 2006, pp. 528 – 543.

Raghubir P. and Corfman K. , "When Do Price Promotions Affect Pretrial Brand Evaluations?", *Journal of Marketing Research*, Vol. 36, No. 2, 1999, pp. 211 – 223.

Raju, Jagmohan S. , Rej Sethuraman and Sanjay K. Dhar, "The Introduction and Performance of Store Brands", *Management Science*, Vol. 41, No. 6, 1995, pp. 957 – 978.

Raju S. , and Rao Unnava, "The Role of Arousal in Commitment: An Explanation for the Number of Counterarguments", *Journal of Consumer Research*, Vol. 33, No. 9, 2006, pp. 173 – 178.

Rane T. R. and McBride Brent A. , "Identity Theory as a Guide to Understanding Fathers Involvement with Their Children", *Journal of Family Issues*, No. 21, 2000, pp. 347 – 366.

Rao A. R. and Monroe K. B. , "The Modernizing Effect of Prior Knowledge on Cue Utilization in Product Evaluations", *Journal of Consumer Research*, Vol. 15, No. 9, 1988, pp. 253 – 264.

Reidenbach R. E. , Festervand T. A. and Macwilliam M. , "Effective Corporate Response to Negative Publicity", *Business*, Vol. 37, No. 4, 1987, pp. 9 – 17.

Reinstein David A. and Christopher M. Snyder, "The Influence of Expert Reviews on Consumer Demand for Experience Goods: A Case Study of Movie Critics", *Journal of Industrial Economics*, Vol. 53, No. 1, 2005, pp. 27 – 51.

Rempel J. K. , Holmes J. G. and Zanna M. P. , "Trust in Close Relationships", *Journal of Personality and Social Psychology*, Vol. 49, No. 1, 1985, pp. 95 – 112.

Rhee Mooweon and Pamela R Haunschild, "The Liability of Good Reputation: A Study of Product Recalls in the US Automobile Industry", *Organization Science*, Vol. 17, No. 1, 2006, pp. 101 – 117.

Richey Marjorie H. , Lucille McClelland and Algimantas M. Shimkunas, "Relative Influence of Positive and Negative Information in Impression Formation and Persistence", *Journal of Personality and Social Psychology*, Vol. 63, No. 3, 1967, pp. 322 – 327.

Robert F. M. , "Dating Partners' Responses to Simulated Dating Conflict: Violence Chronicity, Expectations, and Emotional Quality of Relationship", *Ge-*

netic, Social, and General Psychology Monographs, No. 130, 2004, pp. 163 – 188.

Roehm Michelle and Alice Tybout, "When Will a Brand Scandal Spill Over, and How Should Competitors Respond", *Journal of Marketing Research*, No. 43, 2006, pp. 366 – 373.

Roehm Michelle and Michael Brady, "Consumer Response to Performance Failures by High – equity Brands", *Journal of Consumer Research*, Vol. 34, No. 12, 2007, pp. 537 – 545.

Rogosa David, *Myths, About Longitudinal Research in Methodological Issues in Aging Research*, K. W. Schaie, et al. , cds. New York: Springer, 1988.

Romaniuk J. and B. Sharp, *Negative Perceptions and Their Relationship with Customer Probabilty of Switching*, 1999.

Romaniuk J. and B. Sharp, "Using Known Patterns in Image Data to Determine Brand Positioning", *International, Journal of Market Research*, Vol. 42, No. 2, 2000, p. 219.

Roper S. and Parker C. , "How and Where the Mighty Have Fallen: Branded Litter", *Journal of Marketing Management*, No. 22, 2006, pp. 473 – 487.

Roper S. and Parker C. *The Influence of Situational Context on Consumers Brand Evaluations: The Valence of the Litter Context*, Proceedings of the Anzamac Conference, Dunnedin, December, 2007.

Roselius and Ted, "Consumer Rankings of Risk Reductions Methods", *Journal of Marketing* , Vol. 35, No. 1, 1971, pp. 56 – 61.

Roth M. S. and Romeo J. B. , "Matching Product Category and Country Image Perceptions: A Framework for Managing Country – of – Origin Effects", *Journal of International Business Studies*, Vol. 23, No. 3, 1992, pp. 477 – 497.

Rushton J. P. , "Genetic Similarity, Human Altruism, and Group Selection", *Behavioral and Brain Sciences*, No. 12, 1989, pp. 503 – 559.

Samiee S. , "Consumer Evaluation of Product in a Global Market", *Journal of International Business Studies*, Vol. 25, No. 3, 1994, pp. 579 – 604.

Schiffman L. G. and Kanuk L. L. *Consumer Behavior*, 2nd ed. , New Jersey Prentice – Hall, 1991, p. 4.

Schooler R. D. and Widt A. R. , "Elasticity of Product Bias", *Journal of Market-*

经济》2006年第24卷第7期，第61－63页。

金铺准、李东进、朴世桓：《原产国效应与原产地效应的实证研究——中韩比较》，《南开管理评论》2006年第9卷第2期，第44－51页。

金玉芳：《消费者品牌信任研究》，大连理工大学博士学位论文，2005年。

李东进、安钟石、周荣海、吴波：《基于Fishbein合理行为模型的国家形象对中国消费者购买意向影响研究——以美、德、日、韩四国国家形象为例》，《南开管理评论》2008年第11卷第5期，第40－49页。

李东进、董俊青、周荣海：《地区形象与消费者产品评价关系研究——以上海和郑州为例》，《南开管理评论》2007年第10卷第2期，第60－68页。

李东进、武瑞娟、魏善斌：《地区形象对消费者购买意向影响研究——以天津和上海为例》，《管理评论》2010年第22卷第7期，第67－75页。

李东进、周荣海、安钟石：《原产国和消费者民族中心主义对组织购买者产品评价的影响》，《中大管理研究》2007年第2卷第3期，第1－22页。

李国峰、邹鹏、陈涛：《产品伤害危机管理对品牌声誉与品牌忠诚关系的影响研究》，《中国软科学》2008年第1期，第110－115页。

李怀祖：《管理研究方法论》（第2版），西安交通大学出版社2004年版。

李石奎、李瑛华：《关于多元产地影响消费者产品态度的研究》，《韩国消费者学会冬季学术发表论文集》2002年9月，第65－101页。

李四化：《服务补救与顾客后续行为意向关系研究》，清华大学博士学位论文，2009年。

李蔚：《CS管理》，中国经济出版社1998年版。

李蔚：《营销安全》，天地出版社2006年版。

林雅军、吴雄、南剑飞：《休眠品牌的品牌关系再续意愿影响因素》，《统计与决策》2010年第5期，第172－175页。

黎小林，王海忠：《品牌国籍识别及其对企业和国家的战略启示》，《财经问题研究》2010年第6期，第93－99页。

刘世雄：《送礼送什么？——自我概念、礼品形象一致性对消费者礼品购买意愿之影响研究》，《2009JMS中国营销科学学术年会暨博士生论坛论文集（上册）》，第513－530页。

卢泰宏、周志民：《基于品牌关系的品牌理论：研究模型及展望》，《商业经济与管理》2003年第2期，第31－36页。

卢纹岱：《SPSS for Windows统计分析》（第2版），电子工业出版社2002

年版。

罗子明：《消费者心理学》（第2版），清华大学出版社2002年版。

吕巍、李玉峰：《移动通讯业客户流失预警及挽留模型构建》，《移动通信》2009年第1期，第79－82页。

马宝龙、李飞、王高、冉伦：《产品伤害危机对品牌绩效指标的影响研究》，《预测》2010年第4期，第9－16页。

南剑飞：《我国石油机械制造企业顾客满意度研究》，西南石油大学硕士学位论文，2003年。

南剑飞、熊志坚、张鹏、赵丽丽：《全面质量管理TQM与顾客完全满意TCS融合的必要性与可行性》，《世界标准化与质量管理》2002年第11期，第26－28页。

南剑飞、熊志坚、赵丽丽：《服务质量差距分析与对策研究》，《世界标准化与质量管理》2002年第9期，第8－11页。

南剑飞、熊志坚：《论顾客满意度评价体系的构建》，《世界标准化与质量管理》2002年第6期，第23－25页。

南剑飞、熊志坚：《潜在顾客与现实顾客比较分析》，《西安石油学院学报》（社会科学版）2002年第1期，第14－18页。

南剑飞、赵丽丽：《顾客流失诊断分析与对策》，《经济管理》2002年第11期，第68－70页。

南剑飞、熊志坚、张鹏、赵丽丽：《试论顾客满意度的内涵、特征、功能及度量》，《世界标准化与质量管理》2003年第9期，第11－14页。

南剑飞、陈武、赵丽丽、熊志坚：《员工满意度模型研究》，《世界标准化与质量管理》2004年第2期，第17－20页。

南剑飞、李蔚：《顾客的内涵及分类研究》，《现代管理科学》2008年第5期，第106－110页。

南剑飞、熊志坚：《员工满意度指数ESI测评模型研究》，《中国企业运筹学年会论文集》，2005年，第95－98页。

南剑飞、赵丽丽、张鹏、董亚妮：《油气安全监督企业用户满意度测评研究》，《上海管理科学》2008年第6期，第29－32页。

南剑飞：《顾客满意度CSD实施体系研究》，《现代管理科学》2008年第3期，第31－33页。

南剑飞：《石油机械制造企业用户满意度实施特点及策略》，《中国石油石化装备技术发展学术交流年会论文集》，《石油机械》（增刊）2005 年第 33 卷，第 209－211 页。

南剑飞、王增国、张东生：《试论 TQM、HSE 与 TCS 的融合》，《天然气工业》2005 年第 25 卷第 2 期，第 190－193 页。

南剑飞：《品牌原产地虚假背景下的顾客购买意愿受损及修复策略研究》，四川大学博士学位论文，2011 年。

南剑飞：《品牌原产地虚假形成机理研究》，《上海综合经济》2014 年第 6 期，第 30－35 页。

刘世明、南剑飞：《严重自然灾难地景区游客流失原因因子分析》，《海南大学学报》（人文社科版）2010 年第 2 期，第 89－94 页。

林雅军、南剑飞等：《休眠品牌的品牌关系再续意愿影响因素的量表开发及测度检验》，《统计与决策》2010 年第 5 期，第 172－175 页。

牛群：《服务失误情境下的服务补救和顾客赢回策略》，《企业活力》2009 年第 1 期，第 20－22 页。

牛永革、赵平：《品牌主题语回想研究探析》，《外国经济与管理》2009 年第 31 卷第 8 期，第 36－45 页。

牛永革：《地理品牌特征及其形象的关联因素研究》，四川大学博士学位论文，2007 年。

牛永革、李蔚：《营销伦理对品牌重生影响的实证研究》，《南开管理评论》2006 年第 5 期，第 36－43 页。

邱睿：《来源国形象及品牌形象对消费者购买行为之影响》，中南大学硕士学位论文，2005 年。

冉伦、李金林、马宝龙：《基于收入管理的 CRM 策略优化研究》，《数学实践与认识》2007 年第 37 卷第 2 期，第 37－44 页。

寿志钢、甘碧群：《企业营销道德的测评维度及其在道德总体感知中的作用》，《南开管理评论》2008 年第 3 期，第 80－88 页。

宋亦平、王晓艳：《服务失误归因对服务补救效果的影响》，《南开管理评论》2005 年第 8 卷第 4 期，第 12－17 页。

宋永高、水常青：《国内消费者对本国品牌的态度及其改变的可能性研究》，《南开管理评论》2004 年第 2 期。

唐小飞、郑杰、孙洪杰：《消费者品牌信任瓦解与重塑对策研究》，《预测》2010 年第 6 期，第 8－12 页。

唐小飞、周庭锐、贾建民：《CRM 赢回策略对消费者购买行为影响的实证研究》，《南开管理评论》2009 年第 12 卷第 1 期，第 57 – 63 页。

田阳、王海忠、陈增祥：《公司形象对消费者信任和购买意向的影响机制》，《商业经济与管理》2009 年第 6 期，第 65 – 72 页。

田玲：《大型超市虚假促销对消费情感与购买意愿的影响研究》，四川大学硕士学位论文，2007 年。

田圣炳、陈启杰：《国际化经营中的原产地形象研究综述》，《外国经济与管理》2004 年第 8 期。

田圣炳：《原产地营销》，学林出版社 2008 年版。

涂平：《营销研究方法与应用》（第 3 版），北京大学出版社 2008 年版。

王海忠：《国际市场产品来源地形象及其规避策略》，《中国工业经济》2002 年第 5 期，第 91 – 96 页。

王海忠：《消费者民族中心主义的中国本土化研究》，《南开管理评论》2003 年第 4 期，第 31 – 36 页。

王海忠、陈增祥：《中国品牌国际新定位研究》，《中山大学学报》（社会科学版）2010 年第 3 期，第 75 – 83 页。

王海忠、赵平：《品牌原产地效应及其市场策略建议———基于欧、美、日、中四地品牌形象调查分析》，《中国工业经济》2004 年第 1 期，第 78 – 86 页。

王海忠、于春玲、赵平：《消费者民族中心主义的两面性及其市场战略意义》，《管理世界》2005 年第 2 期，第 96 – 107 页。

王海忠、赵平：《公司品牌形象对经销商关系导向的影响机制》，《中国工业经济》2008 年第 3 期，第 93 – 100 页。

王晓玉、晁钢令：《企业营销负面曝光事件研究述评》，《外国经济与管理》2009 年第 2 期，第 33 页。

王晓玉：《负面营销事件中品牌资产的作用研究综述》，《外国经济与管理》2010 年第 2 期，第 45 页。

王晓玉、吴纪元、晁钢令：《产品伤害危机及其处理过程对消费者考虑集的影响》，《管理世界》2006 年第 5 期，第 87 – 95 页。

王新波：《企业营销伦理对顾客认同的影响研究》，吉林大学硕士学位论文，2009 年。

吴春岐：《地理标志及原产地名称等相关概念的探究》，《山东大学学报》

（哲学社会科学版）2003 年第 4 期，第 94 - 97 页。

吴坚、符国群：《原产地形象——一个国际市场上影响消费者选择的重要因素》，《商业研究》2000 年第 1 期，第 78 - 80 页。

吴坚、符国群：《品牌来源国和产品制造国对消费者购买行为的影响》，《管理学报》2007 年第 9 期，第 593 - 601 页。

吴永龙、卢泰宏：《公司品牌与产品品牌对购买意向影响的实证研究》，《管理学报》2009 年第 1 期，第 116 页。

夏瑞霞：《企业信誉危机管理研究》，同济大学博士学位论文，2007 年。

谢凤华：《消费者信任前因、维度和结果的研究》，浙江大学博士学位论文，2006 年。

熊英：《服务补救管理研究》，武汉理工大学博士学位论文，2007 年。

徐鸿：《企业信誉研究》，西北大学博士学位论文，2002 年。

徐伟青：《基于感知转回价值的流失顾客赢回机制研究》，浙江大学博士学位论文，2008 年。

许基南：《原产地形象、企业品牌与营销策略》，《当代经济》2004 年第 4 期，第 42 - 44 页。

阎海峰、关涛、杜伟宇：《管理学研究方法》，华东理工大学出版社 2008 年版。

袁登华、罗嗣明、李游：《品牌信任结构及其测量研究》，《心理学探析》2007 年第 3 期，第 83 - 86 页。

曾旺明、李蔚、南剑飞：《基于消费者视角的耐用消费品品牌个性高级性纬度形成机制研究》，《JMS 年会论文集》，2006 年 10 月，第 152 - 160 页。

张雁白、梁馨月、赵金峰：《从"欧典事件"谈企业品牌诚信机制的构建》，《企业管理》2006 年第 10 期，第 52 - 53 页。

张正林、庄贵军：《基于时间继起的消费者信任修复研究》，《管理科学》2010 年第 4 期，第 52 - 59 页。

赵平：《用户满意理念的微观解释》，《中国质量》1997 年第 2 期，第 10 - 12 页。

赵平、莫亚琳：《实施用户满意经营的理念与方法》，《中国质量》2001 年第 8 期，第 42 - 45 页。

赵平、卢耀祖：《科研选题的基本思想》，《科研管理》1998 年第 19 卷第 5

期，第 67 - 72 页。

赵平、谢赞、杜晖：《关于构建中国用户满意度指数体系若干问题的探讨》，《中国质量》1998 年第 3 期，第 21 - 24 页。

国家质检总局质量管理司、清华大学中国企业研究中心编：《中国顾客满意指数指南》，中国标准出版社 2003 年版。

中国质量协会、中国消费者协会、清华大学中国企业研究中心：《2003 年中国用户满意度手册》，中国标准出版社 2003 年版。

朱凌、陆雄文、褚荣伟：《消费者个人特征及民族中心主义对品牌原创地识别准确度的影响》，《营销科学学报》2006 年第 2 卷第 4 期，第 8 - 21 页。

庄贵军、周南、周连喜：《国货意识、品牌特性与消费者品牌认知与本土品牌偏好：一个跨行业产品的实证检验》，《管理世界》2006 年第 7 期，第 32 - 39 页。

庄贵军、周南、周连喜：《品牌原产地困惑对于消费者喜爱与购买本土品牌和境外品牌的影响》，《财贸经济》2007 年第 2 期，第 98 - 105 页。

报纸参考文献（按拼音排序）

鲍音瑛：《橱柜行家曝内幕　炮制洋名牌牟取暴利》，《信息时报》，2006 年 4 月 5 日。

蔡红亮：《柔婷诗婷设下美丽陷阱　工商维权化解消费纠纷》，《中国工商报》，2009 年 8 月 26 日。

曹娴：《国产货"变脸"标签来帮忙　戳穿"洋水果"标签上的阴谋》，《苏州日报》，2009 年 3 月 31 日。

曹晟源、王文嫣：《罗莱家纺旗下尚玛可被指假洋品牌》，《每日经济新闻》，2010 年 3 月 30 日。

陈锋、童光来：《欧典地板六年堂皇闯关秘笈　被疑涂改质检报告》，《华夏时报》，2006 年 3 月 24 日。

陈红霞：《价格乱"出身"难辨　洋水果不走俏》，《长江商报》，2010 年 4 月 13 日。

陈思存：《欧典地板被西安商场撤柜》，《华商报》，2006 年 3 月 22 日。

程行欢、叶冠勇、何燕敏：《法国品牌实是个体户　诗婷虚假宣传被罚 20 万》，《羊城晚报》，2009 年 8 月 18 日。

程行欢、叶冠勇、何燕敏：《诗婷柔婷虚假宣传，被罚 20 万》，《羊城晚报》，2009 年 8 月 18 日。

仇日红、彭丛林：《"泰国香米"广州造?》《广州日报》，2010 年 7 月 28 日。

王西：《新怡奶粉质量不合格　洋品牌"身份"涉嫌造假》，《新湘报》，2010 年 7 月 9 日。

戴川：《德国百年品牌被曝光　欧典地板惊动云南消费者》，《春城晚报》，2006 年 3 月 17 日。

单俊楠：《拔罐五分钟就治疗百病　诗婷美容院挺能忽悠人》，《半岛都市报》，2010 年 7 月 17 日。

邓小卫、芮潇潇：《美加州牛肉面大王涉嫌虚假宣传　被工商局调查》，《华商报》，2008 年 9 月 24 日。

窦红梅：《中消协首度承认失察欧典地板　其公信力受到损害》，《北京日报》，2006 年 4 月 14 日。

范旭光：《丸美化妆品制造商承认虚假宣传》，《新京报》，2008 年 9 月 9 日。

傅立新：《挂洋商标卖本地货　汕头小摊国产水果变"进口"》，《市场报》，2008 年 1 月 17 日。

革继胜：《丰台工商分局发处罚决定书　欧典接受七百万罚款》，《北京娱乐信报》，2006 年 4 月 15 日。

革继胜：《欧典向消费者道歉　承认德国负责人是冒牌货》，《北京娱乐信报》，2006 年 3 月 21 日。

郝涛：《加州牛肉面并非出自加州　被指涉嫌欺骗!》，《北京晨报》，2007 年 3 月 14 日。

何平：《欧典教训：不要盲目崇洋》，《光明日报》，2006 年 3 月 27 日。

黄宇霞：《欧典事件凸现诚信危机　市售外国地板 99% 中国造》，《南方日报》，2006 年 3 月 24 日。

贾晓东、范晓烨：《近期整治洋水果市场　"上妆"红毛丹销毁 1 吨》，《沈阳今报》，2006 年 2 月 17 日。

李静：《澳优：退货事件与食品安全无关》，《新京报》，2011 年 2 月 17 日。

李凌霞：《阿诗丹顿热水器号称源自美国　实为国产货》，《每日经济新闻》，2010 年 3 月 31 日。

李硕君：《欧典地板上海市场均已撤柜　欧典辩称是宣传失误》，《上海青年报》，2006 年 3 月 18 日。

李武：《央视曝光 6 个月之后　欧典首次开口道歉》，《新京报》，2006 年 9 月 18 日。

梁静、沈夏君：《丸美化妆品"日货背景"遭质疑》，《南宁晚报》，2008 年 9 月 10 日。

梁茜：《广州泰国香米多为中国造　中国分装的九成是假货》，《南方都市报》，2010 年 7 月 20 日。

廖爱玲：《北京部分建材市场停售　欧典地板公司称宣传失误》，《新京报》，2006 年 3 月 17 日。

廖爱玲：《北京工商首次对欧典事件表态　乱攀洋亲将受整治》，《新京报》，2006 年 4 月 21 日。

林晓丽：《国产服装国外注册　挂"假洋品牌"身价暴涨》，《广州日报》，2010 年 1 月 21 日。

蔺丽爽：《欧典事件殃及含有欧字地板销量》，《新闻晨报》，2006 年 3 月 23 日。

刘春香、卢曦：《日本有 N 家"丸美"　但无一家做化妆品》，《每日经济新闻》，2008 年 9 月 4 日。

刘连松：《欧典受罚 747 万　定罪广告违法》，《城市快报》，2006 年 4 月 17 日。

刘连松：《欧典总部要求央视予以澄清》，《城市快报》，2006 年 3 月 17 日。

刘宪银：《欧典地板被揭惊天黑幕　百年品牌乃是真实谎言》，《华夏时报》，2006 年 3 月 17 日。

卢傲、许晓妍：《欧典地板陷入双倍赔偿困局》，《武汉晨报》，2006 年 3 月 25 日。

卢曦：《乱披"洋"皮　丸美经销商再上被告席》，《每日经济新闻》，2008 年 9 月 3 日。

马国军：《欧典谎言戳穿了什么》，《济南日报》，2006 年 3 月 28 日。

马正拓：《柔婷美容院换名成诗婷　会员称分流后服务缩水》，《半岛都市报》，2009 年 8 月 22 日。

孟琳达：《水果贴上洋标签身价猛涨　工商局介入调查》，《半岛都市报》，2009 年 5 月 5 日。

孟敏、王金、郑晓彤：《"洋水果"身价下跌两三成》，《齐鲁晚报》，2011 年 3 月 4 日。

秋凌、刘文静：《石家庄诗婷还在用"法国造"忽悠人》，《燕赵晚报》，
2009 年 8 月 21 日。

沈迪、卢肖红：《工商调查结论："家美乐"穿法国马甲将受处罚》，《每日
经济新闻》，2008 年 6 月 12 日。

沈迪、卢肖红：《国产化妆品家美乐变身法国货　涉嫌虚假宣传》，《每日经
济新闻》，2008 年 6 月 11 日。

孙翔：《"柔婷"关店告示引顾客堵门》，《东方早报》，2006 年 10 月 19 日。

王秋实：《欧典木业被罚款 20 万元》，《京华时报》，2006 年 4 月 21 日。

王晓鸥：《欧典地板夸大宣传曝光半年后　欧典总裁公开道歉》，《北京娱乐
信报》，2006 年 9 月 18 日。

魏贵玉：《诗婷美容院关门走人　消费者两千预付金打水漂》，《济南时报》，
2009 年 8 月 10 日。

魏也：《欧典欺诈挑战法律威严》，《上海证券报》，2006 年 3 月 22 日。

吴文坤、王佳弈：《兰缪内衣：中国人操盘的日本小众品牌》，《每日经济新
闻》，2010 年 3 月 31 日。

武岩生：《欧典地板河北引发撤柜潮　在业内早有不良传闻》，《燕赵都市
报》，2006 年 3 月 17 日。

谢功梅、张莹、许丽娜：《德国欧典纯属子虚乌有》，《潇湘晨报》，2006 年
3 月 16 日。

徐东洲：《七旬老夫妇难退 3800 元美容卡》，《燕赵都市报》，2006 年 7 月
6 日。

杨滨：《欧典轻描淡写祸起宣传失误》，《北京晚报》，2006 年 3 月 17 日。

杨玉峰：《欧典地板事件导致中消协诚信度严重滑坡》，《北京晨报》，2006
年 7 月 30 日。

袁国礼、王秋实、穆奕：《北京工商立案调查欧典地板　消费者要求退货》，
《京华时报》，2006 年 3 月 17 日。

袁国礼：《欧典称消费者可以退货　前提是地板有质量问题》、《京华时报》，
2006 年 3 月 22 日。

袁国礼：《欧典公司被处罚近 800 万　中消协承认失察行为》，《京华时报》，
2006 年 4 月 14 日。

张黎：《是否误导消费者？加州牛肉面"美国血统"有蒙人之嫌》，《经济导
报》，2007 年 3 月 24 日。

张林林:《知名品牌化妆品家　美乐涉嫌虚假宣传陷"国籍门"》,《华商晨报》,2008 年 6 月 13 日。

张璐璐:《大连紧急停售欧典地板》,《半岛晨报》,2006 年 3 月 18 日。

张伟伟:《丸美化妆品就假涉日身份道歉》,《新文化多媒体数字报》,2008 年 9 月 10 日。

张煦、王萌、李静:《欧典反口称没说过冒牌货　工商调查仍未结束》,《北京娱乐信报》,2006 年 3 月 22 日。

郑春平、毛翠娥:《"假洋牌"服装泛滥南京　伪名牌带来灾难性后果》,《现代快报》,2004 年 4 月 12 日。

郑洁:《欧典向消费者道歉　表示可退换产品》,《每日经济新闻》,2006 年 3 月 21 日。

钟达文、郑相珩:《中国制造遭遇洋山寨　外商仿造贴牌进入中国市场》,《广州日报》,2010 年 3 月 31 日。

周滔:《百年欧典的八年骗局》,《成都晚报》,2006 年 3 月 16 日。

朱春先、肖跃:《欺诈消费者行为遭曝光　欧典天价地板退出市场》,《法制周报》,2006 年 3 月 27 日。

朱烁、李若馨、王海亮:《市场紧急停售欧典地板　欧典回应地板会继续卖》,《北京晨报》,2006 年 3 月 18 日。

朱烁:《地板主管行业协会首次表态称欧典道歉避实就虚》,《北京晨报》,2006 年 3 月 23 日。

朱烁:《欧典木业被罚 20 万　确认欧典地板德国造虚假宣传》,《北京晨报》,2006 年 4 月 21 日。

朱烁:《中消协坦承对欧典失察》,《北京晨报》,2006 年 4 月 14 日。

朱素英:《福奈特为何悄然换面》,《经理日报》,2008 年 2 月 5 日。

网络参考文献

http：//wz. people. com. cn/GB/139014/146262/9896694. html.

http：//finance. sina. com. cn/focus/asdd_ xujia/.

http：//news. sina. com. cn/o/2008 – 11 – 19/171714754570s. shtml.

http：//finance. sina. com. cn/roll/20091023/22356878008. shtml.

http：//news. qinbei. com/20110217/171984. html.

http：//news. qinbei. com/20110215/171655. html.

http：//news. qinbei. com/20110105/167630. html.

http：//news. qinbei. com/20101229/167070. html.

http：//news. qinbei. com/20101229/167051. html.

http：//news. qinbei. com/20101207/163042. html.

http：//cd. qq. com/a/20100208/002047_ 1. htm.

http：//cd. qq. com/a/20091223/001088. htm.

http：//jiaju. sina. com. cn/news/092241086. html.

http：//finance. sina. com. cn/roll/20060407/0014636260. shtml.

http：//www. 51hejia. com/xinwen/20061225/246800.

http：//www. cgcr. com. cn/19492. html.

http：//content. chinasspp. com/News/Detail/2010 - 8 - 13/89941. htm.

http：//finance. ifeng. com/news/special/2010315CH/bgt/20100314/1924522. shtml.

http：//finance. sina. com. cn/roll/20060406/0701634829. shtml.

http：//www. 3158. cn/news/20110118/10/72 - 101018065_ 1. shtml.

http：//www. ca315. com. cn/area/henan/anyang/wq/2010/0107/251007. html.

http：//club. bandao. cn/showthreadm. asp? boardid = 101&id = 1273929.

http：//news. qq. com/a/20070320/000762. htm.

http：//news. ifeng. com/society/2/200809/0924_ 344_ 800575. shtml.

http：//www. ce. cn/cysc/sp/info/200912/09/t20091209_ 19941544. shtml.

http：//www. sdmsw. com/mszx/hydt/20091210359657. shtml.

http：//eladies. sina. com. cn/beauty/liangli/p/2009/1016/0940922682. shtml.

http：//www. ourbuild. com/build/news/119865. html.

http：//finance. sina. com. cn/xiaofei/puguangtai/20060414/11432501595. shtml.

http：//finance. sina. com. cn/roll/20060412/1636645871. shtml.

http：//finance. sina. com. cn/xiaofei/puguangtai/20060331/10032463720. shtml.

http：//finance. sina. com. cn/xiaofei/consume/20060327/08002448978. shtml.

http：//finance. sina. com. cn/xiaofei/consume/20060325/21262447774. shtml.

http：//finance. sina. com. cn/xiaofei/puguangtai/20060323/11182441657. shtml.

http：//finance. sina. com. cn/xiaofei/puguangtai/20060323/09102440978. shtml.

http：//finance. sina. com. cn/xiaofei/consume/20060322/17272439267. shtml.

http：//finance. sina. com. cn/xiaofei/consume/20060321/22142435972. shtml.

http：//finance. sina. com. cn/roll/20060320/1447604480. shtml.

http：//finance. sina. com. cn/xiaofei/consume/20060320/07232429988. shtml.

http：//finance. sina. com. cn/xiaofei/puguangtai/20060318/16532428649. shtml.

http：//finance. sina. com. cn/xiaofei/consume/20060316/0912598724. shtml.

http：//www. chinasexq. com/html/news/news01/2010620111531387_ 2. shtml.

http：//www. tianjinwe. com/tianjin/jsbb/201008/t20100818_ 1504089. html.

http：//www. tianjinwe. com/tianjin/jsbb/201008/t20100817_ 1494866. html.

http：//bbs. city. tianya. cn/tianyacity/Content/47/1/998954. shtml.

http：//news. cntv. cn/20101224/102827. shtml.

http：//news. changsha. cn/cs/3/200907/t20090729_ 984128. htm.

http：//www. tech – food. com/news/2010 – 11 – 17/n0450548. htm.

http：//news. linkmall. cn/ppnews/20101213/172010. shtml.

http：//finance. sina. com. cn/x/49275. html.

http：//guide. ppsj. com. cn/art/1162/rbhzpppwmdqcrsddzgpp/index. html.

http：//sound. zol. com. cn/2005/0311/155987. shtml.

http：//www. wccdaily. com. cn/2002/03/16/72562069. html.

http：//www. hljnews. cn/by_ shb/system/2002/11/30/000000226. shtml.

"欧典地板事件"的主要媒体报道（标题）[①]

欧典地板广告重登央视（20061031 01：00）。

欧典地板向消费者道歉　企业表示愿承担法律责任（20061026 06：35）。

欧典地板：向消费者道歉　愿承担一切法律责任（20061025 23：31）。

欧典地板总裁正式道歉（20060918 19：00）。

央视曝光6个月之后　欧典首次开口道歉（20060918 06：55）。

欧典地板夸大宣传曝光半年后　欧典总裁公开道歉（20060918 02：05）。

欧典事件带来后遗症　中消协停止3 –15 标志认证（20060731 02：36）。

欧典地板事件导致中消协诚信度严重滑坡（20060730 04：32）。

---

① 来源网址为 http：//finance. sina. com. cn/focus/orderlies/1. shtml，括号中的时间是新浪网的转载时间。

欧典认罚　索赔有阻（20060425 15：38）。

欧典木业被罚款 20 万元（20060421 08：28）。

欧典木业被罚 20 万　确认欧典地板德国造虚假宣传（20060421 07：45）。

北京工商首次对欧典事件表态　乱攀洋亲将受整治（20060421 07：12）。

欧典地板虚假宣传被确认　北京欧典木业被罚 20 万（20060421 04：41）。

欧典受罚 747 万　定罪广告违法（20060417 13：35）。

欧典结案重回卖场　重生的三种猜想（20060417 13：34）。

正名德国血统　柯诺木业弃暗投明（20060416 16：54）。

欧典认罚 747 万元　建材市场开售退货无统一标准（20060415 09：24）。

丰台工商分局发处罚决定书　欧典接受七百万罚款（20060415 05：54）。

欧曼和金刚欧德被立案调查　欧典地板被罚 750 万（20060414 16：00）。

中消协今天否认欧典事件失察说（20060414 15：00）。

中消协首度承认失察欧典地板　其公信力受到损害（20060414 13：24）。

央视再揭德国地板黑幕　三地板商联合回应（组图）（20060414 11：55）。

中消协承认在欧典地板事件中失察（20060414 11：53）。

欧典地板虚假宣传判定　北京工商局开 747 万罚单（20060414 11：43）。

中消协坦承对欧典失察（20060414 08：46）。

欧典公司被处罚近 800 万　中消协承认失察行为（20060414 07：40）。

欧典公司被处罚近 800 万（20060414 06：03）。

央视再打假德国地板　包括欧曼彩蝶金刚欧德等（20060413 00：16）。

地板行业的假德国牌：欧典地板只是冰山一角（20060412 16：36）。

欧典出事　木地板到底隐藏多少秘密（20060331 10：03）。

欧典地板展览会上不见踪影（20060328 13：10）。

欧典成前车之鉴　建材商贴牌注明出生地（20060328 10：49）。

欧典谎言戳穿了什么（20060328 09：26）。

消费者向欧典索赔面临三大障碍（20060328 07：05）。

欺诈消费者行为遭曝光　欧典天价地板退出市场（20060327 11：38）。

欧典教训：不要盲目崇洋（20060327 08：57）。

律师认为索赔欧典地板取证难（20060327 08：55）。

欧典事件引发行业危机　主管协会发起诚信宣言（20060327 08：00）。

同行如何躲避冲击波（20060326 17：11）。

对欧典员工的非典型采访（20060326 17：06）。

反思欧典事件　地板协会将出台诚信规范（视频）（20060326 13：08）。

60余家木地板企业发布诚信宣言（视频）（20060326 12：43）。

欧典事件引发行业危机（20060325 21：26）。

欧典地板陷入双倍赔偿困局（20060325 15：20）。

欧典事件追踪：德国字号地板纷纷改名换姓（20060325 15：17）。

时空调查：谁来认证真假认证（20060324 12：57）。

欧典事件凸显诚信危机　市售外国地板99%中国造（20060324 12：45）。

欧典地板六年堂皇闯关秘笈　被疑涂改质检报告（20060324 07：58）。

买了欧典需先稳住（20060323 19：14）。

欧典地板河北索赔陷入困局（20060323 16：28）。

地板行业协会表态决不袒护欧典　称道歉避实就虚（20060323 11：18）。

地板主管行业协会首次就欧典事件表态（视频）（20060323 09：20）。

欧典道歉　又一次虚假宣传（20060323 09：10）。

地板主管行业协会首次表态　称欧典道歉避实就虚（20060323 08：07）。

欧典事件殃及含有欧字地板销量（20060323 05：33）。

地板主管行业协会首次就欧典事件表示感到痛心（20060322 22：01）。

安徽欧典订户已顺利退货（20060322 18：33）。

欧典一夜蒸发　烟台消费者可向欧典总部索赔（20060322 17：27）。

欧典经销商索赔70万元（20060322 10：03）。

德国原产地板价格不贵品质优良　没有免检地板（20060322 09：06）。

欧典地板被西安商场撤柜（20060322 08：33）。

欧典向消费者道歉　武汉等城市多家欧典卖场停售（20060322 08：31）。

欧典称消费者可以退货　前提是地板有质量问题（20060322 07：31）。

欧典有质量问题可退货　工商将近期公布调查结果（20060322 07：11）。

欧典欺诈挑战法律威严（20060322 02：32）。

欧典反口称没说过冒牌货　工商调查仍未结束（20060322 01：30）。

律师批驳欧典说法（20060321 22：17）。

消费者认为欧典解释很荒唐（20060321 22：14）。

欧典道歉承认没有德国血统（20060321 22：11）。

欧典地板总裁首次道歉（20060321 14：15）。

新浪网《东方时空·时空调查》联合调查（20060321 12：31）。

欧典2008元地板成本不超过600元（20060321 12：25）。

公交播欧典广告　一市民提出质疑（20060321 12：08）。

欧典向消费者道歉表示可退换产品（20060321 08：58）。

欧典地板原定新闻发布会突然取消（20060321 03：17）。

昆明经销商告欧典毁约（20060321 03：12）。

欧典向消费者道歉　承认德国负责人是冒牌货（20060321 01：33）。

欧典天价地板调查：每平方米 2008 元地板进价五百（20060320 14：47）。

欧典引发地板诚信危机（20060320 08：47）。

青岛禁止销售欧典地板（20060320 07：23）。

欧典天价地板调查　2008 元的地板进价仅 500 多元（20060320 02：48）。

市场紧急停售欧典地板　部分商场消费者开始退货（20060319 14：59）。

大连紧急停售欧典地板（20060318 17：04）。

郑州工商责令欧典地板暂停销售　不少市民要退货（20060318 16：59）。

欧典地板武汉三卖场停业　投诉咨询可找总代理（20060318 16：57）。

涉嫌虚假宣传已被调查　欧典地板重庆暂停销售（20060318 16：53）。

市场紧急停售欧典地板　欧典回应地板会继续卖（20060318 16：52）。

欧典地板上海市场均已撤柜　欧典辩称是宣传失误（20060318 16：48）。

欧典地板首日市场退订遇冷　消费者静观赔付细则（20060318 03：02）。

欧典地板被曝　北京部分建材市场正协商退换货（20060317 23：24）。

欧典轻描淡写祸起宣传失误（20060317 18：20）。

欧典地板事件追踪：专家称消费者可双倍索赔（20060317 16：53）。

德国百年品牌被曝光　欧典地板惊动云南消费者（20060317 16：39）。

12 人已在福丽特登记退货（20060317 15：51）。

生产企业证实产品未标德国字样（20060317 15：33）。

欧典致歉　中消协仍沉默（20060317 15：30）。

欧典总部要求央视予以澄清（20060317 10：44）。

北京多家建材城停售欧典地板（20060317 10：35）。

欧典地板被揭惊天黑幕　百年品牌乃是真实谎言（20060317 09：06）。

央视报道起风波　欧典地板到底有没有欺诈消费者（20060317 08：34）。

欧典地板河北引发撤柜潮　在业内早有不良传闻（20060317 07：18）。

北京工商立案调查欧典地板　消费者要求退货（20060317 04：33）。

北京部分建材市场停售欧典地板　公司称宣传失误（20060317 03：48）。

欧典地板承认宣传有误　北京部分市场暂停销售（20060317 03：44）。

西城工商查封欧典地板　订货定金开始退还顾客（20060317 02：23）。

欧典地板被曝欺诈消费者　德国总部不存在（视频）（20060316 18：37）。

建材市场停售欧典地板（20060316 17：11）。

组图：六十二种型号欧典地板北京暂停销售（20060316 16：03）。

百年欧典的八年骗局（20060316 11：21）。

德国欧典纯属子虚乌有（20060316 10：47）。

欧典地板被曝欺诈消费者　其德国总部根本不存在（20060316 09：12）。

　　"澳优奶粉事件"的主要媒体报道（标题）①

澳优是中国公司　澳大利亚没有（20100826 23：25）。

澳优奶粉被曝是国产品牌　偏重进口宣传误导消费（20100826 23：24）。

练就慧眼看穿施恩、澳优奶粉等假洋牌（20100830 11：45）。

超市卖过期澳优奶粉　婴儿吃后便血获赔五千（20100903 21：53）。

假洋品牌事件之后　澳优奶粉销售不如意（20100922 19：01）。

澳优奶粉业绩倒退　主力产品销售大幅下滑（20100922 18：57）。

澳优奶粉过期三个月还在卖　婴儿吃后便血（20100922 21：36）。

澳优奶粉代工商诺帝柏欧　婴儿奶粉抽检不合格（20100923 14：56）。

澳优乳业上市 1 周年：业绩下滑股价跌 25%（20101025 13：42）。

澳优称供应商诺帝柏欧法国第一　涉嫌虚假宣传（20101117 15：59）。

全国查获不合格婴儿奶粉 459 吨　澳优占 98.7%（20101201 09：58）。

澳优高端能力多有机奶粉　两批查出不合格（20101203 15：01）。

法国诺帝柏欧供应澳优婴儿奶粉不合格被查（20101207 12：24）。

销毁过期奶粉　澳优乳业凸显渠道隐忧（20101229 14：33）。

亲贝网提前 3 个月预测澳优乳业危机（20101229 14：56）。

澳优奶粉经销商库存危机续　澳优同意退货（20110105 10：05）。

澳优乳业发出盈利预警　净利润比上年缩水 40%（20110215 00：54）。

澳优遭退货事件品牌声誉受损　恐步霸王后尘（20110217 09：15）。

　　"服装之假洋品牌"的主要媒体报道（标题）②

国产品牌洋名泛滥：消费者不被吓死也被晕死（20080714 10：41）。

---

① 来源网址为 http：//finance. sina. com. cn/focus/rylyzhwx/index. shtml，括号中的时间是新浪网的转载时间。

② 来源网址为 http：//finance. sina. com. cn/focus/sk2ccwjp/1. shtml，括号中的时间是新浪网的转载时间。

"外国品牌"占绝对市场　国产名牌却难觅芳踪（20100304 17：01）。

中国消费者报发布2010年中国3·15年度报告（20100314 16：43）。

6成受检洋品牌不合格　范思哲等大牌在浙江再陷质量门（20100314 22：03）。

逾70%网友认为服装箱包行业假洋品牌现象最严重（20100316 16：18）。

罗莱家纺旗下尚玛可被指假洋品牌（20100330 05：05）。

兰缪内衣：中国人操盘的日本小众品牌（20100331 04：41）。

中国制造遭遇洋山寨　外商仿造贴牌进入中国市场（20100331 08：02）。

　　"香武仕音响事件"的主要媒体报道（标题）

3·15晚会出"冷门"　曝光"知名品牌"不知名（20020316 12：27），江西新闻网。

"原产丹麦"香武仕音响一夜间销声匿迹了（20020318 14：39），新浪网。

香武仕音响一夜间销声匿迹了（20020318 17：31），家电网。

从香武仕到欧典（20020320 00：00），《姑苏晚报》。

从香武仕到欧典　企业诚信缘何屡被"借牌"击垮（20020320 8：10），新华网。

"香武仕"墙倒众人推　消费者投诉数量激增（20020330 23：25），《晶报》。

从香武仕事件看媒体报道的轻率与武断（20020620 08：43），朱芷萱。

全国有多少个像"香武仕音响"一样的假洋品牌（20020903 21：53），社区论坛。

探秘真实香武仕音响巨头能否东山再起？（20031127 01：39），《时尚情报》。

香武仕音响事件（20070413 20：32），博客网。

香武仕音响：本土产品故伎重演改换MP3（20080301 12：04），央视网。

　　"施恩奶粉事件（品牌国籍和产品质量双重虚假）"的主要媒体报道（标题）

施恩穿洋马甲涉嫌欺诈　长沙销量应声下跌（20090618 09：49），新浪网。

从施恩扮洋中吸取什么教训（20090618 18：04），陈霞，凤凰网。

从欧典地板到施恩奶粉：假洋品牌很可笑更可耻（20090618 18：24），大江网。

谁为"假洋鬼子"施恩奶粉涉嫌欺诈撑伞7年（200906 19：30），《燕赵晚报》。

从"欧典"地板到"施恩"奶粉背后的冷思考（20090619 11：30），中国建材网。

假洋鬼子施恩促销叫停洋品牌卖点（20090619 02：33），新浪网。

施恩奶源门敲响假洋品牌安全警钟（20090619 15：15），新浪网。

9成网民拒买施恩奶粉，施恩承认自己非国外品牌（20090621 11：05），中华网。

施恩奶粉遭遇致命的品牌打击　86%网友不再信任（20090621 03：06），《华夏时报》。

疑似崇洋的心态　施恩奶粉背后的中国商业形态（20090624 16：38），毛国中，挖贝网。

九成网民表示拒买施恩奶粉（20090625 08：09），搜狐网。

为什么各位家长明知道施恩奶粉近来已经曝光了假洋品牌，还是有人去购买呢？（20090626 17：10），腾讯搜搜。

施恩"假洋身份"暴露　多数公众不信任含制奶过程广告（20090707），品牌中国网。

施恩三胺奶粉曝光者获刑5年　律师称其是被钓鱼（20100324 13：57），搜狐网。

"丸美事件"的主要媒体报道（标题）

丸美化妆品被指冒充日本货欺诈消费者（20080828 03：33），每日经济新闻。

"丸美事件"三方面最新进展：中消协开始关注（20080902 06：55），每日经济新闻。

中消协开始关注"丸美事件"或成"欧典第二"（20080902 05：55），每日经济新闻。

丸美承认虚假宣传　称是地道中国品牌与日本无关（20080909 07：50），第一商业网。

丸美化妆品制造商承认虚假宣传（20080909 09：45），中华网。

"丸美事件"给市场带来了什么（20080917 11：32），中国化妆品网。

广州佳禾回应"丸美事件"（20090526 11：13），中国化妆品网。

由"汇源"和"丸美事件"看某些品牌的劣根性（20101008 11：56），千龙网。

"阿诗丹顿电热水器事件"的主要媒体报道（标题）

3月12日网友邮件举报：阿诗丹顿电热水器是典型的假洋品牌（20100312 13：35），凤凰网财经。

阿诗丹顿号称源自美国　实为土产国货（20100827 04：34），新浪网。

阿诗丹顿涉嫌虚假宣传（20100828 08：34），新浪网。

"Prada 东莞生产贴签意大利造事件"的主要媒体报道（标题）

奢侈品代工产业链　Prada 东莞生产贴签意大利造（20100109 09：40），《经济观察报》。

索　引

后　记

　　斗转星移，岁月飞逝。看着即将出版的书稿，不免几多欣喜，几分忧虑。欣喜的是，从硕士、博士到博士后16年来的科研工作又有了新的发展与飞跃；忧虑的是，艰苦探索后的科研成果，能否得到广大读者和更多同仁的认可与共鸣。

　　品牌原产地虚假负面曝光事件近年来频繁发生，在此背景下，犯错品牌的顾客购买意愿严重受损；犯错企业虽然忙于自救，但失去信任的目标市场恢复却比较困难和缓慢；更有意思的是这些假洋品牌的产品质量大都没有问题，却因负面曝光事件而销声匿迹。从曾经的洋品牌到现在的假洋品牌，从曾经的知名品牌到现在的污点品牌，无论事出何因，这都是一个值得研究但又尚未研究的课题。基于此，本书紧密结合实际，充分借鉴、吸收国内外先进的市场营销理论，持续融入、整合最新研究成果及大量案例，经过反复修正，不断锤炼，最终完稿。

　　本书的问世，既是对我本人多年以来经济管理类科研工作的一个深度总结，也是对我在上海交通大学安泰经济管理学院博士后期间科研成果的一个高度肯定。

　　在本书撰写的过程中，得到我的博士后指导教师——上海交通大学校长特聘顾问、上海交通大学中国企业发展研究院院长、上海交通大学安泰经济与管理学院前任院长王方华教授的充分理解与关爱；得到我的博士生指导教师——四川大学管理学院李蔚教授和我的硕士生指导教师——西南石油大学经济管理学院熊志坚教授的大力支持与帮助。在此，对他们深表谢意！

　　衷心感谢上海交通大学安泰经济与管理学院余明阳教授、孟宪忠教授、余颖副教授、侯建荣副教授等，四川大学管理学院贺昌政教授、陈维政教授、揭筱纹教授、朱欣民教授、顾新教授、余伟萍教授、牛永革副教授以及方正副教授等在写作中给予的鼓励。衷心感谢清华大学赵平教授、中山大学王海忠教授、复旦大学范秀成教授、西南财经大学朱敏教授、电子科大陈宏教授等国内知名营销专家给予我的关爱、指导与帮助!

衷心感谢我指导的硕士研究生以及本科毕业设计学生在课题调研、资料检索整理、文字校稿阶段所给予的真诚帮助与大力支持!

衷心感谢在美国西北大学的李保珍博士、北京大学的宋竞博士在文献检索中的辛勤劳动!特别感谢西安交通大学的庄贵军教授在 E - mail 中给予的鼓励!

衷心感谢中国社会科学博士后文库编辑部副主任宋娜等给予的充分支持!

衷心感谢全国博士后管理委员会和经济管理出版社等的协助!

特别感谢我的家人,尤其是我的妻子,没有她在背后无微不至的照顾、关心与默默付出,就没有本书的诞生。

由于水平和时间、精力有限,错误之处在所难免,欢迎读者批评指正!

南剑飞

2015 年 7 月 16 日于上海交通大学徐汇校区董浩云楼中院